"冷战英雄"查理·威尔逊身穿阿富汗传统服饰

南大亚太论丛·**美国海外隐蔽行动研究系列**
主编 石斌

制造泥潭
美国在阿富汗的秘密战争

陈晔 著

南京大学出版社

《南大亚太论丛》

主　　办　南京大学亚太发展研究中心

学术委员会（以姓氏拼音排列）
蔡佳禾（南京大学中美文化研究中心）
蔡永顺（香港科技大学人文社会科学学院）
陈志敏（复旦大学国际关系与公共事务学院）
樊吉社（中国社会科学院美国研究所）
洪银兴（南京大学商学院）
孔繁斌（南京大学政府管理学院）
沈志华（华东师范大学周边国家研究院）
石　斌（南京大学亚太发展研究中心）
石之瑜（台湾大学政治学系）
时殷弘（中国人民大学国际关系学院）
孙　江（南京大学学衡研究院）
王月清（南京大学哲学系）
阎学通（清华大学国际关系研究院）
张凤阳（南京大学政府管理学院）
朱庆葆（南京大学历史学院）

编辑委员会：
主　编：石　斌
副主编：李里峰　毛维准
成　员：祁玲玲　舒建中　赵光锐　吴小康　宋文志

《美国海外隐蔽行动研究系列》

编辑部:
主　编:石　斌
副主编:毛维准　舒建中
成　员:赵光锐　葛腾飞

《南大亚太论丛》总序

"南京大学亚太发展研究中心"于 2016 年夏初创设并渐次成长,得"南京大学亚太发展研究基金"之专项全额资助,实乃一大助缘、大善举;众多师友、同道的鼓励、扶持乃至躬身力行,同样厥功至伟。

此一学术平台之构建,旨在通过机制创新与成果导向,以国际性、跨国性与全球性议题为枢纽,将人文社会科学诸领域具有内在关联之学科方向、研究内容与学术人才,集成为国际关系、国家治理、经济发展、社会文化等多个"研究群",对大亚太地区展开全方位、多层次、跨学科研究,并致力于承担学术研究、政策咨询、人才培养、社会服务与国际交流等功能。

所谓"亚太",取其广义,乃整个亚洲与环太平洋地区之谓。不特如此,对于相关全球性问题的关切,亦属题中之义。盖因世界虽大,却紧密相连。值此全球相互依存时代,人类命运实为一荣损相侍、进退同步之共同体,断难截然分割。面对日益泛滥的全球性难题,东西南北,左邻右舍,各国各族,除了风雨同舟,合作共赢,又岂能独善其身,偷安苟且?所谓"发展",固然有"政治发展"、"经济发展"、"社会发展"等多重意蕴,亦当有"和平发展"与"共同发展"之价值取向,其理亦然。

吾侪身为黉门中人,对于大学之使命,学人之天职,理当有所思虑。故欲旧话重提,在此重申:育人与问学,乃高等教育之两翼,相辅相成、缺一不可。大学之本是育人,育人之旨,在"养成人格",非徒灌输知识、传授技能;大学之根是学问,学问之道,在"善疑、求真、创获"。二者之上,更需有一灵魂,是为大学之魂。大学之魂乃文化,文化之内核,即人文价值与"大学精神":独立、开放、理性、包容、自由探索、追求真理、秉持理想与信念。大学之大，盖因有此三者矣！

南京大学乃享誉中外之百年老校，不独底蕴深厚、人文荟萃，且英才辈出、薪火相续。于此时代交替、万象更新之际，为开掘利用本校各相关领域之丰厚学术资源，凝聚研究团队，加强对外交流，促进学术发展，展示亚太中心学术同仁之研究成果与学术思想，彰显南京大学之研究水平与学术风格，我们在《南大亚太评论》、《现代国家治理》、《人文亚太》、《亚太艺术》等学术成果已相继问世的基础上，决定再做努力，编辑出版《南大亚太论丛》。

海纳百川，有容乃大。自设门户、画地为牢，绝非智者所为。所谓"智者融会，尽有阶差，譬若群流，归于大海"，对于任何社会政治现象，唯有将各种研究途径所获得的知识联系起来，方能得到系统透彻的理解，否则便如朱子所言，"见一个事是一个理"，难入融会贯通之境。办教育、兴学术，蔡元培先生主张"囊括大典，网罗众家，思想自由，兼容并包"。《论丛》的编纂，亦将遵循此种方针。

故此，《论丛》之内容，并不限于一般所谓国际问题论著。全球、区域、次区域及国家诸层面,内政外交、政治经济、典章制度与社会文化诸领域的重要议题,都在讨论范围之内。举凡个人专著、合作成果、优秀论文、会议文集,乃至特色鲜明、裨利教学的精品教材,海外名家、学术前沿的迻译之作,只要主题切合,立意新颖,言之有物,均在"网罗"、刊行之列。此外我们还将组织撰写或译介各种专题系列丛书,以便集中、深入探讨某些重要议题,推动相关研究进程,昭明自身学术特色。

要而言之,南京大学亚太发展研究中心所执守之学术立场,亦即《论丛》之编辑旨趣:一曰"本土关怀,世界眼光";再曰"秉持严谨求实之学风,倡导清新自然之文风";三曰"科学与人文并举,学术与思想共生,求真与致用平衡"。

一事之成,端赖众力。冀望学界同仁、海内贤达继续鼎力支持、共襄此举,以嘉惠学林,服务社会。值出版前夕,爰申数语,以志缘起。

石　斌

2018 年元旦于南京

主编的话

世界政治波谲云诡、错综复杂。自现代民族国家体系成型以来,国家间关系的常态始终是共识与分歧、合作与冲突、妥协与竞争并存,绝对的和谐或绝对的冲突,都不符合实际。就国际竞争而言,国家可能采用的战略手段与对外政策工具多种多样,有的温和、友好,有的则带有敌意与攻击性;有的公开透明,有的则秘而不宣。既不友好也不公开的对外活动,一般还被统称为"隐蔽行动"。"隐蔽行动"同样种类繁多,按照学术界的一般看法,至少可分为隐蔽宣传行动、隐蔽政治行动、隐蔽经济活动、准军事行动等类型。

对外隐蔽行动,尤其是二战后以来美国等西方国家的对外隐蔽行动,是国际关系史研究,特别是冷战史研究的一个重要领域。这类课题在欧美学术界既属于军事与战略情报史研究的范围,也是国际关系和外交史研究的对象。保罗·肯尼迪、厄内斯特·梅、理查德·伊默曼、约翰·路易斯·加迪斯等著名战略学、国际政治学或国际关系史学者,或多或少都曾从事过这方面的研究和论述。较之西方学者对这一主题的持续关注及其不断问世的大量论著,中国学者所做的努力虽然比过去多了一些,但还非常有限,差距也很明显。

西方大国在冷战时期遍及全球的隐蔽行动,是其对外战略与对外政策的一个重要组成部分。以美国中央情报局等部门为主所进行的对外隐蔽活动,包括对他国的秘密干涉与颠覆活动,以及政治战、心理战、宣传战等等,是美国对外政策与对外行为的一个重要而又特殊的侧面,更是美国冷战政策的一大"特色"。然而过去由于文献史料方面的限制,人们往往一知半解,难闻其详。就冷战时期的相关问题而言,欧美学者从自身的立场和观察角度所得出的结论,自然也需要加以分辨,未可照单全收。自冷战结束以来,美国等东西方相关国家陆续开放了许多原始档案文献,这使我们有可能借助更为全面和可靠的材料,揭开隐蔽活动的神秘面纱,打破陈说、道听途说或西方学者的一家之言,进一步揭示历史真相,弥补国内相关学术空白或研究短板,拓展国际关系和外交史研究的论题与视域,从而对战后以来的国际关系和有关国家的对外政策获得更加全面的认识。

因此,我们决定首先从一些与美国有关的典型案例入手,组织一批来自军队与地方高等院校、科研机构的国际战略、国际关系或外交史学者,共同编纂"美国海外隐蔽行动"专题研究系列。

为了实现此项研究的初衷,在研究目标、学术规范与编写体例等方面保持必要的一致性,我们希望各位

作者在研究和写作的过程中,尽可能遵循以下几项原则:

其一,就研究性质而言,这套系列丛书属于历史案例研究("案例"在此可以较为宽泛地理解为具有典型意义的事件、政策、计划、行动或议题),研究对象与主题非常明确,故要以叙事为主,议论为辅,紧扣主题,突出重点,主要靠事实与证据说话。

其二,就研究目的而言,要联系相关国际与国内背景,尽可能准确描述事情的来龙去脉,尤其是美国政府有关政策或计划的决策与实施过程,以说明其动因、目标与得失,反映该案例的性质、特点、影响及其相对于其他类似案例所具有的独特性与认识论价值;此外还要注意揭示美国海外隐蔽行动与美国冷战战略、国家安全战略或地区战略之间的联系,并就美国对外政策与对外行为的一些重要特点或一般规律提出中国学者的独立见解。

其三,在研究方法上,要严格遵循外交史或国际关系史研究之学术规范,立足翔实、可靠的外交档案文献和其他第一手资料,尽可能还原历史真相,纠正错误认识,并力求反映国内外最新研究成果。

其四,在写作风格上,则不妨在注重学术性与思想性的同时,兼顾趣味性与可读性,俾使学术著作能够走出书斋,走向大众,为更多的人所赏阅。故篇幅宜短小精悍,语言要简洁生动,惟陈言、赘语、套话之务去。以厘清事情之原委、揭示问题之实质为首要目的,不必连篇累牍,任意敷衍,徒增读者负担。当然,在符合研究宗旨,遵循基本规范的前提下,作者可以,也应该有自己的叙事、行文与思想风格。

最后,需要说明的是,美国作为一个全球性大国,一向热衷海外干涉,其对外隐蔽行动的频率之高、事例之多、影响之大,并世无双。限于研究能力,我们目前所选择的十数个分析案例仅仅是其中一小部分,如果条件允许,还可以逐步扩充。而且,就整体考察乃至战略与理论层面的探讨而言,历史案例研究也还只是一项基础性工作，今后还有大量的工作要做。因此，我们非常希望有更多对此项课题感兴趣的学术同行加入我们的研究队伍。对于此项工作中所存在的缺点与不足，也真诚欢迎学界同仁予以批评和指正。

2018 年 1 月 20 日

目　录

导言 　　001

第一章　大博弈中的阿富汗，1979 年之前 　　033
　一、两个大国 　　035
　二、三种势力 　　044
　三、民族主义的衰颓 　　052
　四、改弦易辙 　　064
　五、从混乱到战争 　　072

第二章　棋局重开，1978—1979 　　093
　一、初步判断 　　096
　二、隐蔽行动的兴衰 　　101
　三、"防止苏联的过度影响" 　　122

| 四、政策转变：一个缓慢的开始 | 136 |
| 五、"最可行和最理想"的方案 | 144 |

第三章　卡特的战争，1979—1980　　175

一、制造泥潭	177
二、重新"发现"伊斯兰	194
三、方案扩大：联合巴基斯坦和沙特	205
四、"极其严峻的考验"	224
五、"尽可能高昂的代价"	232
六、方案升级：从叛乱分子到自由战士	251
七、"低水平和持久的叛乱"	270
八、美巴：合作与承诺	283
九、谁的代价？	300

第四章　里根的战争，1981—1989　　319

一、卡特主义的里根推论	321
二、美巴：貌合神离的伙伴	331
三、并不隐蔽的秘密行动	340
四、升级前奏：另一个缓慢的开始	350
五、全面升级：更多更快更强	359
六、尾声：戛然而止	382

第五章　谁的胜利？　　　　　　　　　　　　　　*397*
　　一、制造弗兰肯斯坦　　　　　　　　　　　*400*
　　二、从全球冷战到"全球圣战"　　　　　　　*425*

结语　　　　　　　　　　　　　　　　　　　　*441*
　　一、动机与利益　　　　　　　　　　　　　*443*
　　二、计划与实施　　　　　　　　　　　　　*448*
　　三、目标与后果　　　　　　　　　　　　　*454*
　　四、胜利与代价　　　　　　　　　　　　　*466*

参考文献　　　　　　　　　　　　　　　　　　*471*

导　言

"历史表明,目标有限的行为有时也会导致普遍的结果。"①第一次世界大战是这样,苏联在阿富汗的战争是这样,美国在阿富汗的秘密战争也是这样。

尽管冷战大幕开启后,美苏在阿富汗的竞争也很快拉开帷幕,但直到 20 世纪 70 年代,美国在阿富汗的影响力都非常有限。在这个作为苏联门户的遥远山地国家,

---

① 布热津斯基语,见 U.S. Department of State, *Foreign Relations of the United States*(以下简称 *FRUS*), 1977 - 1980, Volume 12, Afghanistan, Washington D. C.: United States Government Printing Office, 2018, Document 194.

美国实质上只追求有限利益，默许了苏联的存在及其地缘政治优势。即使是1978年阿富汗四月革命（Saur Revolution）建立了共产主义政权后，美国最初依然不慌不忙，试图静观其变。然而，一年多的政策探索之后，美国于1979年7月决定对阿富汗实施隐蔽行动，由此开启了一场为期十年的大规模秘密援助，并越来越深入地卷入了阿富汗事务。

隐蔽行动是美国在冷战时期综合运用隐蔽的政治战、经济战、宣传战和准军事行动等斗争手段对抗和削弱苏联阵营的重要方式。与大多数隐蔽行动有所不同的是，美国在阿富汗实施的隐蔽行动最初的目的既非推翻共产主义政权、扶植亲美政权，也非阻止苏联更多的干预，而是"制造泥潭"——通过秘密向伊斯兰抵抗组织[①]提供非军事形式援助，造成阿富汗局势的持续紧张，增加

[①] 在苏联入侵之前，美国多用"叛乱分子"（insurgents）和"叛军"（rebels）称呼阿富汗伊斯兰抵抗组织；在入侵之后，逐渐改称"自由战士"（freedom fighters）和"圣战者"（Mujahideen/Mujaheddin）。本书将根据不同语境分别使用这些称呼。

苏联援助的成本,从而诱使其出兵。1979年12月苏联出兵之后,美国加大秘密援助力度,提供致命性军事装备,维持"低水平和持久的叛乱"状态,目的是使苏联持续付出"尽可能高昂的代价",把阿富汗变成苏联的"越南"。在吉米·卡特(Jimmy Carter)政府搭建的援助框架之上,这一政策被罗纳德·里根(Ronald Reagan)政府继承和发扬,并于1985年全面升级进入"更多更快更强"的高歌猛进阶段,里根希望通过大幅增加援助金额、提供先进武器、将战乱引入苏联境内和发动意识形态战争等手段,最终达到使苏联全面撤军并恢复阿富汗独立的目的。1989年2月,在陷入战争泥潭长达十年之后,苏联以惨重代价撤出阿富汗,美国的秘密战争基本实现预期目标。

对阿富汗的隐蔽行动最终成为中情局有史以来最为成功、耗时最长、成本最高的秘密行动之一,大概也是美国历史上得到最多合作、最公开、最标榜"正义"、受到最多支持的行动,也被称为"旋风行动"(Cyclone Operation)。

首先,在"最多合作"方面——巴基斯坦作为主要援助渠道,沙特作为重要资金来源,埃及作为苏式武器供应国在援助中扮演了重要角色。除了与这三个伊斯兰国家以及广大伊斯兰世界的战略性合作之外,美国的欧洲盟友、海湾国家也在不同程度上配合了美国的行动。美国与相关国家之间相互利用与制衡的历史,尤其是美巴这对"貌合神离的伙伴"之间的关系以及美国与伊斯兰世界关系的演变,充分展示出美国与盟友、扈从以及潜在敌人之间微妙与特殊关系的发展。

其次,在"最公开"方面——多国合作的模式无疑增加了隐蔽行动暴露的风险,但这并没有造成实质性困扰,在经历了被动泄露、不置可否和主动公开三个阶段之后,旋风行动成了一场"并不隐蔽的秘密行动"。尤其在里根时期,美国熟练运用"自由""正义""邪恶"等外交话语,对自身、盟友、敌人的形象进行塑造,不仅赢得了美国国内对阿富汗人民的普遍同情与支持,也在世界范围内对苏联造成了强大的舆论和意识形态压力。

第三,在"最标榜'正义'"方面——苏联的入侵使美国得以占据道德制高点对其行径大加谴责，美国国内逐渐达成普遍共识：援助自由战士是一项正义的事业，帮助阿富汗人民抵抗外来侵略的秘密战争是一场好的战争。因此美国高举帮助阿富汗争取自由与和平的旗帜，在国内外大力标榜其秘密战争的道德合法性。尤其以此鼓励和煽动伊斯兰国家对苏联的抗议和敌对，试图用伊斯兰主义对抗共产主义。然而，在这一利用过程中美国无视长远利益，纵容了国际恐怖主义的蔓延，并在冷战后为此付出了惨重代价，所谓的"正义"也彻底颜面扫地。

最后，在"最多支持"方面——美国对阿富汗的隐蔽行动以其道德优势得到了来自国际社会、媒体和公众的广泛支持，尤其难得的是受到了国会前所未有的鼎力支持。该行动草创之时，美国的隐蔽行动正处于空前的低谷时期，但在接下来的十年中，它参与并见证了隐蔽行动的崛起与新的巅峰。这一过程中国会态度与立法支持的变化从一个侧面显示出在冷战环境中美国立法与行政之间的关系是如何不断调适与平衡的。

美苏在阿富汗的博弈直接导致了"缓和"(Détente)的终结,促成了"卡特主义"(Carter Doctrine)的出台,重新加剧了美苏的对抗,改变了冷战的态势,并在一定程度上改写了苏联的命运,成为冷战进程中的重要里程碑,其余波至今仍在国际社会中回荡。

然而,如果仔细追溯这场博弈的缘起与发展,就会发现诸多事态的变化都在不同程度上背离了两国决策者的初衷,成为事与愿违的选择。比如:美国原本无意在阿富汗与苏联对抗,四月革命后的一年时间里究竟发生了什么促使美国政策发生了重大转变?尽管阿富汗共产主义的统治早已岌岌可危,但莫斯科深知入侵后果之严重,并在1979年多次拒绝了阿富汗的出兵请求,那么是什么促使克里姆林宫最终还是冒天下之大不韪做出了出兵决策?出兵之后,美国强烈要求苏联撤军,苏联原本也只打算出动"有限的"军队速战速决,在顺利接管后就立即撤出,那么又是什么导致美苏在阿富汗的对抗持续了十年之久?再者,尽管"波斯湾"一词从未出现在苏联政治局关于阿富汗问题的讨论中,而且大部分美国官员也认同苏联的入侵是有限的、偶然的,为什么这一事件最终仍被当作一种关乎波斯湾安全和西方石油利益的重大战略挑战来应对?秘密战争期间美国在阿富汗推行的毒品政策和圣战教育原本旨在增强对苏联的杀伤力和战斗力,但其最终何以发展成为国际恐怖主义的温床?总之,是什么导致华盛顿和莫斯科做出了这些事与愿违的选择?目标有限的行为究竟如何导致了普遍的结果?

在苏联撤军三十年之后,2019年前后,美国陆续解密了有关阿富汗战争的一批重要档案,展示出关于此事件的许多生动过程与戏剧化情节。比如:四月革命之后美国如何认知和应对"自由世界"普遍蔓延的沮丧与不安情绪;巴基斯坦和伊朗为了自身安全,又是如何迫切地向美国寻求保障和庇护;阿明上台后与美国的频繁接触对莫斯科产生了怎样的冲击;对阿富汗政策转变的过程中,华盛顿又存在哪些顾虑、分歧与妥协;苏联的入侵引发了美国决策者怎样的思考、回忆以及"责任感";美国在与巴基斯坦等国合作进行援助的过程中,如何判断利益与代价,分析成本与风险;等等。

因而以此为基础,本书的内容涉及地缘政治格局的变化与塑造,安全困境的形成与影响,同盟国、庇护国与依附国之间关系的演变,战略利益与战略负担的平衡,国内政治与国际政治的关联,意识形态与历史记忆的影响,对国家安全、利益与信誉的维护,偶发事件中的偶然与必然,以及局势所带来的限制或机遇。

从 20 世纪 80 年代至今,美苏在阿富汗的这场博弈持续吸引着学界内外的共同关注。但在 2018 年之前,卡特政府时期的核心档案尚未解密,很多研究都只能基于相关人员的回忆、访谈和日记展开。因此围绕美国对阿富汗的隐蔽行动政策一直存在着较多争议,比如美国在苏联出兵过程中的作用、隐蔽行动与美国整体外交政策之间的关联,美国主导的国际协作中的制衡与博弈,战争形势与冷战局势的关联等问题,都值得更加深入的探讨。

首先,最大的争议在于美国是否有意诱使苏联入侵阿富汗。引起这一争议的主要原因是很多重要当事人对这一问题的态度相互矛盾。比如,卡特后来曾表示,鼓励苏联入侵"不是我的本意"。时任中情局战略研究办公室主任的罗伯特·盖茨(Robert M. Gates)回忆道:"卡特政府中没有人希望苏联入侵阿富汗,至少在我记忆中,没有人曾主张试图诱使他们入侵……直到苏联出兵后,一些人才主张让苏联在自己的越南'流血'。"[1]里根时期的副总统乔治·布什(George W. Bush)指责卡特的让步和错误的方针使苏联最终入侵了阿富汗,"为什么不呢?民主党有什么举措让他们三思而后行吗?在将近三年的时间里,卡特政府说话轻声细语,手里只拿着一根小棍子。所以苏联的坦克开过来了"。[2]

然而,布热津斯基的态度却截然不同,在1998年的采访中,他声称,根据官方版本,中情局对圣战者组织的

---

[1] Robert M. Gates, *From the Shadows: The Ultimate Insider's Story of Five Presidents and How They Won the Cold War*, New York: Simon & Schuster, 2007.
[2] *New York Times*, July 22, 1982.

援助始于1980年,但事实却完全相反——卡特在1979年7月3日签署了第一份秘密援助的裁决。"就在那一天,我给总统写信解释说,在我看来这次援助将会引发苏联的军事干预……我们没有逼迫苏联干预,但我们有意地增加了他们干预的可能性。"而在苏联正式越过苏阿边界的那天,布热津斯基又告诉卡特,"我们现在有机会让苏联拥有他们的越南战争"。①

布热津斯基表示,到1979年中期,由于卡特政府未能对苏联在非洲的活动做出积极回应,他开始相信,无论美国采取什么政策,苏联都会入侵阿富汗。尽管可能存在意料之外的风险,但支持圣战者可能是防止苏联入侵阿富汗以外的其他地区——特别是布热津斯基的家乡波兰——的有效方式。约翰·怀特(John Bernell White Jr)在他的硕士学位论文中详细论证了布热津斯基这一

---

① Vincent Jauvert, "Les Révélations d'un Ancien Conseiller de Carter: 'Oui, le CIA est entrée en Afghanistan avant les Russes…'" *Le Nouvel Observateur*, January 15–21, 1998.

图1 1998年1月,《新观察家》(Le Nouvel Observateur)杂志的报道,题为"是的,在苏联之前,中情局进入了阿富汗"

"丢卒保车"的想法,即通过援助阿富汗圣战者向苏联施压,把战事引向阿富汗,以阻止苏联派兵镇压波兰蓬勃发展的团结工会运动。[①]

然而,尽管布热津斯基立场足够鲜明,但大部分学者还是倾向于认为美国是在苏联入侵阿富汗之后才开

---

① John Bernell White Jr, "The Strategic Mind Of Zbigniew Brzezinski: How A Native Pole Used Afghanistan To Protect His Homeland", May 2012, pp. 7-8, 12, 29, 45-46, 80-83, 97.

始援助圣战者组织的。劳伦斯·弗里德曼(Lawrence Freedman)在《敌人的选择》一书中指出,布热津斯基蓄意挑起苏联入侵阿富汗的说法被过度解读。鉴于苏联领导层失去信誉的一个重要因素就是无力应对阿富汗叛乱,他认为布热津斯基言论的目的在于从里根手中夺回功劳,强调卡特在推翻苏联方面的功不可没。他还认为,1979年阿富汗内部的冲突是一系列政变和起义的结果,而美国的所作所为并没有导致阿明战胜塔拉基,也没有导致苏联的误解。①

史蒂夫·科尔(Steve Coll)曾在《幽灵战争:苏联入侵至"9·11",中情局、阿富汗和本·拉登秘史》一书中断言:布热津斯基在采访中暗示他曾狡猾地引诱苏联在阿富汗陷入泥潭,但苏联入侵后最初几天的备忘录清楚地表明,尽管布热津斯基决心通过秘密行动在阿富汗与苏联对抗,但他也非常担心苏联会占上风。这些早期的备

---

① Lawrence Freedman, *A Choice of Enemies: America Confronts the Middle East*, New York: Public Affairs, 2008, p. 99.

忘录没有任何迹象表明苏联已经上当。考虑到这些证据,以及苏联入侵将给卡特政府带来的巨大政治和安全成本,任何关于布热津斯基引诱苏联进入阿富汗的说法都值得深深怀疑。① 但是,科尔在书中并没有说明这些备忘录究竟是哪些、又出自何处。

坚持认为阿富汗的秘密战争不是查理·威尔逊的战争,不是卡特的战争,也不是里根的战争,而是巴基斯坦总统齐亚(Zia ul-Haq)的战争的布鲁斯·里德尔(Bruce Riedel)则试图在其著作《我们赢得了什么:美国在阿富汗的秘密战争 1979—1989》中论证,是齐亚主导和推动了在阿富汗的秘密战争,美国的援助主要是为了改善美国与巴基斯坦的关系。②

另有学者认为美国无意插足阿富汗事务,战略上的

---

① Steve Coll, *Ghost Wars: The Secret History of the CIA, Afghanistan, and Bin Laden, from the Soviet Invasion to September 11, 2001*, New York: Penguin Press, 2004, p.593.

② Bruce Riedel, *What We Won: America's Secret War in Afghanistan, 1979-89*, The Brookings Institution Press, 2014.

轻敌导致了苏联的入侵,如杰弗瑞·罗伯茨(Jeffery J. Roberts)在《阿富汗冲突的起源》一书中指出,苏联不断地加深对阿富汗的干预,进行政治、军事、经济的全面渗透,而美国却因为低估了阿富汗的战略价值而对苏联的行为一再让步,最终导致苏联入侵阿富汗。[①]

虽然,在核心档案解密之前,也有部分学者认为是美国通过秘密援助蓄意挑起苏联派兵,但大多基于二手材料,主观推测多于客观论证。[②] 在新史料的基础上,笔者将对美国在战前的活动及其作用进行深入探讨。

其次,学者们对于美国、巴基斯坦、沙特等国家在秘密战争中所扮演的角色及其作用产生一些争论。布鲁

[①] Jeffery J. Roberts, *The Origins of Conflict in Afghanistan*, Praeger Publishers Inc, 2003.

[②] 参见 Gilles Kepel, *Jihad: The Trail of Political Islam*, Harvard University Press, 2002. Chalmers Johnson, *Nemesis: The Last Days of the American Republic*, Henry Holt and Company, 2007. Andrew J. Bacevich, *"War of Choice"*, *America's War for the Greater Middle East: A Military History*, Random House Publishing Group, 2016. John Cooley, *Unholy Wars: Afghanistan, America and International Terrorism*, Pluto Press, 2002.

斯·里德尔在《我们赢得了什么：美国在阿富汗的秘密战争1979—1989》一书中甚至认为这并不是美国主导的战争，而是巴基斯坦总统齐亚的战争，他重点强调了巴基斯坦和沙特在对阿富汗抵抗组织进行武器、技术支持以及培植圣战组织方面发挥的作用。鉴于当前圣战组织对国际社会的负面影响，这似乎有为美国开脱罪责之嫌。还有学者认为美国的秘密援助无足轻重，是阿富汗民族固有的顽强不屈和骁勇善战打败了苏联。笔者认为，相关档案足以说明在反苏战争的十年间，剧本显然完全由白宫写就，巴基斯坦、沙特和阿富汗抵抗组织充其量只是战争前线的演员。对隐蔽行动中不同行为体角色的考察，不仅涉及对美国外交政策的目的和效果的评估，更在国际层面涉及美国与相关行为体之间的制衡与博弈关系，有待借助新的档案资料进行更加系统深入的研究。

最后，从国内政治角度来看，也有诸多细节问题值得进一步探讨。一方面，现有成果中，关于美国对苏阿战争整体政策和隐蔽行动政策的研究虽然各有侧重，却往往忽视了对两者之间的互动与联系的考察。隐蔽行动与其他经济、政治政策之间怎样配合协调？如果按照较为普遍的观点,肯定美国在战争中拖垮苏联的重要作用的话,那么在当时美国对苏阿战争的一系列反应中,应该如何评价隐蔽行动政策的实际作用与影响呢？另一方面,现有研究成果对美国政府不同部门间的配合与协作关系存在分歧。比如,在隐蔽行动政策的操作实施过程中,很多学者都强调和肯定中情局的重要作用;但也有学者指出中情局并没有发挥实质性作用,其情报评估缺乏准确性,并没有成为美国外交决策的基础,而是国内反苏强硬派的态度与主张完全主导了美国涉足阿富汗的程度和范围。[1]

除了以上提到的研究成果外,关于冷战时期美国—苏联—阿富汗三边关系整体性研究的著作中都或多或少地讨论到秘密援助问题。其中代表性成果包

---

[1] David Arbel & Ran Edelist, *Western Intelligence and the Collapse of the Soviet Union*: *1980 - 1990*: *Ten Years that did not Shake the World*, Routledge, 2003.

括:雷蒙德·加特霍夫(Raymond L. Garthoff)的著作《大转变:美苏关系与冷战的终结》①,安德鲁·哈特曼(Andrew Hartman)的文章《红色模板:美国对苏联占领时期的阿富汗政策》②,克里斯托弗·辛普森(Christopher Simpson)的著作《里根和布什的国家安全指令:美国政治与军事政策的解密历史 1981—1991》③,道格拉斯·A. 博雷尔(Douglas A. Borer)的著作《超级大国的失败:越南和阿富汗的比较》④,O.L.沙林(O.L. Sarin)的著作《阿

---

① Raymond L. Garthoff, *The Great Transition: American-Soviet Relations and the End of the Cold War*, Washington. D.C.: The Brookings Institution Press, 1994.

② Andrew Hartman, "The Red Template: US Policy in Soviet-Occupied Afghanistan", *Third World Quarterly*, Vol. 23, No. 3 (Jun., 2002), pp. 467 – 489.

③ Christopher Simpson, *National Security Directives of the Reagan and Bush Administrations: The Declassified History of U.S. Political and Military Policy, 1981 – 1991*, Boulder: Westview Press, 1995.

④ Douglas A. Borer, *Superpowers Defeated: Vietnam and Afghanistan Compared*, London: F. Cass, 1999.

富汗综合征:苏联的越南》①,萨拉·E.门德尔森(Sarah E. Mendelson)的著作《改变进程:观念、政治与苏联撤军阿富汗》②,文安立(Odd Arne Westad)的著作《全球冷战:美苏对第三世界的干涉与当代世界的形成》③,莱弗勒(Melvyn P. Leffler)的著作《人心之争:美国、苏联与冷战》④,罗伯特·盖茨的《亲历者:五任美国总统赢得冷战的内幕》⑤,彼得·施魏策尔(Peter Schweizer)的著作《里根政府是怎样搞垮苏联的》⑥,利亚霍夫斯基的《阿富

---

① O. L. Sarin, *The Afghanistan Syndrome: The Soviet Union's Vietnam*, Novato, CA: Presidio, 1993.
② Sarah E. Mendelson, *Changing Course: Ideas, Politics, and the Soviet Withdrawal from Afghanistan*, Reprint edition, Princeton University Press, 2014.
③ Odd Arne Westad, *The Global Cold War: Third World Interventions and the Making of Our Times*, Cambridge and New York: Cambridge University Press, 2005.
④ [美]梅尔文·P.莱弗勒:《人心之争:美国、苏联与冷战》,孙闵欣等译,上海:华东师范大学出版社,2012年。
⑤ [美]罗伯特·M.盖茨:《亲历者:五任美国总统赢得冷战的内幕》,刘海青、吴春玲译,南京:江苏凤凰文艺出版社,2014年。
⑥ [美]彼得·施魏策尔:《里根政府是怎样搞垮苏联的》,殷雄译,北京:新华出版社,2001年。

汗战争的悲剧》①,以及安东尼·泰特勒(Anthony Teitler)的博士论文《美国对阿富汗政策1979—2014:一项国际关系建构主义的案例研究》②,安德鲁·哈蒙德(Andrew Hammond)的博士论文《争取自由:阿富汗与美国外交政策1979—2009》③等。国内的研究成果大多集中在硕士、博士学位论文中,如:李琼的《苏联、阿富汗、美国:1979—1989年三国四方在阿富汗地区的博弈研究》④,张树明的《冷战期间美国对阿富汗政策的发展演变》⑤,周世立的《里根、布什政府时期的美国与苏联解体》⑥,章继

---

① [俄]A.利亚霍夫斯基著:《阿富汗战争的悲剧》,刘宪平译,北京:社会科学文献出版社,2004年。
② Anthony Teitler, "US Policy Towards Afghanistan, 1979 - 2014: A Case Study of Constructivism in International Relations", PhD thesis, UCL (University College London), 2016.
③ Andrew Hammond, "Struggles for Freedom: Afghanistan and US foreign policy, 1979 - 2009", PhD thesis, University of Warwick, 2014.
④ 李琼:《苏联、阿富汗、美国:1979—1989年三国四方在阿富汗的博弈研究》,北京:中国社会科学出版社,2016年。
⑤ 张树明:《冷战期间美国对阿富汗政策的发展演变》,陕西师范大学硕士学位论文,2003年。
⑥ 周世立:《里根、布什政府时期的美国与苏联解体》,外交学院硕士学位论文,2002年。

华的《苏阿战争中美国对苏政策初探》①以及伊姆兰·阿里(Imran Ali)的《美国对阿富汗的外交政策及其对巴基斯坦的影响:1979—2010》②。

关于美国在阿富汗的秘密战争和隐蔽行动的专题研究,代表成果有:约翰·普拉多斯(John Prados)的文章《中情局在阿富汗的战争》③,帕纳约蒂斯(Panagiotis Dimitrakis)的著作《在阿富汗的秘密战争:阿富汗战争中的中美苏情报》④,柯特·洛贝克(Kurt Lohbeck)的著作

---

① 章继华:《苏阿战争中美国对苏政策初探》,中国人民大学硕士学位论文,2009年。
② Imran Ali, "A Study of U.S Foreign Policy Towards Afghanistan During 1979 - 2010: It's Consequences on Pakistan", 东北师范大学博士学位论文,2016年。
③ John Prados, "Notes on the CIA's Secret War in Afghanistan", *The Journal of American History*, Vol. 89, No. 2, History and September 11: A Special Issue (Sep., 2002), pp.466 - 471.
④ Panagiotis Dimitrakis, *The Secret War in Afghanistan: The Soviet Union, China and Anglo-American Intelligence in the Afghan War*, I. B. Tauris, 2013.

《圣战与不光彩的胜利:见证中情局在阿富汗的秘密战争》①,穆罕默德·约瑟夫(Mohammed Youssaf)和马克·阿德金(Mark Adkin)的著作《阿富汗:空头陷阱》②。较早的成果有乔·斯托克(Joe Stork)的文章《中情局在阿富汗:美好战争》③和菲利普·波诺斯基(Phillip Bonosky)的著作《华盛顿对阿富汗的秘密战争》④。中国学者白建才的著作《"第三种选择"——冷战期间美国对外隐蔽行动战略研究》⑤对冷战时期美国的隐蔽行动战

---

① Kurt Lohbeck, *Holy War, Unholy Victory: Eyewitness to the CIA's Secret War in Afghanistan*, Washington D.C.: Regnery Gateway, 1993.
② Mohammed Youssaf and Mark Adkin, *Afghanistan:The Bear Trap. The Defeat of a Superpower*, Havertown, PA: Casemate Publishers, 2001.
③ Joe Stork, "The CIA in Afghanistan: The Good War", *MERIP Middle East Report*, No. 141, Hidden Wars (Jul.-Aug., 1986), pp. 12 - 13.
④ Phillip Bonosky, *Washington's Secret War Against Afghanistan*, New York: International Publishers, 1985.
⑤ 白建才:《"第三种选择"——冷战期间美国对外隐蔽行动战略研究》,北京:人民出版社,2012年。

略的确立、传承和实施进行了梳理和总结,其文章《论美国对苏联入侵阿富汗的政策与隐蔽行动》①和《里根政府隐蔽行动政策文件的考察与解析》②以当时可见的文献档案为基础,概括总结了美国对阿富汗隐蔽行动的内容、特点与成效。

20世纪80年代是美苏对抗的决胜阶段,里根政府把隐蔽行动视为摧毁苏联的重要撒手锏,在关于这一时期美国隐蔽行动、情报活动和对外干涉的相关研究成果中,对阿富汗的隐蔽行动常常被作为案例进行分析。如大卫·普里斯(David Priess)的新著《总统情报简报:从肯尼迪到奥巴马不为人知的情报史》③,威廉·布鲁姆

---

① 白建才:《论美国对苏联入侵阿富汗的政策与隐蔽行动》,载《陕西师范大学学报》,2011年第6期。
② 白建才:《里根政府隐蔽行动政策文件的考察与解析》,载《陕西师范大学学报》,2008年第5期。
③ David Priess, *The President's Book of Secrets: The Untold Story of Intelligence Briefings to America's Presidents from Kennedy to Obama*, Public Affairs, 2016.

(William Blum)的文章《里根的遗产:中情局隐蔽行动八年记》①,约翰·普拉多斯的著作《总统的秘密战争:二战后中情局和五角大楼的隐蔽行动》②和《民主的保障:中情局的秘密战争》③,时任中情局驻伊斯兰堡站站长米尔顿·比尔登(Milton Bearden)和詹姆斯·理森(James Risen)的著作《头号敌人:中情局与克格勃决战内幕》④,威廉·J.多尔蒂(William J. Daugherty)的著作《行政秘密:隐蔽行动与总统》⑤,威廉·布鲁姆的著作《扼杀希望:二战后美国军队和中情局的对外干涉》⑥,鲍勃·伍德沃德

---

① William Blum, "Ronald Reagan's Legacy: Eight Year of CIA Covert Action", *Covert Action Information Bulletin*, No.33, Winter, 1990.
② John Prados, *President's Secret Wars: CIA and Pentagon Covert Operations Since World War II*, Chicago: Ivan R. Dee, 1996.
③ John Prados, *Safe for Democracy: The Secret Wars of the CIA*, Chicago: Ivan R. Dee, 2009.
④ Milton Bearden & James Risen, *The Main Enemy: The Inside Story of the CIA's Final Showdown with the KGB*, Ballantine Books, 2004.
⑤ William J. Daugherty, *Executive Secrets: Covert Action and the Presidency*, Lexington: University Press of Kentucky, 2004.
⑥ William Blum, *Killing Hope: U.S. Military and C.I.A. Interventions Since World War II*, Common Courage Press, 2008.

(Bob Woodward)的著作《帷幕：中情局的秘密战争1981—1987》[1]等。

最新解密的档案文献为进一步的研究奠定了基础。

首先，2018年12月，美国国务院发布了《美国对外关系文件集》(*Foreign Relations of the United States*, *FRUS*)中卡特总统时期的第12卷"阿富汗专辑"，记录了卡特政府最重要的外交政策问题：美国政府为回应苏联对阿富汗的干涉而采取的主要外交政策决定，包括外交压力、经济制裁和隐蔽行动三个方面。[2] 2019年8月公布的第19卷"南亚专辑"记录了华盛顿限制莫斯科对该地区威胁的最重要战略，以及与巴基斯坦在支持阿富汗的反苏抵抗运动中的合作。苏联入侵阿富汗之前，美巴关系几乎完全围绕核扩散问题展开，入侵之后，美巴关

---

[1] Bob Woodward, *Veil: The Secret Wars of the CIA, 1981-1987*, New York: Simon & Shuster, 2005.

[2] U.S. Department of State, *Foreign Relations of the United States* (*FRUS*), 1977-1980, Volume 12, Afghanistan, Washington D.C.: United States Government Printing Office, 2018.

系从国务院转移到了白宫、国防部和中情局。① 此外,第1卷"外交政策基础",收录了与阿富汗相关的一些总体政策文件。第6卷"苏联",记录了这一时期美苏关系的背景以及在美苏关系处于低谷时期发生的阿富汗危机。遗憾的是,卡特时期的第25卷"全球问题"(记录了多国抵制1980年奥林匹克运动会的情况)和第27卷"西欧"(关于卡特政府如何与其最亲密的盟友协调阿富汗政策)尚未解密。里根时期的一些重要文件,尤其是阿富汗卷也尚未解密,只能依靠苏联卷和其他来源的档案进行补充。

其次,美国国家安全档案(*Digital National Security Archive*,DNSA)中的阿富汗专辑"阿富汗:美国政策的形成,1973—1990年"(Afghanistan: The Making of U.S. Policy, 1973-1990)收集了1973年至1990年美国对阿富汗政策的关键文件,反映出在苏联出兵之前、苏联军队占领时期以及撤军过程中,美国政策的缘起与变化

---

① *FRUS*,1977-1980,Volume 19,South Asia.

情况。"中情局隐蔽行动：从卡特到奥巴马，1977—2010年"（CIA Covert Operations: From Carter to Obama, 1977-2010）专辑涉及对秘密行动的管理和控制，以及卡特、里根、老布什、克林顿、小布什和奥巴马总统任职期间实施的具体活动。此外，乔治·华盛顿大学国家安全档案馆（National Security Archive）的国家安全电子书（*National Security Archive Electronic Briefing Books*，NSAEBB）在2019年年初发布了《苏联入侵阿富汗1979：不是特朗普的恐怖分子也不是兹比格纽的暖水港》①的电子书，揭示了美国对苏联出兵动机的误判。另外在《大博弈的新阶段：80年代末美国、苏联、印度、巴基斯坦塑造阿富汗的竞争》②《苏联撤出阿富汗1989》③等电子书中也有

---

① *The Soviet Invasion of Afghanistan*, 1979: *Not Trump's Terrorists, Nor Zbig's Warm Water Ports*, Briefing Book #657, Edited by Tom Blanton and Svetlana Savranskaya, Published: Jan 29, 2019.
② *A New Phase in the Great Game: U.S., Soviets, India, Pakistan vied to Shape a New Afghanistan in Late 1980s*, Briefing Book #658, Edited by Svetlana Savranskaya, Published: Feb 1, 2019.
③ *The Soviet Withdrawal from Afghanistan 1989*, Briefing Book #665, By Svetlana Savranskaya and Tom Blanton, Published: Feb 27, 2019.

相关档案。原始资料集(Sourcebooks)系列的"911原始资料集"利用苏联解密档案和苏联官员的回忆录,从美国视角来审视苏联对阿富汗的政策制定、军事行动以及从这场血腥战争中所吸取的教训。①

再次,1995年,"苏联入侵阿富汗与缓和的瓦解"(The Intervention in Afghanistan and the Fall of Détente)学术研讨会在挪威奥斯陆召开,一批冷战史专家学者以及与阿富汗问题密切相关的前美国、苏联官员参加了会议。美国国家安全档案馆、伍德罗·威尔逊国际学者中心、挪威诺贝尔研究所和俄罗斯科学院历史研究所为此项目提供了当时最新的解密档案。② 威尔逊中心的冷战国际史电子档案"苏联入侵阿富汗"专题收录并

---

① *The September 11th Sourcebooks: U.S. Analysis of The Soviet War in Afghanistan: Declassified*, Edited by John Prados. *The Soviet Experience in Afghanistan: Russian Documents And Memoirs*, Edited by Svetlana Savranskaya.

② The Intervention in Afghanistan and the Fall of Détente, Transcribed by Svetlana Savranskaya, Edited by David A. Welch and Odd Arne Westad, The Norwegian Nobel Institute, Oslo, 1996.

翻译了从1968年到2004年相关的苏联档案,主要来自俄罗斯档案馆,包含备忘录、电报和政治局决定。①

最后,相关人物的专门档案中也不同程度地展示了美国对阿富汗的政策。里根总统图书馆收录了里根时期所有的国家安全决定指令文件以及公开活动的档案。耶鲁大学的斯特林纪念图书馆收藏了卡特的第一位国务卿赛勒斯·万斯及其夫人的文件(*Cyrus R. and Grace Sloane Vance Papers*)②,其中描述了万斯和其他官员如何利用苏联入侵阿富汗的机会,争取欧洲盟国对美国领导的反苏倡议的支持,比如抵制莫斯科奥运会,以及对苏联实施实质性经济制裁。

尽管本书主要利用美国档案、侧重美国视角的考察,但仍试图尽量说明阿富汗的遭遇与选择,因为冷战对其命运的安排着实令人唏嘘,所产生的影响也的确不容忽

---

① https://digitalarchive.wilsoncenter.org/collection/76/soviet-invasion-of-afghanistan.
② *Cyrus R. and Grace Sloane Vance Papers*, Yale Manuscripts and Archives, Yale University Libraries.

视。阿富汗进入近现代国际舞台的历史可追溯至19世纪初,当时英属印度和沙皇俄国横亘在欧亚大陆的南北两端竞相称雄,夹在中间的中亚地区腹背受敌,英俄在中亚地区展开了近一个世纪波澜壮阔的军事与外交博弈,史称"大博弈"。当博弈推进至阿富汗,两者势均力敌,难分胜负,最终在20世纪初划定势力范围,阿富汗作为"缓冲国"成为英俄大博弈的终结之地。

冷战开始后,阿富汗的崎岖山地间又上演了新一轮的大博弈,这次博弈是美苏对抗、全球冷战的一部分,夹杂了意识形态之争的新竞斗愈发激烈。在冷战最后十多年间,苏联及其支持下的阿富汗共产主义政权和以美国为首多国援助下的伊斯兰圣战者之间的博弈轰轰烈烈地展开。最终苏联狼狈撤军并轰然解体,美国和西方赢得了胜利,而阿富汗作为美苏在第三世界对抗的重要战场之一,在某种意义上成为冷战大博弈的终结之地。

冷战结束后,战争的余烬在阿富汗继续燃烧,但内战连连的阿富汗几乎被世界遗忘,直到2001年的"9·11"

事件，其才以震惊世人的角色回归国际视野。全球冷战的时代刚刚结束，"全球圣战"的时代却不幸到来，宣扬自由民主的美国与他们用武器与暴力制造的弗兰肯斯坦之间不得不展开新一轮的大博弈。这次，阿富汗是否会再度成为博弈终结之地呢？

发生在阿富汗的各种博弈作为一个历史剖面，集中体现了两大阵营的形成与分化、意识形态的对抗、地缘政治的竞争、现代化道路的选择等重要议题。不仅折射出冷战斗争的波澜起伏与宏大叙事，更展现了其纹理结构与细枝末节，同时也为我们理解民族主义、恐怖主义、政治伊斯兰主义等意识形态在当代的生成机制与发展逻辑提供了重要参考。本书所关注的是冷战最后十多年间围绕着阿富汗展开的斗争故事，特别是1979—1989年美国以对抗苏联为目的在阿富汗进行的秘密战争。

必须指出的是，美苏在阿富汗问题上的博弈是一个庞大的系统工程，美国的隐蔽行动作为其中核心部分存在。在这场博弈中，美国的对外政策主要游走在苏联、巴基斯坦、阿富汗三者之间,同时在公开和隐蔽两条轨道上展开,分别是——公开层面通过政治、外交手段与苏联协商解决阿富汗问题,隐蔽行动支持抵抗组织与苏联作战;公开层面与巴基斯坦之间貌合神离的外交关系,隐蔽行动中的密切合作与安全承诺;公开层面对抵抗组织从漠然到热情,隐蔽行动中对圣战者的大量援助。本书试图在尽量完整的图景中呈现阿富汗隐蔽行动的全貌,但在有限篇幅中,并不奢求同时厘清公开和隐蔽两个层面的美国政策,仅本着为我所用的原则,在必要时对公开层面的政策发展进行介绍和总结;而重点聚焦于阐明美国在隐蔽层面对抗苏联的行动,梳理隐蔽行动政策的决策过程、具体方案的制定与实施过程,分析行动目标的选择与利益的界定,剖析政策演变的内外动因,评估政策效果与执行成果,并在此基础上总结其特点,揭示其影响与得失。

I

第一章

大博弈中的阿富汗，1979 年之前

距离英俄大博弈结束不到五十年,二战之后,美苏大博弈又拉开序幕,阿富汗别无选择地再次被卷入其中。错综复杂的斗争主要在两个大国和三种势力之间展开——共产主义的苏联,资本主义的美国,阿富汗民族主义者、共产主义者以及伊斯兰主义者。最初迎来的是美苏对阿富汗的竞相拉拢,不计成本的深耕厚植使苏联在竞争中更胜一筹。其后,在阿富汗民族主义、共产主义和伊斯兰主义的三方博弈中,阿富汗人民民主党掌权被理所当然地认为是共产主义的胜利,苏联"赢得"了阿富汗。阿富汗由此走上社会主义发展道路,民族主义逐渐衰颓。接下来的斗争主要在共产主义政权和伊斯兰反对派之间进行,最终阿富汗共产主义的统治危机和意识形态危机使苏联不得不出动军队来保卫革命果实。以此为契机,美国也开始对阿富汗进行实质性的干涉。

一、两个大国

阿富汗位于欧亚大陆的中心地带,连接着三大文化和地理区域:东南部的印度次大陆、北部的中亚和西部的伊朗高原。地理位置不能决定一个国家的宿命,但阿富汗作为古老丝绸之路的要冲之地,作为外来侵略者进入伊朗、印度或中亚地区门户的特殊地理环境,在无形中设定了阿富汗千年来的历史进程,不仅带来东西文化贸易交流的繁荣,也带来了惨烈的战争与杀戮。从英俄大博弈开始,阿富汗被迫成为帝国角逐的竞技场。据1907年《英俄协定》,俄国承认阿富汗是英国的势力范围,允诺不向阿富汗派遣代理人,在政治上不直接与阿富汗人打交道;而英国则保证不兼并阿富汗的领土,不干预阿富汗内政。至此,英俄两国在中亚地区近一个世纪的博弈画上句号。

然而,这场博弈深深地埋下了一个影响至今的"炸弹",即阿富汗和巴基斯坦的边界冲突。1895年英俄划分了阿富汗与俄罗斯在帕米尔的分界线,即"杜兰德线"(Durand Line)。该线穿过巴基斯坦和阿富汗领土,作为阿富汗主体民族的普什图人被分隔两地,留在巴基斯坦的普什图人反而比在阿富汗境内的还要多。虽然杜兰德线是国际公认的巴基斯坦西部边界,但它至今没有得到阿富汗的正式承认。阿富汗总统萨达尔·穆罕默德·达乌德(Sardar Mohammed Daoud Khan)在1976年8月访问巴基斯坦期间,仅勉强承认杜兰德线为国际边界。2017年,阿富汗总统哈米德·卡尔扎伊(Hamid Karzai)又明确表示,阿富汗永远不会承认杜兰德线为两国之间的国际边界。这一边界争端成为阿巴关系和地区安全挥之不去的阴影。布热津斯基在《大博弈》中断言:如果世界上的某一个部分可能以危险的方式爆炸,这个部分很有可能就是巴勒斯坦以及巴基斯坦和阿富汗的边界地区。① 20世纪80年代以来,边界地区的走私和恐怖主义活动愈发猖獗,杜兰德线被称为世界上最危险的边界之一。

---

① [美]兹比格涅夫·布热津斯基、布兰特·斯考克罗夫特著:《大博弈:全球政治觉醒对美国的挑战》,姚芸竹译,北京:新华出版社,2009年。

1919年，经过三次英阿战争，阿富汗终于击败了宿敌英国，实现独立。但新一轮的大国竞争已悄然拉开帷幕，一方是沙俄的继承者苏联，另一方是在二战中成长起来的美国。趁着英国势力撤出的空档，苏联更加密切了与阿富汗的关系，进行经济和意识形态的全面渗透。由于信仰伊斯兰教的阿富汗人对布尔什维克主义天然的抵制，直到1965年之前，阿富汗几乎没有正式的共产主义力量，但是在意识形态热情的驱动下，苏联对阿富汗的拉拢从不曾停止。相比之下，美国在二战结束前基本无暇顾及阿富汗，两者几乎没有交集，二战初期，美阿之间的联络渠道一直是美国驻法国大使馆，直到1942年6月，美国才在喀布尔设立使团。

二战期间，阿富汗迎来了发展良机。由于在战争期间严守中立政策，阿富汗通过出口食品和羊皮积累了大量财富。战争结束后，阿富汗大力进行基础设施建设，在政治上积极拥抱现代主义，国内呈现出一派乐观振奋的景象。然而，随着冷战的步伐逐渐逼近，两大阵营的争夺日趋激烈,阿富汗又被卷入一场新的大博弈之中。此时的阿富汗处于两大阵营的交锋前沿:北边是苏联;东边是苏联的亲密盟友中国;西边是刚建立亲美独裁政权的伊朗;南边的巴基斯坦是美国的亲密盟友。摆在阿富汗人面前的有三条道路:要么投入苏联阵营,要么加入美国领导的"自由世界",或者像南斯拉夫和印度等第三世界国家一样保持中立。具有浓厚民族主义情结和宗教传统的阿富汗积极拥抱"不结盟运动"的构想,试图保持中立,在夹缝中同时与苏美周旋,以求生存并从中获利。为此,阿富汗甚至拒绝了加入美国主导的中央条约组织(Central Treaty Organization, CENTO)。

20世纪50和60年代,美苏在阿富汗的竞争主要体现在经济领域。1950年,苏联和阿富汗达成易货协议,苏联将用石油和天然气换取阿富汗的羊毛和棉花,并于两年后签订了水泥供应协议。与此同时,1952年的赫尔曼德河谷工程开启了美国介入阿富汗发展的序幕。美国的援助迅速延伸到文化教育领域,哥伦比亚大学、怀俄明大学和科罗拉多大学等美国学校与喀布尔大学建立了合作关系。阿富汗人积极学习外语,赴美留学的队伍呈壮大之势。美国与德国、法国一起规划设计了喀布尔各大高中的课程体系。1955年,苏联领导人赫鲁晓夫访阿并带来丰厚的礼物,承诺向阿富汗提供1亿美元的基础设施援助,派遣军事专家,提供现代化武器援助并帮助阿富汗培训军事人员。阿富汗成为第三世界国家中第二大苏联军事援助受援国,在机器设备、新技术等方面深深依赖苏联。此时的阿富汗首相达乌德也向美国请求军事援助,但是美国鉴于和巴基斯坦的亲密盟友关系,拒绝了他的请求,致使达乌德更加依赖苏联。

到了1957年,美国国家安全委员会(National Security Council,NSC)分析认为美国的阿富汗政策需要做出调整:"阿富汗已经对共产主义集团欠下了巨大的债务,甚至会影响它以后的独立性……美国应该尽力去解决阿巴争端,鼓励阿富汗减少对共产主义集团在军事训练和装备方面的依赖性,使其转向美国或其他'自由世界'的国家寻求军事训练和援助。"①此后,美苏在阿富汗的竞争更加激烈。1958年和1963年,达乌德首相和扎希尔国王分别对美国进行了国事访问。1959年,艾森豪威尔总统对喀布尔进行访问并带来了价值数百万美元的捐赠和贷款,同时开启了重要的基建项目。60年代,美国对阿富汗的援助增加到平均每年2200万美元,帮助阿富汗建立了国有航空公司"亚里安那"(Ariana),出资修缮喀布尔机场,还计划在坎大哈建造一座全新的空港。根据美方的规划,坎大哈机场将是世界上最大的国际机场之一和长途货运飞机的加油站,有助于使阿富汗成为繁荣的国际商业中心。

苏联扬长避短,继续在军事方面发力,向阿富汗提供坦克、米格战机、喷气式轰炸机、直升机,以及足够装备十万大军的小型武器,还帮助阿富汗建立了三座空军基地,其中一座大型空军基地位于喀布尔北部的巴格拉姆

---

① 李琼:《苏联、阿富汗、美国:1979—1989年三国四方在阿富汗的博弈研究》,北京:中国社会科学出版社,2016年,第31页。

(Bagram),另外两座位于阿富汗北部。在阿富汗北部探得巨大的天然气储量之后,苏联修建管道将天然气输送到阿富汗北部城市的发电站。同时援建了一条从喀布尔通往阿北部边境的坚固道路,还整顿了阿富汗的通信设施。

美苏在阿富汗实施的一揽子援助计划,在最困难的地形上修建了超过1200英里的坚固公路,建立起了连接阿富汗主要城市的公路网络。① 1964—1974年,苏联在阿富汗始终保持着第一大援助国的地位。相比之下,美国的援助总体投入较少,直到1977年援助总额仅为4.7亿美元,而且主要集中在农业、运输和教育发展方面。尽管接受了诸多援助,到70年代,阿富汗仍是世界上最不发达的国家之一。1974年,世界银行估计阿富汗的人均国民生产总值为70美元,在83个欠发达国家中排名第73位。

---

① [美]塔米姆·安萨利著:《无规则游戏:阿富汗屡被中断的历史》,钟鹰翔译,浙江:浙江人民出版社,2018年,第158—164页。

两个超级大国的慷慨让阿富汗首先品尝到了冷战的甜头。竞赛至此,显然苏联更胜一筹,无论是援助的力度、广度还是深度。这一结果本质上是由阿富汗的地缘政治位置决定的,美国在中东—南亚地区的重要战略支点是伊朗和巴基斯坦,并且无意在阿富汗对抗苏联。整个70年代,美国在阿富汗的目标是"维护阿富汗的独立和领土完整;建立可行的政治和经济体系;限制苏联影响力的扩张;改善阿富汗与巴基斯坦和伊朗的关系"。美国认为受制于阿富汗政府的软弱无力和阿富汗无足轻重的战略地位,美国在阿富汗的利益是有限的,这直接决定了美国的援助和承诺同样是有限的。① 因此,尽管阿富汗总统从未间断地寻求美国或西方的支持,试图平衡苏联的影响,但从未真正迎来美国伸出的橄榄枝。

苏联需要防范美国在其心脏地带范围内的实力扩展,并保证在该区域中的绝对优势。因而对苏联来说,地

---

① Policy Review: A U.S. Strategy for the '70s, 6/26/71, *DNSA*.

处欧亚心脏地带的阿富汗则具有双重地缘政治意义和功能：如果苏联处于守势，阿富汗就是苏联南部的一道屏障和缓冲区，可以防止美国以伊朗和巴基斯坦为依托扩大势力；如果苏联处于攻势，阿富汗则是南下的一个前进基地。同时，苏联把在阿富汗的介入视作一种试验，目标是通过几代人的友好援助来敦促一个落后社会走向社会主义。苏联在阿富汗数十年的深耕厚植奠定了坚实的基础并得到了阿富汗的积极回应，主张现代化的阿富汗精英把苏联视为最接近和最直接的一个榜样，他们希望通过走苏联道路来推动经济和国家政权发生转型，而苏联的支持对保障阿富汗的安全、反抗美国支持下的贪婪的邻邦巴基斯坦和伊朗也至关重要。①

二、三种势力

英俄大博弈催生了阿富汗民族主义，美苏大博弈则

---

① ［挪威］文安立：《全球冷战：美苏对第三世界的干涉与当代世界的形成》，牛可等译，北京：世界图书出版公司，2012年，第309页。

促进了阿富汗共产主义和伊斯兰主义的发展与崛起。这三种势力共同塑造了现代阿富汗的政治版图。

冷战期间,美苏的竞争不仅促进了阿富汗经济和军事力量的发展,也极大地推动了阿富汗社会的改变。在美苏的援助下,喀布尔成为一个热闹繁华的国际化都市,人们住着苏联援建的现代公寓,在德国援建的校园里读书,观赏莫斯科马戏团的演出,接受美国和平队(Peace Corps)的医护服务,甚至在酒吧里与西方嬉皮士进行毒品交易……但这些变化并没有延伸到偏远闭塞的农村地区,险峻的山脉把阿富汗分割成不同的区域,这些区域内居住着相互隔绝的种族和部族。阿富汗99%以上的人信奉伊斯兰教,其中89%为逊尼派,10%为什叶派。2600万总人口中,近一半为普什图族,此外还有哈吉克族、哈扎拉族、乌兹别克族等20多个民族。[1] 每个民族都有自己的语言,各民族又分为若干个大部族或集团,下

---

[1] 沈志华主编:《冷战国际史二十四讲》,北京:世界知识出版社,2018年,第387页。

面又分成众多的小部族或家族世系。由于地形复杂、交通不便,各部族长期封闭、难以融合,进而形成各自独特的文化传统和政治生态,并拥有独立的武装,各部族间矛盾错综复杂。

这种时空的错位导致两个阿富汗的长期共存——一个是由技术官僚、国家神职人员、国家军队和现代化设施组成的网络结构,以喀布尔为权力中心,国家机器有效运行;另一个是由农民和游牧部落、封建领主和部落首长、乡村教士和部落游击队组成的有机网络——新旧世界壁垒分明。两种不同的土壤滋养出两种不同的势力:阿富汗人民民主党(People's Democratic Party of Afghanistan, PDPA)和阿富汗伊斯兰抵抗组织(the Mujahideen/Mujaheddin)。

20世纪60年代初期,随着数百名受过良好教育、具备管理才能和掌握技术的西方留学生回到阿富汗,数千名留学社会主义国家、接受军事训练的留学生也回到了阿富汗,他们训练有素,已经做好进入军队的准备。在求学期间,他们不仅收获了军事知识,还接触了马克思列宁主义,看待祖国前途和个人命运的角度也由此发生了重大变化,左翼思想开始在阿富汗生根发芽、开枝散叶。1965年,30多名马克思主义研究领域的代表成立了阿富汗人民民主党,被誉为"阿富汗的高尔基"的左翼记者努尔·穆罕默德·塔拉基(Nur Muhammad Taraki)成为党首,阿富汗共产党就此诞生。人民民主党的会员中有半数人和塔拉基有类似的经历,都出身于普什图农村家庭,成长于旧的阿富汗,通过接受教育和不懈奋斗,得以进入新的阿富汗;塔拉基最亲密的助手哈菲祖拉·阿明(Hafizullah Amin)也是这样的一个典型人物。人民民主党中其他的半数党员则出身城市,以巴布拉克·卡尔迈勒(Babrak Karmal)为代表,他出身于老普什图贵族家庭,其父与达乌德来往密切。由于政见不合,人民民主党两年后便分裂为"人民派"(Khalq)和"旗帜派"(Parcham)。人民派依然由塔拉基领导,主张采取一切必要措施来实施激进的社会主义改革。卡尔迈勒领导的旗帜派则主张逐步引入社会主义变革,在国家体系内运作,并尽量融合阿富汗社会的不同要素。旗帜派主要由城市技术官僚组成,卡尔迈勒及几位支持者曾担任过议会议员,和当时的政权关系密切,因此也被嘲笑为阿富汗皇家共产党。两大派别水火不容,无法共存。①

像共产主义一样,阿富汗的伊斯兰主义②在伊斯兰世界里也是姗姗来迟。20 世纪 60 年代,伊斯兰激进主义思想开始在阿富汗萌芽。一般情况下,具有浪漫情怀和理想主义色彩的青年学生是"左翼"或"自由派"的重要

---

① [美]塔米姆·安萨利著:《无规则游戏:阿富汗屡被中断的历史》,钟鹰翔译,浙江:浙江人民出版社,2018年,第181—188页。
② 作为一种政治意识形态的伊斯兰主义,其根源可追溯至 20 世纪初期中东地区的反殖民统治运动。早期的伊斯兰领袖寻求建立一个现代的、通常是泛伊斯兰教的国家,这个国家的基本理念和结构必须以神圣先知的教导为基础。为此,他们设想了一种类似于 16 世纪欧洲宗教改革的状态:回归宗教的原初理念并将宗教法典作为立国之本。政治伊斯兰把正义作为其教义的核心理念加以强调,宣称如果不能重新建立起一个正义的帝国,以一个新的哈里发国家取代被西方帝国主义摧毁的一切,那穆斯林就不可能寻找到他们回归真主的道路。参见[挪威]文安立:《全球冷战:美苏对第三世界的干涉与当代世界的形成》,牛可等译,北京:世界图书出版公司,2012年,第296页。

组成部分。但在喀布尔,富有煽动性的校园激进分子更多地成为宗教激进主义者,而大学里的神学教授往往成为其领路人。1965年,一批鼓吹社会生活伊斯兰化的喀布尔大学保守神学家组建了一个有影响力的早期伊斯兰组织,即"青年穆斯林组织"(Organization of Muslim Youth),其中的重要成员布尔汉努丁·拉巴尼(Burhanuddin Rabbani)和阿卜杜勒·萨亚夫(Abdul Sayyaf)都曾在埃及著名的伊斯兰神学院爱兹哈尔大学就读。留学苏联的阿富汗青年带回了马克思列宁主义;拉巴尼与萨亚夫则带回了穆斯林兄弟会的思想,并将一个完全以伊斯兰教法为基础的国家作为愿景。穆斯林兄弟会的宗旨是,全世界的穆斯林应当生活在统一的哈里发国,摒弃民主、自由、现代化和人文主义之类的西方思想。① 与拉巴尼争夺影响力的最主要的对手是年轻的古勒卜丁·希克马蒂亚尔(Gulbuddin Hekmatyar),他是一位激进的伊

---

① [美]塔米姆·安萨利著:《无规则游戏:阿富汗屡被中断的历史》,钟鹰翔译,浙江:浙江人民出版社,2018年,第187—188页。

斯兰主义者，性格凶残狠毒阴险狡诈。1972年，青年穆斯林组织在其领导下，在喀布尔大学学生会选举中获胜，得到来自农村、面临失业的学生的大力支持，成为一支独立的政治力量。

阿富汗的这两种本土势力——共产主义团体和伊斯兰抵抗组织——具有显著的共性：从诞生之初就矛盾重重、严重分化、派别林立。而且他们的内讧往往贯穿其整个政治生命，争权夺利的内部斗争甚至凌驾于共同的利益诉求之上，并最终指向覆灭的结局。这一方面反映了阿富汗人民尚武好战、桀骜不驯的民族性格和各自为政、有勇无谋的部落习气，另一方面也是新旧两个阿富汗之间巨大裂痕的真实写照。

与年轻的共产主义和伊斯兰主义相比，阿富汗民族主义资历稍长。像大多数东方国家一样，阿富汗的民族主义同样是"挑战与回应"模式的产物。英俄的争夺和英阿战争中的抵抗强化了阿富汗人的自我意识和民族认同，在这种被迫的对外交往中发现了"自我"，缓冲国的地位在客观上赋予了阿富汗人国家和领土的观念,复杂的生存环境又更加强化了这种观念。19世纪末阿富汗民族主义已具雏形,随着现代化的推进,20世纪初,阿富汗形成了以现代官僚、军官和知识分子为主体的民族主义团体。其民族主义与本土特征紧密结合,呈现出官方与民间的分层,以及多元化、世俗化、普什图化的复杂状态。20世纪60年代之后,在社会层面虽然存在要求伊斯兰化的宗教民族主义,但世俗的民族主义仍占据主导地位。[①] 冷战期间,美苏的竞争加剧则放大了阿富汗民族主义的内在矛盾与冲突,并对其独立性形成严峻的考验。民族主义的内在诉求希望保持中立,逃离大国主导的对抗与冲突,但依赖性与脆弱性又诱导其向大国寻求利益与庇护,从而不可避免地被冷战裹挟其中。

至此,新一轮的大博弈中,在阿富汗土地上厮杀的几种力量已悉数登场,他们是共产主义的苏联、资本主义的

---

① 姚大学、同伟:《阿富汗民族主义的历史演变及特征》,载《西亚非洲》,2014年第6期。

美国,阿富汗共产主义者、伊斯兰主义者以及民族主义者。三种本土势力之间本身的矛盾,加之冷战对抗中外部势力的鼓动和干预,阿富汗潜在的种族、部落和个人冲突纷至沓来,因敌对产生的分裂与动荡愈演愈烈。

三、民族主义的衰颓

尽管阿富汗民族主义在发展历程中几经考验,具有相当顽强的生命力,但在20世纪70年代,阿富汗共产主义和伊斯兰主义力量分别在苏联和巴基斯坦的支持下迅速发展壮大,以致民族主义在两者的夹击中最终败下阵来。

首先迎来的是民族主义与共产主义的交锋。

1972年,阿富汗国王扎希尔任命穆萨·沙菲克(Musa Shafiq)为首相。沙菲克是一个虔诚的穆斯林和民族主义者,他上任后积极改善同巴基斯坦和伊朗的关系,这使苏联领导人感到非常不安,于是考虑推翻王朝政府。但是,苏联又担心人民民主党两派的实力和影响有限,即使政变成功也难以控制局势,因此物色了有"红色亲王"之称的达乌德协助行事。时任内阁总理的达乌德早就不满国王的统治,认为阿富汗政府在民主问题上的改革试验已经失败。苏联通过旗帜派同达乌德共图政变,甚至就政变之后的权力分配问题达成了初步的协议。① 1973 年 6 月,扎希尔国王前往伦敦治疗眼疾,达乌德趁机联合军方和内政部长(旗帜派成员)发动"7-17 政变",夺取了国家的控制权,结束了君主制,建立了民主共和国,阿富汗成为现代意义上的国家。

虽然在夺取政权的过程中受到了苏联的帮助,但是达乌德上台后继续保持了阿富汗一贯的外交风格,在美苏之间左右逢源,寻求援助。1973 年 7 月,达乌德甫一就任总统便立即向美国表明立场,重申新政府对不结盟的承诺,强调事发前苏联对政变一无所知,表示阿富汗希望与美国和苏联都保持良好关系,"我们不是共产主义

---

① 李琼:《苏联、阿富汗、美国:1979—1989 年三国四方在阿富汗的博弈研究》,北京:中国社会科学出版社,2016 年,第 24 页。

者,我们不是亲苏联的。我们是民族主义者"。① 达乌德还向美国驻阿富汗大使保证,新政府将采取措施防止(左派或右派)极端主义,但要根除助长左派的土壤,还需要美国"巨大的经济帮助"。此外他还表示希望能与巴基斯坦"友好地解决"普什图尼斯坦问题。②

达乌德发动政变后,美国国家安全委员会做出判断:达乌德可能比扎希尔国王更难对付,因为达乌德更亲苏联,对美国抱有更多疑虑,合作机会会减少。但另一方面他应该会继续发扬阿富汗的传统外交风格,在大国间周旋。③ 1974年4月,美国国务卿基辛格表示:达乌德掌权后没有触及美国的利益,美国将继续促进该地区的和平、稳定与合作,尤其是继续加强与伊朗和巴基斯坦的关系。

---

① Meeting with President Daoud, July 22, 7/23/73, *DNSA*.
② Meeting with Daoud's Brother Naim, 7/20/73, *DNSA*.
③ Memorandum, Harold H. Saunders and Henry A. Appelbaum, National Security Council Staff, to Dr. Kissinger, "Coup in Afghanistan," 17 July 1973, Secret, p.2, Source: NSCF, box 591, Afghanistan Vol Ⅰ, https://nsarchive2.gwu.edu/NSAEBB/NSAEBB59/zahir15.pdf.访问时间:2018年6月30日。

美国的目的是维持一个稳定、独立和不结盟的阿富汗,只要巴基斯坦局势保持稳定,就不会激化普什图尼斯坦问题,所以应该努力改善阿富汗—巴基斯坦—伊朗的关系。为此,美国将继续发挥自身优势援助阿富汗,开展更丰富的合作,并积极鼓励阿富汗人的觉醒意识。① 从总体上看,美国政府对阿富汗的政权变化泰然处之——只要新政权不挑战美国的利益,继续保持外交政策的基本连续性、不反对美国,由谁来统治其实并不重要。而达乌德的政策也正好印证了美国的判断,他在外交上非常积极、灵活并且独立,显著改善了与西方国家以及周边国家的关系,并与巴基斯坦和伊朗实现了历史性和解,减轻了对苏联的依赖,但同时也与苏联保持着友好关系。

在达乌德的外交努力下,1974年7月,伊朗、沙特、科威特和伊拉克"坚定地"向阿富汗提供了财政援助。8月中旬,在美国的鼓励下,伊朗决心将阿富汗拉入以德黑

---

① Review of U.S. Policy toward Afghanistan, 4/10/74, *DNSA*.

兰为中心的面向西方的经济和安全共同体。伊朗与阿富汗达成了为期10年、价值20亿美元的经济协议，这一数额超过了二战结束以来阿富汗的受援总额，伊朗将取代苏联，成为阿富汗最大的援助国。印度和埃及还为阿富汗军事人员提供小型训练项目，①到1977年年底，美国为阿富汗军官提供的军事训练项目的资金也翻了一番，从而在一定程度上减轻了阿富汗在军事上对苏联的严重依赖。1972—1975年，留学美国的阿富汗学生人数甚至超过了留学苏联的。与此同时，阿富汗与美国、伊朗、巴基斯坦等国之间的各种高层互访也相继展开并取得丰厚成果。

在改善与美国及其盟友关系的同时，达乌德也"熟练而有力"地处理着与苏联的复杂关系。1973—1975年，阿富汗从苏联获得10多亿美元的经济援助。1921年签订的苏阿友好互不侵犯条约又被延长了10年。1976

---

① Afghan External Relations: A 1974 Assessment, 2/5/75, *DNSA*.

年，阿富汗和苏联签署了一项贸易协定：到1980年两国之间的贸易额将增加65%。[①] 1977年4月，达乌德访问莫斯科时拒绝了勃列日涅夫提出的遣返驻阿富汗的美国顾问的要求，并强调了阿富汗的独立地位，在之后的会谈中，他甚至中途离场以表示不满。不过尽管如此，苏阿还是签署了一项为期12年的协定，以促进两国的经贸关系。

美国国务院在该时期对阿富汗外交政策的评估中指出：达乌德在避免苏联对其内政进行过多干涉的同时，保持了苏联作为其主要援助国的地位，这种平衡外交非常符合美国在阿富汗的利益。[②] 总的来看，达乌德统治时期的外交政策与美国对阿富汗的整体政策目标不谋而合，美国虽然在阿富汗只谋求有限的利益，投入有限的精力，却取得了非常好的效果。阿富汗从各方面严重依赖

[①] Abdul Samad Ghaus, *The Fall of Afghanistan*, Washington, D.C.: Pergammon-Brassey's, 1988, pp.171-174.

[②] Afghanistan in 1977: An External Assessment, 1/30/78, *DNSA*.

苏联开始转向独立自主发展，从另一个角度来看，也可以说出现了亲美的转向，或者说美国的政策正好迎合了阿富汗民族主义发展的潮流。苏联推翻了民族主义者沙菲克，不料却扶植了另一个民族主义者达乌德，阿富汗民族主义所具有的巨大生命力和吸引力大概是莫斯科没有预料到的。

与外交上的游刃有余相比，达乌德在处理国内事务时显得有些捉襟见肘。达乌德的对内政策依然秉持中立的风格，既不左倾也不右倾，既不要共产主义也不要伊斯兰主义，而是"达乌德式"（Daoudward）的，对国内的共产主义、伊斯兰激进主义和中间温和派一概不偏不倚。①然而，大概正是由于严重脱离了群众基础，忽视了国内不同群体的诉求，达乌德的改革进行得并不顺利，到 1977 年，他的集权统治引起各方不满，首先是遭到政府内部技术官僚和地方传统势力的双重批评与反对。但手腕强硬

---

① Afghan Internal Affairs: A 1974 Assessment, 2/6/75, *DNSA*.

的达乌德并不十分担心这些来自统治内部的反对,他最担心的是立足于城市的共产党人和伊斯兰主义运动。历史证明,这两者的确成了他的致命敌人。

与阿富汗历史上绝大部分领袖一样,达乌德也是坚定的普什图民族主义者,他追求普什图尼斯坦的野心使阿巴两国在边境问题上的紧张关系更加恶化。巴基斯坦决定对达乌德的政策进行报复,因此对反对阿富汗政府的伊斯兰主义者鼎力相助。在巴基斯坦的全力支持下,伊斯兰抵抗力量不仅获得了大量资金和武器支持,而且从游兵散勇走向联合,成为一支可以与民族主义的世俗政权分庭抗礼的重要政治力量。

1974年,希克马蒂亚尔的支持者联合封建地主对潘杰希尔和赫拉特等省的一些政府设施进行了袭击,遭到达乌德严厉镇压,200多人被捕入狱。主要领袖逃往巴基斯坦建立流亡组织,并继续指挥着阿富汗境内的地下组织开展激进的武装斗争。流亡的伊斯兰主义者惊喜地发现自己在巴基斯坦深受欢迎,甚至是佐勒菲卡尔·阿里·布托(Zulfiqar Ali Bhutto)这样的高度世俗化政权也愿意支持他们的事业。布托的动机纯粹是政治性的。达乌德甚嚣尘上的普什图民族主义言论时刻煽动着巴基斯坦境内的普什图族人，形成不稳定因素。布托扶植阿富汗伊斯兰主义者，目的是给达乌德政权制造更多更大的麻烦。1977年7月，巴基斯坦伊斯兰派军方领导人齐亚·哈克将军发动军事政变推翻了布托政权，巴基斯坦的世俗化改革由此结束。齐亚上台后积极推行伊斯兰化政策，试图以此来增强民族凝聚力。他迅速加大了对阿富汗抵抗组织的援助力度，把支持伊斯兰主义者视为共同的事业。

如果把伊斯兰抵抗运动的迅猛发展看作达乌德的一个统治结果的话，他的另一个统治结果则对阿富汗的命运产生了更加深刻和长远的影响，即阿富汗共产主义掌权。尽管达乌德在取得政权的过程中获得了旗帜派的帮助，但是他对左派的改革要求和亲近非常短暂，在之后的政策中越来越明显地表现出对共产主义势力的疏远、削弱甚至是直接的打压。对此,苏联一方面向旗帜派表示希望阿富汗共产党能逐渐与达乌德达成某种形式的和解,另一方面又提升了人民民主党在其政策中的重要性,甚至在一些场合直接使用克格勃的力量帮助阿富汗共产党员摆脱达乌德的特工。①

1978年4月,人民民主党中颇受欢迎的旗帜派领袖米尔·阿克巴·海贝尔(Mir Akbar Khaibar)被谋杀,由于海贝尔是达乌德直言不讳的批评者,达乌德由此遭到质疑。大约有一万五千人参加了海贝尔的葬礼,并发展成为一场持续数天的反政府示威活动。这促使达乌德决心解决心腹之患,发动了针对左翼的大清洗,包括塔拉基和卡尔迈勒在内的很多左派领导人都被逮捕入狱,其中尤以人民派居多。对此,人民派领导人早有预估和准备,4月27日,人民派在喀布尔成功地发动了四月革命,建立了阿富汗民主共和国(the Democratic Republic of Af-

---

① [挪威]文安立:《全球冷战:美苏对第三世界的干涉与当代世界的形成》,牛可等译,北京:世界图书出版公司,2012年,第309—311页。

ghanistan, DRA)。达乌德和他的全部家人死于政变。①

政变之前,一方面,虽然苏联对于达乌德的离心离德心生嫌隙,但是总体上还是满意的,完全没有达到要推翻他的程度,甚至在达乌德逮捕了左派领导人之后,仍然主张和解。另一方面,尽管莫斯科一直在尽力扶植阿富汗共产主义力量,但此时他们认为人民民主党羽翼未丰,尚不足以控制国内局势,并不主张他们贸然采取行动。②目前也并没有证据证明苏联参与了四月革命的谋划。苏联对政变的反应谨慎而积极,既是为了消除关于莫斯科煽动、参与政变的广泛猜疑,也反映出苏联对新政权真实情况的不确定性。③但无论如何,苏联在阿富汗多年的苦心经营终于换来了一个共产主义政权。坚持民族主义、强人政治的达乌德最终命丧黄泉。

---

① The Coup in Afghanistan, 4/27/78, *DNSA*.
② "The KGB in Afghanistan", by Vasili Mitrokhin, Wilson Center Working Paper No. 40, pp. 25 – 27. https://www.wilsoncenter.org/publication/the-kgb-afghanistan.访问时间:2018年7月4日。
③ *FRUS*,1977 – 80,Vol. 12,Afghanistan,Document 14.

图1-1 达乌德(前左)会见苏联大使馆官员
图片来源:https://nsarchive2.gwu.edu/NSAEBB/NSAEBB396/。

在苏联与巴基斯坦的双重干预和阿富汗共产主义与伊斯兰主义的强大攻势之下,达乌德试图强化和聚合阿富汗民族主义的努力彻底失败。通过政变上台的人民民主党原本缺乏执政合法性,苏联越来越多的干预更是将其政权置于阿富汗民族主义的对立面,政府的权威逐步削弱乃至瓦解。① 在内外因素的共同影响下,阿富汗民

---

① 姚大学、闫伟:《阿富汗民族主义的历史演变及特征》,载《西亚非洲》,2014年第6期。

族主义的生存空间被严重倾轧,民族国家逐渐走向瓦解,现代化进程遭到严重阻碍与扭曲。

四、改弦易辙

四月革命是阿富汗历史进程中的重要转折,此前竭力维持中立国地位和不结盟立场的阿富汗从此走上了共产主义道路。

共产主义力量的掌权并没有给阿富汗带来片刻安定,人民民主党在内部党争、苏联干预和抵抗组织的环绕下疲于奔命,内外交困,根本无力处理复杂的国内外局势。其混乱且无力的统治带来两个直接后果:在国内,共产主义性质的改革招致国内民众强烈的反对,给伊斯兰反对派的壮大提供了契机;外交上,塔拉基政权更加依赖和倒向苏联,苏联的干涉与日俱增,引起西方阵营的警觉,并最终引发了美苏在阿富汗的对抗。

阿富汗民主共和国成立后,塔拉基成为总书记、总理、革命委员会主席及各种组织的领袖,卡尔迈勒成为革命委员会副主席和副总理,阿明出任副总理兼外交部部长。人民派几乎把持了内阁所有的重要位置并极力排挤旗帜派,两派的矛盾与斗争很快白热化。苏联对阿明这个二号人物并不信任,反而对旗帜派的领导人卡尔迈勒一直青睐有加。因为阿明本质上不希望阿富汗被纳入苏联阵营,他主张阿富汗学习南斯拉夫或阿尔巴尼亚,成为强硬的社会主义国家,奉行不结盟的国策。苏联一面尽量调和两派的矛盾,一面暗中扶植卡尔迈勒,帮助他提升在党内的位置。但是这丝毫没有缓和两派的斗争,1978年7月1日,经塔拉基同意,阿明发起了一场针对旗帜派的清洗运动,卡尔迈勒、努尔等旗帜派成员纷纷被赶出内阁,卡尔迈勒被流放为驻布拉格大使,人民派成为名副其实的最高统治者。[1]

通过肃清政敌、排除异己,人民派顺利掌握了阿富汗的最高权力,但在稳定国内局势、巩固政权方面却屡屡受

---

[1] [美]塔米姆·安萨利著:《无规则游戏:阿富汗屡被中断的历史》,钟鹰翔译,浙江:浙江人民出版社,2018年,第191页。

图1-2 1978年,苏联外交部长安德烈·葛罗米柯(前左)和当时的阿富汗副总理阿明(前右)
图片来源:https://nsarchive.gwu.edu/briefing-book/afghanistan-russia-programs/2019-01-29/soviet-invasion-afghanistan-1979-not-trumps-terrorists-nor-zbigs-warm-water-ports。

挫。人民民主党宣称新政府建立在"崇高阿富汗人民的潜在力量"和对伊斯兰教的尊重之上,其对外政策将基于"严格的不结盟政策、和平共处原则以及伊斯兰教教义"。塔拉基甚至强调,新政府不是共产主义的,人民民主党也不是马克思主义政党,阿富汗是独立的,愿意接受任何国家,包括美国的经济援助。虽然极力回避政权的共产主义性质,但其国内政策本质上却在生搬硬套苏联模式,完全不顾实际国情,盲目推进现代化改革和激进的世俗化改革,其中许多政策与有效运行了上百年的部落传统和宗教传统相违背,触动了封建地主和村庄首领"毛拉"(Mullahs)的经济利益,引起地方传统势力和穆斯林的强烈反对。封建领主抓住机会大肆蛊惑人心,本就牢骚满腹的劳苦大众对新政府更加心怀怨愤。一项项旨在推进社会公平的施政措施,反倒给这个国家带来了无穷无尽的灾祸。显然,在伊斯兰传统中深深浸润的阿富汗人民完全没有做好迎接共产主义的准备。[1]

然而,塔拉基不仅对此视而不见,反而对其政权的共产主义性质越来越无所顾忌,不再像上任初始时那样刻意掩饰其共产主义倾向,人民民主党内部也出现了更加明显的亲苏态度。1978年11月7日的一次演讲中,阿明公开宣称党的目标是建立一个"完全的社会主义

---

[1] [美]塔米姆·安萨利著:《无规则游戏:阿富汗屡被中断的历史》,钟鹰翔译,浙江:浙江人民出版社,2018年,第194—200页。

社会",并将四月革命描述为1917年俄国十月革命的历史延伸。① 12月5日,阿富汗与苏联缔结了《苏阿睦邻友好合作条约》,设想了一个为期20年的军事领域合作的承诺。更多的援助和大批的苏联顾问开始涌入阿富汗。这些变化遭到阿富汗国内人民的普遍反对,政府对此极力镇压,反对改革的人被扣上叛国或反革命的罪名,乡村地区的伊斯兰抵抗运动则被宣布为恐怖主义行径。为控制局面,人民派决定加强统治手腕,在克格勃的帮助下建立了秘密警察组织,把大批异见分子关进了监狱。从1978年4月到1979年年末,约1万至2.7万人被关押或处决,其中大部分为毛拉、教师、学生、私营业主和政府职员等。大批的传统精英、宗教领袖和知识分子纷纷逃离阿富汗。② 其中,许多宗教领袖带领其信众逃往巴基斯坦,加入反对阿富汗当局的抵抗运动之中。

---

① *FRUS*, 1977-80, Vol. 12, Afghanistan, Document 33.
② Robert D. Kaplan, *Soldiers of God: With Islamic Warriors in Afghanistan and Pakistan*, New York: Vintage Departures, 2001, p.115.

在巴基斯坦三军情报局（Inter-Services Intelligence，ISI）的大力支持下，阿富汗伊斯兰主义者开展了更加猛烈的反政府活动，随即发动了大规模的恐怖行动，暗杀了数百名阿富汗教师和公务员。[①] 1978年7月，齐亚对喀布尔进行正式访问，与塔拉基讨论普什图尼斯坦问题，并在访问中得出结论，人民民主党政权不会长久，因此他决定继续支持阿富汗反对派的斗争。[②] 在美国插手阿富汗事务、援助抵抗组织之前，齐亚的帮助对伊斯兰抵抗运动的发展壮大产生了极为重要的影响。

1978年10月开始，阿富汗土地上开始出现大大小小的各种公开叛乱。首先从靠近巴基斯坦边境的努里斯坦（Nuristani）部落开始，并迅速蔓延到其他地区。1979年年初，抵抗运动在阿富汗农村地区尤其是北方地区发展迅速。因为北方地区的很多居民是20世纪20年代为

---

① Robert Dreyfuss, *Devil's Game: How the United States Helped Unleash Fundamentalist*, New York, NY: Metropolitan Books, 2005, pp.260-263.

② Ashraf Ghani at Carnegie Conference, 6/9/89, *DNSA*.

逃避苏联的统治而从中亚地区迁移至阿富汗的塔吉克人、乌兹别克人和土库曼人,具有长期的反苏传统。到1979年春,阿富汗28个省中已有24个省爆发了暴力事件。① 在许多省份,抵抗组织与政府军的战斗数量都有所增加,但斗争效果并不理想。其中一个重要原因是抵抗组织的众多团体大部分仍处于单打独斗状态。

此后,阿富汗叛军领导人致力于将各派游击队团结起来,一个协调一致的反对派组织的核心开始逐渐在西卜加图拉·穆贾迪迪(Sibghatullah Mojaddedi)周围形成。② 穆贾迪迪出身于喀布尔的一个著名的苏菲派领袖家族,与王室联系密切,曾在埃及学习伊斯兰法律和法理学,在白沙瓦③流亡期间,他创立了阿富汗民族解放阵线

---

① Larry P. Goodson, *Afghanistan's Endless War: State Failure, Regional Politics, and the Rise of the Taliban*, Washington D.C.: University of Washington Press, 2001, pp.56 - 57.
② *New York Times*, May 2, 1979, *DNSA*.
③ 白沙瓦位于开伯尔山口的巴基斯坦一侧,一个世纪以来一直是反对喀布尔政权的阿富汗人最重要的避难所。——著者按

(Afghanistan National Liberation Front, ANLF)。在之后的反抗斗争中还涌现出其他几位领袖：赛义德·艾哈迈德·盖拉尼(Sayyid Ahmad Gailani)、穆罕默德·纳比·穆罕默迪(Mohammad Nabi Mohammadi)和尤努斯·哈列斯(Yunus Khales)等。这些新领导人，连同之前的拉巴尼、萨亚夫和希克马蒂亚尔一起最终联合组建了逊尼派伊斯兰阿富汗反叛联盟，即阿富汗圣战者组织(Islamic Unity of Afghan Mujahidin, IUAM)，总部设在白沙瓦。后来进一步发展成为著名的"白沙瓦七党联盟"(Peshawar Seven)。[①] 这些反叛领袖们共同呼吁反对苏联支持的阿富汗共产主义政府，对人民民主党和苏联进

---

① 七党联盟具体成员为：1. 纳比领导的阿富汗伊斯兰革命运动(Islamic Revolutionary Movement of Afghanistan)；2. 穆贾迪迪领导的阿富汗民族解放阵线(Afghanistan National Liberation Front)；3. 盖拉尼领导的阿富汗伊斯兰民族阵线(National Islamic Front of Afghanistan)；4. 拉巴尼领导的阿富汗伊斯兰促进会(Islamic Society of Afghanistan)；5. 希克马蒂亚尔领导的阿富汗伊斯兰党(Islamic Party)；6. 哈列斯领导的阿富汗伊斯兰党(Islamic Party)；7. 萨亚夫领导的解放阿富汗伊斯兰联盟(Islamic Union for the Liberation of Afghanistan)。——著者按

行圣战(Jihad，Holy War)。在漫长的斗争中，虽然七党联盟内部斗争不断，但他们是唯一得到巴基斯坦官方认可的合法反叛组织，成为各国借助巴基斯坦对不同派别的阿富汗反叛组织进行援助的官方渠道。此外，他们还负责帮助管理巴基斯坦境内人口稠密的阿富汗难民营。

面对越来越失控的局面和越来越多的反对，苏联派出了更多顾问来到阿富汗，帮助人民派政府维持统治。仅喀布尔一地，苏联的军事、技术顾问便达5000多人。几乎每位身居要职的政府官员、军事指挥官，都配备了苏联顾问。苏联苦口婆心劝说人民派要扩大群众基础、尊重地方习俗、团结非党派的地方领袖，但似乎都收效甚微。无休止的党内斗争消耗了人民民主党领导人的大部分精力，他们根本无暇认真思考如何巩固政权、治理国家。

五、从混乱到战争

1979年前后，局势变化之迅猛令所有人始料未及。伊朗爆发伊斯兰革命，亲美的巴列维政权垮台，美国失去了极为重要的地区盟友,这一地区局势剧变使阿富汗对美苏的战略重要性同时得到提升。随后,一系列偶然或必然事件的发生使阿富汗形势更加动荡和危险:阿道夫·杜布斯(Adolph Dubs)大使遇刺事件、赫拉特(Herat)危机、阿明政变上台、阿富汗的解冻外交以及"四十分钟独处"事件等混乱事态的发展,最终将阿富汗引向战争的深渊。

1979年年初,美国驻阿富汗大使杜布斯遇刺事件,导致美阿关系迅速恶化。2月14日,杜布斯被四名男子劫为人质,并在阿富汗单方面组织的混乱营救行动中丧生。绑架者要求阿富汗政府释放一些宗教犯或政治犯,但没有对美国政府提出任何要求,而阿富汗方面自始至终未对绑架者的要求给出完整或一致的解释。尽管美国强烈要求进行和平谈判,但阿富汗政府执意对绑架者进行袭击,杜布斯大使在枪战中身亡,塔拉基甚至还拒绝了美国提出的调查要求。

迄今为止,这些绑架者的真实身份和目的仍无法确定,而且这一罪行"从来没有得到令人满意的解释"。绑架案发生后,苏联和阿富汗媒体散布的信息指出中情局或阿明应为此事负责。然而,美国国务院的电报指出,苏联顾问在遇刺事件中扮演了重要角色。美国国务卿赛勒斯·万斯(Cyrus R. Vance)打电话给苏联驻美国大使多勃雷宁(Dobrynin)声称,"高度可靠的"目击证人报告苏联顾问密切参与不明智的营救计划导致杜布斯大使死亡,这一事件很可能严重损害美苏关系。但苏联方面断然拒绝对杜布斯之死负责。[①] 安东尼·阿诺德(Anthony Arnold)指出,"只有一个大国会从这场谋杀中受益,那就是苏联",因为这位大使的死"不可挽回地损害了"美阿关系,"让苏联垄断了对塔拉基政府的控制"。[②] 布热津斯基表示,杜布斯的死"是悲剧性事件,要么是苏联失职,

---

[①] *FRUS*, 1977–80, Vol. 12, Afghanistan, Document 36.
[②] Anthony Arnold, *Afghanistan: The Soviet Invasion in Perspective*, Hoover Press, 1985, p. 79.

要么是苏联共谋",而阿富汗对这一事件的处理是无能的。[1] 由于阿富汗政府在遇刺事件中表现出的极度不友好与不合作,美阿关系几乎跌至冰点。卡特政府对其行为感到愤怒,开始疏远塔拉基政权,并对阿反对派表示同情。[2] 杜布斯的遇刺被美国国务院列为"重大恐怖事件",导致美国从根本上重新评估其对阿政策。

作为回应,2月21日,卡特政府决定大幅削减美国对阿富汗的援助,一是表示对大使遇刺事件的抗议,二是表达对左派政府"糟糕的人权记录"的不满。[3] 美国将原计划1500万美元的人道主义援助削减了一半,并取消了原计划25万美元的所有军事援助。参议员克莱本·佩尔(Claiborne Pell)敦促卡特无限期切断美国对阿富汗的

---

[1] J. Bruce Amstutz, *Afghanistan: The First Five Years of Soviet Occupation*, Diane Publishing, 1994, p. 44.
[2] Jagmohan Meher, *America's Afghanistan War: The Success that Failed*, Kalpaz Publications, 2004, p. 64.
[3] "Recommendation for U.S. Response to Killing of Ambassador Dubs", February 22, 1979, *DNSA*.

所有经济援助，并拒绝向喀布尔派遣新的大使，直到阿富汗政府为杜布斯之死道歉。7月23日，由于安全形势恶化，美国国务院宣布从喀布尔撤出非必要的美国大使馆工作人员和大多数外交官，到12月为止，美国在喀布尔只有大约20名工作人员。①8月14日，参议院通过了《国际发展援助法案》的修正案，停止了对阿富汗的所有援助。其中规定根据该法核准拨发的任何资金不得用于向阿富汗提供援助，直至总统向国会证明：（1）阿富汗政府已就杜布斯大使的死亡正式道歉并承担责任；（2）阿富汗政府同意为在阿富汗的所有美国政府人员提供足够的保护。② 到1979年12月苏联出兵阿富汗时，美国终止了所有的经济援助。

在与美国关系恶化的同时，阿富汗国内形势也急转直下。1979年春，人民民主党自己也明白，伊斯兰抵抗

---

① 从1979年杜布斯大使遇刺直到2001年美国阿富汗战争的二十多年间，美国一直没有再向阿富汗派驻正式的外交大使，而是由临时代办（Chargé d'affaires）领导大使馆的骨干人员处理外交事务。
② FRUS, 1977-80, Vol. 12, Afghanistan, Document 68.

组织在伊朗和巴基斯坦边境地区的叛乱活动已发展成为他们无力应对的燎原之势。3月15日,阿富汗西部城市赫拉特发生的反对政府改革的示威游行发展成为暴力事件。城市居民、伊斯兰主义的游击队和当地驻军中的叛变者之间结成了同盟,与阿富汗的精锐部队和苏联顾问连续作战整整四天。① 其间,苏联的军用飞机从塔吉克斯坦首都杜尚别起飞,轰炸了赫拉特,城市的三分之一被夷为平地。战争中约5000人死亡,约100名苏联公民及其家属被杀害。

赫拉特危机表明,阿富汗共产主义与伊斯兰主义之间的冲突演变为全面的内战。伊斯兰反对派在四月革命之后短短几个月时间里发展迅猛,在大部分乡村地区扩大了影响力,并开始获得来自不同宗族和种族群体的支持,从而扮演了反共斗争协调者的角色,他们与地方实权

---

① J. Bruce Amstutz, *Afghanistan: The First Five Years of Soviet Occupation*, Washington D.C.: National Defense University Press Publication, 1986, p.41.

派携手合作，战斗力得到了极大增强。战争形势对政府军非常不利，人民派只好不停地向苏联求援。很快，军事顾问已经不能满足需求，整编整队的苏联陆军与空降师开始进入阿富汗。

赫拉特危机对人民民主党和莫斯科来说都是一次剧烈的震荡，苏联更加担心阿富汗共产主义的未来，试图采取措施巩固其统治：首先希望通过加强训练和输送武器的方式在军事上和政治上加强阿富汗军队的力量，其次扩展经济援助计划、制订出针对农村的新计划，最后也是最重要的一点是扩大阿富汗政府的政治基础。苏联先试图强迫人民派接受旗帜派，甚至是让无党派代表加入政府，组建一个新的联合政府来缓和变革的步伐并扩大其权力基础。这一提议遭到人民派的反对。莫斯科继而寻求其他手段来引发政治变革，即策划挑动人民派两位最高领导人阿明和塔拉基之间的敌对，这次他们如愿以偿。

在政权危急存亡的关头，人民派内部的斗争再次如火如荼地展开（其实原本也没有停歇过）。塔拉基和阿明名义上是"伟大的导师"和"伟大导师的忠实学生",但实际上两人关系并不亲密。阿明心狠手辣、足智多谋,并且在四月革命中功劳卓著。塔拉基则是一个"剃着光头、笨拙、指挥无力的人",在阿明发起的对他的个人崇拜运动中愈发脱离群众,成为有名无实的领袖。实际的权力越来越多地集中到阿明手中,而且阿明在党内广结人脉,还逐步掌控了军队。1979年7月,他由副总理升为总理,还控制了秘密警察组织,实现了政治权力上的决定性转折。诸多优势之外,阿明在政治上存在一个明显的劣势,那就是苏联对他的反感和不信任。

1979年8月,在实在找不出人选替换塔拉基和阿明的情况下,莫斯科无奈地决定支持愚钝却听话的塔拉基,除掉态度强硬的阿明。8月底,克格勃驻喀布尔的代表向塔拉基明确表示,逮捕阿明是挽救苏阿关系的唯一方法。① 9月9日,勃列日涅夫和葛罗米柯(Andrei

---

① [挪威]文安立:《全球冷战:美苏对第三世界的干涉与当代世界的形成》,牛可等译,北京:世界图书出版公司,2012年,第321页。

Gromyko)向塔拉基承诺增加军事援助,条件是要缓和阿富汗的土地改革和教育改革,并进行内部改革——除掉阿明并任命一些旗帜派人士担任内阁职务。① 塔拉基在苏联的一再敦促下终于决心除掉阿明。

不料阿明早有准备,不仅没有被塔拉基的笨拙手段除掉,反而在9月16日的政治局会议上开除了塔拉基,自任党的领袖,并且对塔拉基的支持者和其他政治敌人发起了新一轮的清洗。阿明丝毫不顾苏联的求情,于10月9日将塔拉基处死。② 苏联密谋铲除阿明,结果却彻底事与愿违。在政权建立初期似乎真诚地尊敬苏联领导人的阿明,现在却有了充足的理由怀疑和反对莫斯科。苏联开始疏远阿明政权,制订单独的军事行动计划。

阿明上台后面对的是更加棘手的局势,人民派政府失去了28个省中23个省的控制权,仅守卫着城市和人

---

① "The KGB in Afghanistan", by Vasili Mitrokhin, Working Paper No. 40. Washington D. C.: Wilson Center, p. 51. https://www.wilsoncenter.org/publication/the-kgb-afghanistan. 访问时间:2018年10月20日。

② FRUS,1977-80,Vol. 12, Afghanistan, Document 63.

图1-3 1979年9月9日,阿富汗领导人塔拉基(中)在莫斯科会见苏联外长葛罗米柯(左)和苏联领导人勃列日涅夫(右)。此后不到一周,塔拉基被阿明囚禁,并在一个月内死亡
图片来源:https://nsarchive.gwu.edu/briefing-book/afghanistan-russia-programs/2019-01-29/soviet-invasion-afghanistan-1979-not-trumps-terrorists-nor-zbigs-warm-water-ports。

口稠密地区的250余万人,80%的领土和近1000万人口已经被反对派控制,主要的公路和交通运输网络也被反政府力量把持。① 阿富汗当局自身根本无力缓解局势,

---

① [俄]A. 利亚霍夫斯基著:《阿富汗战争的悲剧》,刘宪平译,北京:社会科学文献出版社,2004年,第92页。

而阿明政权和莫斯科之间的纽带却越来越脆弱,无奈之下,阿明只能采取铤而走险的办法来改善内外交困的局面:一边呼吁苏联接受他作为人民民主党的新领导人,一边试图与美国发展关系。显然,他没有预料到在70年代末的冷战冲突中,同时采取这两个举动将是多么的危险。[①]

阿明上台后积极推动与美国和周边国家的"解冻外交"。美国也热情回应了阿明的"善意",两国间的高层往来随即频繁展开。

9月22日,万斯建议美国驻喀布尔使馆对阿明进行一次尽可能低调的"简短的、非实质性的礼节性拜访",表明美国"同阿明一样,公开表示希望建立友好关系"。26日,美国助理国务卿哈罗德·桑德斯(Harold Saunders)向国会表示,"对苏联越来越多地介入阿富汗事务感到特别不安",尽管与阿富汗政府存在重大分歧,但"将继续向

---

① [挪威]文安立:《全球冷战:美苏对第三世界的干涉与当代世界的形成》,牛可等译,北京:世界图书出版公司,2012年,第316—323页。

其表达希望建立正常和友好关系的愿望"。① 27日，美国驻阿富汗临时代办J.布鲁斯·阿姆斯图茨（J. Bruce Amstutz）在喀布尔受到阿明的热情接待。当地媒体的公开报道显示，阿明在会晤中再次呼吁改善美阿关系。②

9月29日，美国副国务卿大卫·纽森（David Newsom）在纽约会见了阿富汗外交部部长沙阿·瓦利（Shah Wali）。双方表达了对改善双边关系的兴趣，瓦利赞同美国提出的与巴基斯坦保持良好关系的建议，但抱怨阿富汗的"逃犯"正在那里接受训练。他淡化了苏联在阿富汗的存在，并为其政府的独立和不结盟政策辩护。但这次会面并没有达成什么实质性成果。③

10月初，美国驻阿富汗临时代办阿姆斯图茨发回国务院的电报显示，阿明积极寻求改善与美国的关系，并邀

---

① Chargé's Proposed Call on President Amin, 9/22/79, *DNSA*.
② Implications that DRA Seeks Better Relations with USG: A Commentary, 10/1/79, *DNSA*.
③ *FRUS*, 1977–80, Vol. 12, Afghanistan, Document 68.

请美国政府的代表团到阿富汗访问。但是鉴于阿富汗险恶的政治环境以及阿姆斯图茨本人即将离任,他向国务院建议不要举行任何会晤。①

10月27日,阿明与新任美国驻阿富汗临时代办阿彻·布拉德(Archer Blood)会面,这次会面长达四十分钟而且气氛更加友好。阿明同样强调了阿富汗政府外交上的独立性与坚定的不结盟立场,希望改善美阿关系,并表示出对美国援助的强烈兴趣。同时,阿明表示对2月的杜布斯大使遇刺事件的遗憾,认为美国在这一问题上存在很多误解,表现出承认阿方责任的倾向,并承诺保证阿富汗境内美国人的安全。但布拉德认为阿明并不期待美阿关系在短时间有实质性的改善,比如恢复援助,因此,向国务院建议阿美双方减少敌意、避免对抗性行动是适当的选择。这次会面止步于"礼貌但有限"的关系,仍

---

① AmEmbassy Kabul Cable 7502 to SecState, October 15, 1979, "President Amin's Desire for Better Relations", by Bruce Amstutz, https://nsarchive2.gwu.edu/dc.html? doc = 5696253-Document-1-AmEmbassy-Kabul-cable-7502-to.访问时间:2018年10月20日。

未达成任何实质性成果。①

然而,就是这样的一次"四十分钟独处"却向苏联敲响了警钟。苏联档案显示,莫斯科越来越怀疑阿明是一个潜在的叛徒,认为他正计划"改变阿富汗的政治路线,迎合华盛顿"。当时的克格勃首领安德罗波夫(Yuri Andropov)一直监视着阿明的这些幕后活动,阿明与布拉德的秘密接触被视为将在政治上转向西方、投入美国怀抱。这些判断导致莫斯科在是否对阿富汗进行军事干预问题上的态度发生了戏剧性的变化。

在"四十分钟独处"事件之前的军事援助中,克里姆林宫领导人多次拒绝阿富汗提出的扩大军事支持(包括派驻军队)的要求,赫拉特危机之后,政治局会议正式对派出苏联军队的问题进行了广泛的磋商与详细辩论,结论依然是反对出兵。莫斯科主要决策者都对出兵的严重后果了然于心,后来主导了入侵阿富汗决定的安德罗波

---

① FRUS,1977-80,Vol. 12, Afghanistan, Document 78.

夫在当时的表态是,"出兵阿富汗意味着向阿富汗人民发动战争,意味着摧毁阿富汗人民。我们会被人看作侵略者,因此绝不能允许这种情况的发生","我们不能冒这么大的风险"。① 对此,勃列日涅夫也深以为然。然而,在阿明执意杀害了塔拉基并向美国伸出橄榄枝,短时间内频繁与美国进行外交接触之后,莫斯科的不安与疑虑迅速增长,担心阿明步埃及总统穆罕默德·安瓦尔·萨达特(Mohamed Anwar el-Sadat)的后尘,后者在1972年驱逐了数千名苏联顾问,倒向西方,埃及成为仅次于以色列的第二大美国受援国。② 11月,阿明甚至拒绝了苏联对他访问莫斯科的邀请。当时一些观察家根据这些现象预测阿明将会成为"亚洲的铁托"。

苏联的出兵决策固然是对多方面因素的综合考虑,

---

① 转引自[美]梅尔文·P.莱弗勒:《人心之争:美国、苏联与冷战》,孙闵欣等译,上海:华东师范大学出版社,2012年,第298、299页。
② https://nsarchive.gwu.edu/briefing-book/afghanistan-russia-programs/2019-01-29/soviet-invasion-afghanistan-1979-not-trumps-terrorists-nor-zbigs-warm-water-ports,访问时间:2019年2月1日。

但这种对意识形态层面潜在危险的认知无疑发挥了最为直接和极其重要的作用。阿明接二连三地忤逆苏联意志、触碰苏联的底线,使莫斯科的态度由焦虑不安转向恼火愤怒,阿富汗国内即将失控的形势更增添了紧张气氛。在勃列日涅夫主义的指导下,克里姆林宫坚信,一旦一个国家转向了共产主义,就要下决心把它留在"革命"阵营中。到11月底,安德罗波夫和国防部长德米特里·乌斯季诺夫(Dmitriy Ustinov)认为,唯有除掉阿明以及出兵干涉才能挽救乱局,保卫阿富汗革命的成果。12月初,乌斯季诺夫认为单纯依靠已经驻守在喀布尔的特种部队已无法维持局面,他不顾高级军官们的反对,坚持主张派遣7.5万名士兵到阿富汗。

12月8日,在克里姆林宫总书记办公室的核心会议上,核心小组①说服勃列日涅夫同意了这一计划,并指出阿富汗的失控会加剧苏联南部边境的危险形势,美国可

---

① 由安德罗波夫、乌斯季诺夫以及"顺从的"外交部部长安德烈·葛罗米柯组成。

能在阿富汗部署短程导弹,以实现在哈萨克斯坦、西伯利亚等地的战略目标;在中情局的支持下,巴基斯坦可能会吞并阿富汗部分地区,进而威胁苏联南部加盟共和国的稳定。12月12日,经勃列日涅夫同意,核心小组向政治局提交并通过了由康斯坦丁·契尔年科(Konstantin Chernenko)书写的出兵决议,即"关于'A'的形势"的备忘录(A即阿富汗,Afghanistan)。[①] 决议同意核心小组提出的看法和措施,出兵阿富汗。

12月24日,乌斯季诺夫签署了正式的出兵命令:"鉴于地区的政治军事形势,阿富汗政府最近一次的呼吁被予以积极的回应。决定派遣驻扎在我国南方地区的部分苏联部队进驻阿富汗,给予友好的阿富汗人民国际主义援助,并创造有利条件防止可能来自外部的反对阿富汗的活动……"26日,勃列日涅夫再次确认了这一政策,

---

[①] https://nsarchive2.gwu.edu//dc.html? doc=5696258-Document-6-On-the-Situation-in-A-December-12-1979.访问时间:2018年10月20日。

一个影响苏联命运和冷战格局走向的决定就此成型。正如出兵令中所宣称的高尚动机那样,此时以及之后的十年间,苏联的政治家们都在不断重申:这不是侵略,而是应喀布尔政府的邀请,向阿富汗人民提供援助。

从1979年11月底开始,苏联不断增加在阿富汗和苏阿边境地区的军事存在。12月下旬,零星的苏军部队逐渐开拔前往塔吉克斯坦,一支8万多人的队伍就此集结起来作为进入阿富汗的主力,即第40军。指挥这支军队的正是曾在十一年前挥师进入捷克斯洛伐克,结束了"布拉格之春"的帕夫洛夫斯基(Ivan Pavlovsky)。在寒冷的平安夜,一支空降兵部队在喀布尔附近的巴格拉姆空军基地着陆,军队悄无声息地进入首都,军事要塞与政府机关都被占领。12月27日,第40军的工程兵先遣队在阿姆河(Amu Darya River)上搭设的浮桥终于完工,与坦克和装甲车一起,苏军的大部队正式踏上了阿富汗的领土。他们脚下稳固的通衢大道,正是20年前苏联赠予阿富汗的礼物。① 27日夜,阿明死于苏军突击队的枪下。28日,当阿富汗人清晨醒来时,他们已经隶属于另一个政权,喀布尔被苏军完全占领。直到新总统卡尔迈勒在广播中谴责阿明是"法西斯主义者"和"美帝国主义代理人"的时候,阿富汗人民才逐渐明白,阿富汗又一次换了天地。卡尔迈勒迅速宣布成立新政府,并发表了一系列和解声明,展示了温和的形象,宣布了革命进入又一个"新阶段"。②

勃列日涅夫本人似乎真诚地认为这场干涉将会是一次"有限的行动",而且"将在几个星期内结束"。行动的主要目标是除掉阿明领导集团,扶植更称心如意的代理人上台。莫斯科希望目标实现后,这个共产主义邻国会焕然一新,随着"真正的共产党员"逐渐掌控局面,苏联就立即功成身退,勃列日涅夫甚至甘愿承担

---

① [美]塔米姆·安萨利著:《无规则游戏:阿富汗屡被中断的历史》,钟鹰翔译,浙江:浙江人民出版社,2018年,第207页。
② FRUS,1977-80,Vol. 12,Afghanistan,Document 105.

由此而产生的国际代价。然而,阿富汗的共产主义者未能重塑其国内外政策以结成任何类型的稳定联盟,而其面对的敌人伊斯兰主义者是一支更强大、更受欢迎的革命力量,这注定了它不可能赢得内战。文安立指出,苏联干涉阿富汗行动的基本政策的失败在于,当一个政权显然不可能依靠自己生存下去时,它还误以为外国的力量足以保证其存活下去并最终取得胜利。[1]其另一个严重误判则在于极大地低估了美国反应的强烈程度,忽视了在冷战的敌对氛围中各国紧绷的敏感神经以及随时可能出现的安全困境。

---

[1] [挪威]文安立:《全球冷战:美苏对第三世界的干涉与当代世界的形成》,牛可等译,北京:世界图书出版公司,2012年,第335页。

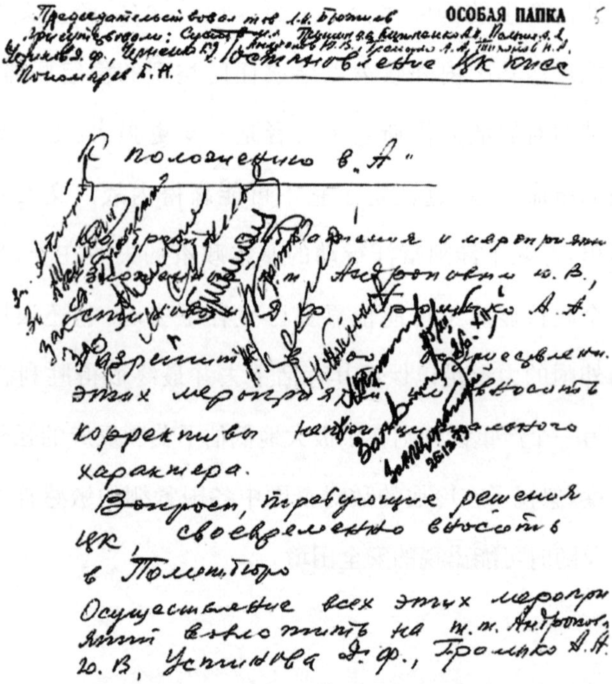

Председательствовал тов. Л.И. Брежнев ОСОБАЯ ПАПКА

Присутствовали: Суслов М.А., Гришин В.В., Кириленко А.П., Пельше А.Я., Устинов Д.Ф., Черненко К.У., Андропов Ю.В., Громыко А.А., Тихонов Н.А., Пономарев Б.Н.

Постановление ЦК КПСС

К положению в „А"

1. Одобрить соображения и мероприятия, изложенные т.т. Андроповым Ю.В., Устиновым Д.Ф., Громыко А.А.

Разрешить им в ходе осуществления этих мероприятий вносить коррективы непринципиального характера.

Вопросы, требующие решения ЦК, своевременно вносить в Политбюро.

Осуществление всех этих мероприятий возложить на т.т. Андропова Ю.В., Устинова Д.Ф., Громыко А.А.

2. Поручить т.т. Андропову Ю.В., Устинову Д.Ф., Громыко А.А. информировать Политбюро ЦК о ходе выполнения намеченных мероприятий.

№ 997-оп(1) Секретарь ЦК Л. Брежнев П176/125 от 12/XII

图 1－4　契尔年科书写的出兵决议“On the Situation in ‘A’”

图片来源：https：//nsarchive2.gwu.edu//dc.html？ doc＝5696258-Document-6-On-the-Situation-in-A-December-12－1979。

II

第二章

棋局重开，1978—1979

四月革命在改变阿富汗发展道路的同时,也开启了美国对阿富汗政策的转变进程。在此之前,美国在阿富汗只追求有限利益,并默许了它对苏联的依赖;在此之后,经过多次的判断和复杂的评估,美国逐渐开始认为阿富汗受到了苏联的"过度"影响,并决意通过隐蔽行动在阿富汗对抗苏联。在政策转变的缓慢过程中,盟友的压力、地区格局的变化、大国对自身利益和信誉的维护等因素发挥了关键作用。19 世纪,英国殖民主义者曾谈论近东地区的所谓"帝国大棋局",英国人和俄国人在这场棋局中争来夺去,而阿富汗因为至关重要的地理位置成为两个帝国必争的赌注。一百多年后的 1979 年,美国和苏联这两个超级大国似乎认为,为了这个赌注已经值得重开一盘棋局了。①

　　在美国看来,苏联对阿富汗共产主义政权越来越多的承诺、干预,直至最终做出出兵决策,讽刺地表明了苏

---

① [美]沃尔特·拉费伯尔:《美国、俄国和冷战(修订第 10 版)》,牛可等译,北京:世界图书出版公司,2014 年,第 244 页。

联在阿富汗地区的黔驴技穷——由于无法通过政治手段达到目的,只能选择下策,出动军事力量。这一过程令许多美国人感到似曾相识,不禁联想起几年前他们在越南的经历:意在阻止共产党向东南亚扩张的美国军队在越南战场深陷泥潭,旷日持久的战争深深割裂了美国社会,带来的创伤久久难以愈合。那么,能否将这种惨痛经历复制到竞争对手身上呢?在华盛顿的一些观察家看来,阿富汗似乎要成为克里姆林宫棋盘上除了埃塞俄比亚和尼加拉瓜等国之外的另一颗棋子,但有所不同的是,这颗棋子也可以为美国所用。

一、初步判断

苏联入侵阿富汗之前的几年中,尽管种种迹象都在表明美苏关系向着无法挽回的趋势发展,但美苏仍惨淡经营着濒临破产的"缓和"战略,试图小心翼翼地将冲突控制在第三世界范围内,以保证中心地带的绝对和平与安全。不料,随着革命民族主义和伊斯兰主义的风起云涌,形势愈发难以掌控,第三世界的冷战对抗达到高潮。在中东、智利、埃塞俄比亚和安哥拉等地,美苏的对峙变得更加强烈。伊朗的伊斯兰革命以及苏联在安哥拉、莫桑比克、埃塞俄比亚、尼亚拉瓜和南也门的胜利接连给美国敲响警钟。

1977年,卡特在充满变数的环境中带着并不丰富的外交经验登上权力舞台,一同登场的还有他相互抵牾的外交顾问们——国务卿万斯和国家安全顾问布热津斯基[①]。

[①] 造成布热津斯基和万斯(以及两人各自幕僚之间)关系紧张的原因有三点:一、国务院与国安会历来就暗中较劲,争权夺利。二、性格不合:万斯冷静理性、保守谨慎,布热津斯基则锋芒毕露,激进强硬。三、政见不同:两人不仅在美苏关系、中美关系、缓和战略的根本立场上意见相左,在中美建交、军控谈判、伊朗人质危机等具体事件中也多有分歧。律师出身的万斯奉行理性主义,是温和"鸽派",学者出身的布热津斯基则奉行现实主义和实力原则,是典型的"鹰派"。但在上任之初,两人的分歧非常微小,卡特对此并不担心,而且他还相信如果让风格迥异且意志坚定的人共事,而自己掌握最终决定权,可以尽可能充分公开地讨论国事。卡特一直偏向于建立一个强势的国安会。最终,1980年4月,在营救伊朗人质的计划失败后,万斯辞职。5月9日,马斯基(Edmund Sixtus Muskie)接任国务卿一职。参见[美]戴维·罗特科普夫:《美国国家安全委员会内幕》,孙成昊、赵亦周译,北京:商务印书馆,2013年,第199—238页。

新总统希望改善与苏联的关系,致力于实施一种更具道德感的外交政策,对于把秘密行动作为外交政策的手段之一深感疑虑,希望用美国意识形态原则与共产主义及其他形式的威权主义政府做斗争;①通过"人权外交",在意识形态方面战胜苏联,扩大苏联东欧各国内部矛盾,促其内部发生变化,最终纳入美国的"世界秩序"之中。②然而,苏联入侵阿富汗后,受局势所迫,"卡特主义"出台,"缓和"战略最终在卡特任内终结,并由他开启了一场美国历史上为期最长、规模最大的隐蔽行动,即贯穿了冷战最后十多年的对阿富汗的隐蔽行动。

美苏在阿富汗开始竞赛的时候,阿富汗名副其实地处于两大阵营的交锋前沿,北部苏联和东部中国是东方阵营,南部巴基斯坦和西部伊朗是西方阵营。到了20世纪70年代,阿富汗的地缘政治环境发生了天翻地覆的变

---

① [挪威]文安立:《全球冷战:美苏对第三世界的干涉与当代世界的形成》,牛可等译,北京:世界图书出版公司,2012年,第252页。
② 资中筠主编:《战后美国外交史——从杜鲁门到里根》(下),北京:世界知识出版社,1994年,第788页。

化：中国在中苏交恶后改善了与西方国家的关系，并于1979年年初与美国建交；巴基斯坦在1977年建立起了伊斯兰化的军人独裁政权；伊朗土地上伊斯兰运动正风起云涌；只有苏联政治环境基本保持稳定。

四月革命前后，美国一直在密切关注着阿富汗国内各种势力的力量变化以及潜在的政治风险，因此，这一变革并没有引起卡特政府的过度不安。一方面是因为美国对阿富汗政治局势的变化有比较充分的掌握和预估；另一方面是因为美国未找到苏联干预政变的确凿证据。政变前几天，美国驻阿富汗大使馆刚刚对阿富汗的政治生态进行了一次系统的分析，认为达乌德之后的继任者问题将非常棘手。虽然报告最终的结论是达乌德的继任者很可能从政治上的"中间派"团体中脱颖而出，但对左派继承的可能性也进行了充分的预估：尽管人数不多，人民派大概仍是阿富汗组织最完善、经验最丰富的政治力量。"达乌德的继任者问题，如果不能迅速地由中间派——军事或文职——领导的话，将会走向一个左派的力量可以发挥强有力作用的局势。"①

尽管有充分的预估,但在1978年4月29日美国国务院对阿富汗政变的初步评估中,并没有十分确定这是左派发动的政变。报告指出,政变策划仓促,领导政变的军官大部分看起来很年轻,像左派和民族主义者,主要动机是推翻长达150年的穆罕默德家族统治,没有迹象表明苏联参与了政变。在这一判断基础上,美国认为当务之急是消除巴基斯坦和伊朗的担心,劝其不要贸然行事,因为对他们而言,阿富汗革命对区域安全的影响显而易见。其次要密切关注苏阿边界地区,追踪苏联军队调动的迹象。② 4月30日,在明确了政权的共产主义性质之后,驻喀布尔的许多外国观察家都对阿富汗共产党如此公开地掌握全部权力感到惊讶,因为阿富汗社会中大多数虔诚的传统主义者似乎很难接受相对而言力量十分微小的共产主义精英的领导。在美国看来,共产主义政权

---

① FRUS,1977-80,Vol.12,Afghanistan,Document 7.
② FRUS,1977-80,Vol.12,Afghanistan,Document 8.

的发展前景主要取决于其党派自身力量的壮大和治理国家能力的提升。新政府最初标榜中立态度的声明，特别是其中对伊斯兰教信仰和民族独立的支持，清楚地表明新领导人意识到了与大多数民众的仇外心理和深厚的宗教情结背道而驰的风险。一些观察家认为，阿富汗的共产党领导人基本上都是民族主义者，尽管他们与莫斯科有着长期的联系，新政府可能会采取一种至少保留一些对西方开放的政策。① 在美国驻阿富汗大使馆最初传递回国的信息中，享有"阿富汗高尔基"之美誉的新领袖塔拉基被描述为"一个剃光了头，体格魁梧的男人，几乎是无与伦比的丑陋"。②

二、隐蔽行动的兴衰

四月革命后的第六天，即1978年5月3日，国安会官员托马斯·桑顿（Thomas Thornton）主持召开了特别

---

① FRUS, 1977-80, Vol.12, Afghanistan, Document 13.
② FRUS, 1977-80, Vol.12, Afghanistan, Document 10.

协调委员会（Special Coordination Committee，SCC）阿富汗问题工作组会议。出席会议的有国家情报官大卫·布利（David Blee）、副助理国务卿彼得·兰德（Peter Lande）以及国防部的工作人员。

会议主要包括以下三个主题：一、外交承认。对于万斯积极主张的对阿富汗外交承认的立场，大多数与会者表示反对，认为应该重视伊朗因素，如果伊朗反对，应延迟外交承认。二、隐蔽行动。此时美国政府总体上对于隐蔽行动没有太大的热情，特别是中情局认为这样做毫无意义。布利预测由于经济状况恶化，阿富汗最疲软的时期将在6至12个月内到来。但桑顿认为有必要继续研究在短期内采取隐蔽行动的可能性。三、总体态度。会议也达成了一些共识：1. 阿富汗的共产主义政权对美国来说是个坏消息，但不应主动与其断绝关系；2. 除了有生命危险的中情局情报站站长（Station Chief）之外，时任驻阿大使小西奥多·艾略特（Theodore L. Eliot, Jr.）提出的尽快撤离驻喀布尔有关人员的建议并无必要;3.第一步的公开活动应该首先由阿富汗新政府做出;4.驳回和平队基于新形势所做出的增加其在阿富汗的存在的请求。

会议还做出了以下指示:1.如果伊朗愿意迅速承认阿富汗新政府,美国将与其保持步调一致。2.在对阿富汗新政权的态度问题上,国务院要确保所有相关机构得到适当的指导,尤其是美国新闻署(USIA)。3.国务院应与联邦德国和中国等国家进行更加积极的外交接触。4.中情局负责研究苏阿关系前景、成功发动隐蔽行动的前景以及黑色宣传①的效用,并起草一份指标清单供参考,以便对该政权进行定位。5.国防部确保与在美国的阿富汗军事受训人员进行接触,不鼓励叛逃,但要关心其福利待遇问题。6.情报部门调整在阿富汗的重点情报

---

① 1950年的NSC74号文件"国家心理战计划"中将宣传和心理战分为三种类型:公开的(白色的)、隐蔽的(黑色的)和灰色的。白色宣传是指公开表明或确认其来源的活动,黑色宣传是指真实来源被掩盖并将来源伪装成敌方来发布信息的方式,灰色宣传是指避免确定来源的活动。——著者按

目标清单,特别关注军队中发生政变可能性的情报。①

这次会议没有涉及经济事宜,但显然经济援助是阿富汗新政权非常关心的问题。5月6日,在塔拉基与艾略特大使的首次会谈中,塔拉基表示双边关系的气氛将取决于美国是否愿意向他的政府提供经济援助,他将同时请求美国和苏联提供新的援助。卡特最终听取了万斯按照常规进行外交承认的主张,表示应该与阿富汗建立良好关系,但是在经济援助方面应该谨慎行事。② 万斯在回忆录中写道:如果终止给予阿富汗政权援助或者干脆拒绝承认它,几乎可以肯定,只会削弱美国在喀布尔的地位。然而,不仅是美国,其他西方大国和国际组织也对阿富汗经济援助所面临的挑战表现出普遍的担忧。因为新政府没有采取同步的行动和调整策略来应对新的变化,而且新政府官员缺乏管理援助项目所需的经验和可靠性。③

---

① FRUS, 1977-80, Vol. 12, Afghanistan, Document 12.
② FRUS, 1977-80, Vol. 12, Afghanistan, Document 20.
③ FRUS, 1977-80, Vol. 12, Afghanistan, Document 15.

经过讨论,美国决定:美国国际开发署(USAID)在喀布尔的行动正常进行,正在处理中的阿富汗毒品问题交由联合国牵头,目前已实施的援助项目继续进行,但任何新项目都将在国务院的指导下进行逐案审查。

中情局在SCC会议中表现出的对隐蔽行动的消极态度令桑顿感到担忧,而各部门之间显而易见的分歧又难免带给他几分沮丧。在给布热津斯基的会议备忘录中,桑顿把这次SCC会议描述为一次"失败的"会议。那么,为什么隐蔽行动会成为会议的重要议题?为什么此时华盛顿对隐蔽行动普遍态度消极呢?这要从隐蔽行动政策的缘起与发展中寻找答案。

隐蔽行动是冷战时期美国官方提出和使用的一个新概念,指美国政府为实现对外政策目标在国外实施的秘密活动,即在掩盖自己作用的情况下所进行的影响他国政治、经济、军事、文化的活动。[①]

[①] 隐蔽行动是秘密活动中的一种,秘密活动还包括间谍活动和反间谍活动等。间谍活动旨在秘密刺探、收集、传递情报,任务较为单纯,所采取的方式一般是秘密进行,不露痕迹,使对方根本不知道发生过这样的

冷战期间,以美苏为首的两大阵营之间的对抗主要包括三种形式:军事对抗、外交折冲(经济制裁手段可归于外交折冲)和隐蔽行动。在这三种形式中,军事对抗、军事干涉极易引发战争,造成灾难性后果,特别是在核时代,其后果不堪设想。外交手段则又过于柔弱,在两极格局尖锐对立的状态下,通过外交对话、谈判、提出抗议、实施制裁、居中斡旋等公开外交很难达到目的。在这种情况下,隐蔽行动就为美国实现其政策目标提供了"第三种选择",不仅可以给实施对象造成巨大的压力和困难,而且比公开的外交活动更容易实现目标,万一败露,也可巧言脱身,不致引发军事冲突。因此,冷战期间美国大量运用隐蔽行动,把它作为实现遏制大战略目标的重要战

(接上页)事,如窃听谈话、偷拍文件、盗窃密码等;隐蔽行动是秘密从事颠覆、破坏、纵火、放毒、挑拨离间、造谣惑众、援助制裁等各种活动,任务较为复杂,所采取的方式一般是对方能感知的,只是要掩盖其组织者与实施者的真实身份。详见白建才:《"第三种选择":冷战期间美国对外隐蔽行动战略研究》,北京:人民出版社,2012年,第30—35页。

略。① 美国遏制苏联和所谓共产主义扩张,综合运用隐蔽的政治战、经济战、宣传战和准军事行动等斗争手段,削弱苏联的力量和影响,分裂苏联东欧集团。杜鲁门政府首次制定并运用了隐蔽行动政策,其后各届政府都继承并修正了这一战略。

杜鲁门对开展"心理战"的关注促使新成立的国安会在1947年12月的NSC4-A文件中授权在和平时期开展隐蔽行动。其中规定中情局局长负责心理战,同时确立了隐蔽行动完全由行政部门执行的原则。中情局控制着部分可以灵活使用的资金,以保证华盛顿被曝光的风险降至最低。1948年6月18日,NSC10/2文件取代了NSC4-A,新文件规定除了心理战,隐蔽行动也由中情局负责,并将隐蔽行动定义为"美国政府实施或支持的反对敌对国家或集团、支持友好国家或集团的一切活动,这

---

① 白建才:《"第三种选择"——冷战期间美国对外隐蔽行动战略研究》,北京:人民出版社,2012年,第58—59页。

些活动的计划和执行要避免体现美国政府的责任,如果暴露,美国政府可以巧言脱身"。新文件中所列举的隐蔽活动类型包括:宣传;经济战;预防性直接行动,包括破坏、拆除和撤离措施;颠覆敌对国家,包括援助地下抵抗运动、游击队和难民解放组织,以及支持"自由世界"中受威胁国家的反共分子。1948年9月1日,中情局成立政策协调办公室(Office of Policy Coordination, OPC),负责组织和管理隐蔽行动。1951年10月的NSC10/5号文件重申了秘密行动授权,并扩大了中情局在游击战方面的权力。杜鲁门政府发起的隐蔽行动战略主要针对苏联、东欧、希腊、意大利、伊朗、朝鲜、中国西藏、阿尔巴尼亚等地。随着杜鲁门任期的结束,中情局在隐蔽行动领域的独立性和权威性都达到了顶峰。

艾森豪威尔时期的隐蔽行动主要针对危地马拉、黎巴嫩、印度尼西亚、刚果、老挝等国。作为冷战期间最重视隐蔽行动战略的总统之一,艾森豪威尔执政八年间制定了许多隐蔽行动政策文件,进一步稳固和发展了这一战略。1954年,艾森豪威尔政府开始缩小中情局的活动范围。3月15日的NSC5412号决议重申了中情局在海外进行秘密行动的责任。中情局局长负责与国务卿和国防部长的指定代表进行协调,以确保秘密行动的规划和实施符合美国的外交和军事政策;"行动协调委员会"(Operations Coordinating Board)被指定为国务院、国防部和中情局之间协调支持秘密行动的常规渠道。国务卿、国防部长和总统的代表们应事先得到中情局根据这一政策发起的重大秘密行动方案的通知,并对这些方案给予政策批准,以确保国务院、国防部和中情局之间的支助和协调。1955年3月的NSC 5412/1号文件将"行动协调委员会"升级为更高级别的"规划协调小组"(Planning Coordination Group)。1955年年底,NSC5412/2号文件任命国务卿代表(助理国务卿级别)、国防部长代表和总统代表负责协调秘密行动。艾森豪威尔任期结束时,这个群体被称为"NSC5412/2特别小组"或简称"特别小组",成为审查和批准中情局发起的秘密行动方案的执行机构。

肯尼迪总统非常热衷于隐蔽行动战略,经常亲自参加会议,直接领导隐蔽行动计划的审查和批准,他在任期间批准的各项隐蔽行动计划多达550项,实施对象包括古巴、智利、巴西、圭亚那、多米尼加、厄瓜多尔、越南、老挝、刚果等国。1961年4月猪湾事件失败后,肯尼迪要求审查美国的准军事行动能力,并加强高层对秘密行动的指挥。由总统国家安全事务特别助理麦克乔治·邦迪(McGeorge Bundy)领导,包括副国务卿、副国防部长、中情局局长和参谋长联席会议主席在内的"特别小组"(Special Group),承担了规划和审查隐蔽行动的更大责任。1963年,特别小组制定了非正式的提交审查的标准,包括行动的风险、成功的可能性、暴露的可能性、政治敏感性和行动成本(中情局采用了25000美元的门槛),以确定隐蔽行动项目是否应该向特别小组提交。1962年1月,肯尼迪签署第124号国家安全行动备忘录(NSAM No. 124),成立"反叛乱特别小组"(Special

Group Counter-Insurgency），目的是协调 NSC5412/2 号文件机制之外的反叛乱活动，其任务限于制定旨在防止和抵制在友好国家发生颠覆性叛乱和其他形式的间接侵略的政策。①

约翰逊总统基本继承了肯尼迪政府的隐蔽行动战略，一方面继续推进肯尼迪时期发起的各项隐蔽行动计划，另一方面又在玻利维亚、泰国、印度尼西亚、坦桑尼亚、加纳等国开展隐蔽行动。1964 年 6 月，第 303 号国家安全行动备忘录（NSAM No. 303）将"NSC5412/2 特别小组"改为"303 委员会"（303 Committee），但没有改变其组成、职能或职责。

对隐蔽行动有效性的评判是各届政府共同面临的难题。1969 年 10 月，尼克松要求 303 委员会对由该委员会批准的所有隐蔽行动进行年度审查，并自动终止 12 个

---

① FRUS, 1977 - 80, Vol. 12, Afghanistan, Notes on U. S. Covert Actions, https://history. state. gov/historicaldocuments/frus1977 - 80v12/notes. 访问时间：2019 年 8 月 20 日。

月后仍未经审查的所有行动。由于303委员会被媒体曝光,1970年2月的第40号"国家安全决定备忘录"(NSDM No.40)取代了NSC 5412/2号文件,并将隐蔽行动审查小组更名为"40委员会"(40 Committee),委员会成员中增加了司法部部长。1976年丘奇委员会(Church Committee)的报告显示,40委员会只审议了25%的中情局单独隐蔽行动项目,其注意力集中于为所有隐蔽行动提供广泛政策指导的重大项目上。1972年"水门事件"后,国会加强了对隐蔽行动的监督,总统权力受到制约。因此,总体上尼克松时期的隐蔽行动相对较少。①

70年代初期,随着一系列有关情报活动的报道见诸报端,涉及暗杀外国领导人和颠覆政权的隐蔽行动被首

---

① Briefing Book #667, "Understanding the CIA: How Covert (and Overt) Operations Were Proposed and Approved during the Cold War", Edited by John Prados and Arturo Jimenez-Bacardi, Mar 4, 2019. https://nsarchive.gwu.edu/briefing-book/intelligence/2019-03-04/understanding-cia-how-covert-overt-operations-proposed-approved-during-cold-war. 访问时间:2019年8月18日。

次公开。隐蔽行动的合法性和道德性遭到大量质疑,美国官方不得不对隐蔽行动进行调查和整改。1974年12月,国会批准了《1961年对外援助法案》(Foreign Assistance Act)的修正案《休斯—瑞安修正案》(Hughes-Ryan Amendment),使隐蔽行动的审批方式发生了重大改变,该修正案要求每项隐蔽行动都要得到总统的明确批准,并增强了国会对中情局的监督和控制。其中规定只有在总统裁决(Presidential Finding)并告知国会拟议的隐蔽行动计划对国家安全的重要性后,中情局才被授权将拨款用于开展隐蔽行动。

接着被称为"情报年"的1975年到来。1月,美国参议院设立情报活动政府行为特别委员会(United States Senate Select Committee to Study Governmental Operations with Respect to Intelligence Activities),即丘奇委员会,由爱达荷州参议员弗兰克·丘奇(Frank Church)担任主席。负责调查中情局、国家安全局(NSA)、联邦调查局(FBI)和美国国税局(IRS)的滥用职权行为。

2月,众议院也相应成立了常设情报特别委员会(United States House Permanent Select Committee on Intelligence)一同进行调查,后由纽约州民主党众议员奥蒂斯G.派克(Otis G. Pike)担任主席,也称派克委员会。

丘奇和派克两个委员会举行了广泛的听证会,回顾并审查了自1940年以来所有的秘密行动记录。根据其调查结果和建议,1976年5月,参议院情报委员会成立,成为美国历史上第一个永久特别情报委员会。1977年7月,众议院情报委员会成立。参众两院的情报委员会是国会监督政府情报活动、接受总统的隐蔽行动裁决、对隐蔽行动进行调查听证的常设专门机构,为国会对隐蔽行动的监督提供了工具和制度保障。丘奇和派克委员会的调查还促成1978年《外国情报监督法案》(Foreign Intelligence Surveillance Act)的通过,对国内的情报收集进行控制,并由国会对敏感的情报行为进行完全的监督。

在国会对中情局的活动进行重大调查之后,1976年

2月，福特总统发布了第11905号行政命令，用行动顾问小组（Operations Advisory Group, OAG）取代了40委员会，负责隐蔽行动的计划和执行。行动顾问小组由总统国家安全事务助理、国务卿、国防部长、参谋长联席会议主席和中情局局长组成。该行政命令还禁止所有美国政府雇员参与政治暗杀和国内情报活动。福特政府时期的隐蔽行动有所减缓，最主要的活动是对安哥拉的准军事行动。

卡特总统上台时，受越南战争、水门事件和情报调查等因素的影响，隐蔽行动和中情局的发展正处于低谷期。卡特崇尚民主自由价值观，并不热衷于隐蔽行动，在其任期内，隐蔽行动在实践上和制度上都发生了很多改变。他发起了对苏联、波兰、阿富汗、牙买加、也门、尼加拉瓜和萨尔瓦多等国的隐蔽行动，其中很多在里根时期得到延续和扩大，为里根在第三世界的"推回政策"（Rollback）奠定了坚实基础。

根据卡特精简机构的主张，布热津斯基将国安会的部门由之前的七个缩减至两个,即政策审查委员会(Policy Review Committee,PRC)和特别协调委员会(Special Coordination Committee,SCC),分别由万斯和布热津斯基领导。SCC负责行使之前福特行动顾问小组OAG的职能,基本沿用了其成员构成与审议程序。除了管理敏感情报和隐蔽行动之外,SCC还负责危机时期的决策制定以及军备控制政策等问题。司法部部长和管理预算办公室主任作为观察员参加委员会。后来又更进一步将管控隐蔽行动和敏感监视活动的SCC命名为"情报SCC"(SCC Intelligence,或SCC-I)。1978年1月24日的12036号行政命令取代了福特11905号命令及其修正案,再次重申了SCC对OAG的替代,并将司法部部长和管理预算办公室主任升级为SCC的正式成员。紧接着SCC-I中成立了一个低一级别的组织:"特别活动工作组"(Special Activities Working Group,SAWG),负责研究和审查隐蔽行动计划和其他敏感情报并向SCC-I报告,SAWG由总统国家安全事务副助理大卫·亚伦

(David Aaron)担任主席,在卡特政府早期的隐蔽行动审查中一直很活跃,直到1978年中期,国安会官员试图降级或取消SAWG,需要行使其职能时仅用临时工作组替代。1979年年底,隐蔽行动的审查、开展和指导工作由国安会亚伦领导的一个跨部门工作组负责,以下这些名称均是指这个工作组:副手小组(Deputies Group)、亚伦小组、跨部门小组、黑色会议室(Black Chamber)和黑色房间(Black Room)。

卡特政府使用了两种新的总统文件类型——"展望"(Perspectives)和"通知备忘录"(Memorandum of Notification,MON)——来指导隐蔽行动的开展。MON针对高风险、高成本和特殊地理条件的隐蔽行动。"展望"文件则针对"世界性"和"普遍性"的隐蔽行动,即在资源允许的情况下,在世界范围开展低风险的行动,以实现广泛的政策目标。这些行动利用现有资源以及与外国情报或安全部门的现有联系,在某些情况下还包括协助外国情报伙伴或美国政府的其他机构而进行例行培训或采购。

"展望"为这些普遍的、世界性的隐蔽活动提供了更具体的指导,详细说明了为实现特定政策目标而应强调的主题。"展望"由中情局起草并由国务院批准,这样中情局可以审查隐蔽行动项目的可行性和风险,而国务院可以评估外交风险并确认该项目是否符合总体外交政策目标。在最初阶段,"展望"不需要与 OAG、SCC 和总统进行更多的协调,经中情局和国务院商定后,该文件就转交实地操作,并要求有关人员定期反馈。从 1978 年开始,"世界性"的隐蔽行动作为特定项目由总统授权,"展望"被用来提供补充细节。

1979 年 11 月,卡特总统秘密营救伊朗人质的行动失败,由于事先没有向国会告知营救计划,引起国会的强烈不满。1980 年 10 月,《1980 年情报监督法》(Intelligence Oversight Act of 1980)进一步完善了《休斯—瑞安修正案》。首先,新法案减少了总统隐蔽行动裁决的通报部门,由之前的八个不同的国会委员会缩减至参众两院的两个情报委员会,以降低泄密风险。在关系美国重大利益的特殊情况下,总统甚至可以只向"八人帮"(Gang of Eight)①进行通报。其次,如果总统事先无法通告对隐蔽行动的裁决,事后必须"及时"通知两个情报委员会,并通过"展望"文件解释未提前通报的原因。与"展望"文件一样,MON也必须在中情局和国务院之间进行协调,但它还需要在SAWG或SCC内部进行更广泛的跨部门协调。MON后来被用于指导所有类型的隐蔽行动。② 再次,新法案将通报内容扩展到中情局、美国卷入情报活动的所有部门和机构,以及其他实体所从事的所有情报活动,还包括所有预期采取的重要情报活动。新法案既给予了隐蔽行动足够的灵活性,又赋予国会对所有隐蔽行动法定的知情权和监督权,使行政部门惯用的"国家安全"借口黯然失色,国会从此真正成为隐蔽行动的参与者和监

---

① 这八个人是:国会两个情报委员会主席及高级委员、众议院议长和少数派领袖、参议院多数派领袖和少数派领袖。
② *FRUS*,1977-80,Vol. 12,Afghanistan,Notes on U.S. Covert Actions,https://history.state.gov/historicaldocuments/frus1977-80v12/notes. 访问时间:2019年8月20日。

督者。

从美国隐蔽行动政策的发展历程不难看出,在越战综合征和水门事件的阴影下,隐蔽行动势头大大减缓,并在福特政府到卡特政府前期陷入低谷。与此同时,作为隐蔽行动执行机构的中情局也迎来了困难时期。在媒体的不断揭露下和国会的不断调查中,中情局不仅在民众中的声望一落千丈,在政界也遭到孤立与冷落。尼克松在水门事件后自身难保,对中情局唯恐避之不及。受执政环境和个人观念影响,福特也不愿与中情局"同流合污"。卡特更是在竞选时就以反中情局著称,甚至将之称为国家的耻辱,公开表示他深受其大多数活动的困扰。[1]不仅如此,卡特班底中的很多重要成员也都对中情局心存怀疑和厌恶,副总统蒙代尔、总统国家安全事务副助理亚伦、布热津斯基的助手里克·因德弗斯(Rick Inderfurth)以及国安会其他很多成员都曾在丘奇委员会工

---

[1] William J. Daugherty, *Executive Secrets: Covert Action and the Presidency*, Lexington: University Press of Kentucky, 2004, pp.183-184.

作,参与过对隐蔽行动和中情局的调查。

失宠的中情局不仅面临经费的大幅缩减,还面临人员的裁减,仅1973年就裁减了2000多人,1977年卡特又将从事包括操纵各种选举在内的隐蔽行动人员从1200多人减至400人。在阿富汗人民民主党建立政权的1978年,中情局每年用于隐蔽行动的预算比例跌至不足5%的最低点。[①] 在国会和舆论的持续压力下,卡特总统执政早期进一步加强了对中情局和隐蔽行动的监管,政府上下对隐蔽行动的热情普遍低下,这种气氛一直到苏联入侵阿富汗时才真正得到扭转。

至此,我们不难理解为什么在1978年5月3日的SCC会议上,隐蔽行动会成为重要议题,也不难理解为什么此时美国政府普遍对在阿富汗实施隐蔽行动没有太大热情,中情局的积极性尤其低下。当然,除了受整体的政治环境和气氛的影响外,从客观条件看,当时也的确不

---

① 白建才:《"第三种选择"——冷战期间美国对外隐蔽行动战略研究》,北京:人民出版社,2012年,第285页。

具备实施隐蔽行动的"地利"与"人和"。5月22日,布热津斯基给卡特的备忘录中指出,由于缺乏有利资源和地区政治环境的支持,阿富汗的情报收集工作相当困难,对阿富汗政权采取秘密行动并不现实,与在美国受训的阿富汗军事人员所接触的程度也远未达到可以真正采取行动的水平。总之,此时缺乏开展隐蔽行动的必要性和重要性,但保持与阿富汗相关人员的联络渠道畅通、保证阿富汗的情报的重要性与准确性非常必要。①

三、"防止苏联的过度影响"

尽管隐蔽行动处于低谷期以及操作层面不利因素的存在不同程度地影响了美国的政策,但在阿富汗问题上,主导美国决策的根本因素还在于美国的地缘政治利益。经过半年多的政策探索,综合考量了总体战略目标、地区战略格局等不同层面的因素之后,美国对阿富汗政策目

---

① *FRUS*, 1977-80, Vol. 12, Afghanistan, Document 20.

标从防止苏联的过度影响逐渐转向对抗苏联。

卡特政府上台后继续沿着缓和战略的轨道前进,但做出了一些具体调整,他抛弃了前任政府权力现实主义的大国均势战略,代之以理想主义的"新世界秩序战略"。人权外交在战略中居于核心地位,以建立人道、民主、和平的世界新秩序为目标。卡特认为,在后越战时代,美国的外交政策应该摆脱冷战思维。消除第三世界的贫困、阻止核武器的扩散和推进人权应该在外交政策中占据比"对共产主义的极度恐惧"更为优先的位置,不能再惯用反苏的棱镜观察一切国际事务。与其通过在第三世界同苏联争夺霸权来遏制共产主义的扩张,不如从源头上采取措施,主动改善与第三世界的紧张关系,帮助第三世界国家减少冲突和敌对,从而使苏联没有可乘之机。

在新世界秩序战略的总体规划中,关于对阿富汗的政策,卡特政府最初沿袭旧例,基本没有做出调整。从二战后直到1978年年初,美国一直将阿富汗视为一个相对稳定的不结盟国家,对阿富汗政策一以贯之的核心是:"防止苏联的过度影响"。美国认为受制于阿富汗政府的软弱无力和阿富汗的地缘位置,美国在阿富汗的直接利益是"有限的"。虽然阿富汗一直标榜不结盟的中立政策,但美国非常清楚并默许了它对苏联的依赖。阿富汗与苏联之间有漫长的国境线相接,长期接受着苏联势力不计代价的深耕厚植。而美国在中东和南亚地区有中央条约组织作为战略依托,它与北大西洋公约组织和东南亚条约组织连成一线,成为一道遏制苏联的屏障。伊朗和巴基斯坦是美国在该地区的战略支点和重要盟友,他们帮助美国阻止苏联向西亚、南亚扩张势力范围;争夺波斯湾地区的重要能源;依托地缘优势建立军事情报基地,窥探和监测苏联南部地区。因此,尽管冷战开始后美国加强了对阿富汗的经济援助,但仍然无意将阿富汗从苏联势力范围中拉拢过来。

整个70年代,美国在阿富汗的目标是"维护阿富汗的独立和领土完整;建立可行的政治和经济体系;限制苏联影响力的扩张;改善阿富汗与巴基斯坦和伊朗的关系"。阿富汗与苏联的适度亲近并没有威胁到美国的实际利益,所以美国"不会也不应该在任何方面承诺保护阿富汗"。然而,尽管"食之无味",也不能完全弃之不顾,因为阿富汗周边的波斯湾以及印度洋的海岸和港口直接影响美国利益,阿富汗与伊朗、巴基斯坦、中国和苏联接壤的战略地位意味着"美国在帮助该地区发展合理稳定、政治上顺应民意和经济上可行的非共产主义国家的政策大背景下,阿富汗仍然具有相当重要的意义。美国在印度次大陆和印度洋盆地的战略利益……必须考虑到阿富汗问题"。[1] 因此,美国对阿富汗政策始终服从于保持自身与伊朗和巴基斯坦稳定友好关系的前提之下。对苏联在阿富汗目标的评估以及维持南亚—中东地区战略格局的平衡成为影响美国对阿富汗政策的两个主要因素。[2]

---

[1] United States Department of State, Annual Policy Assessment, March 9, 1976, *DNSA*.

[2] Policy Review: A U.S. Strategy for the 70s, June 26, 1971, *DNSA*.

四月革命之后,阿富汗共产主义政权建立,美国的当务之急是判断阿富汗是否受到了苏联的"过度"影响。最初阶段,美国高层比较一致的看法是:阿富汗共产主义政权和莫斯科之间的关系并不总是和谐亲密的,尽管在共产主义政权建立后双方关系势必会呈现更加亲密的发展趋势,但喀布尔亲苏政权的持久性,特别是短期内的持久性,将主要取决于阿富汗的本土因素,而不是苏联的影响力。甚至是政见多有不合的万斯和布热津斯基在这一问题上也达成了基本共识。万斯指出:对于苏联人是否策划或参与了政变,仍然值得怀疑。并且还有理由认为,塔拉基强烈的阿富汗民族主义情绪——阿明的民族主义倾向甚至更为强烈——有可能使阿富汗不至于沦为苏联的卫星国。[1] 布热津斯基也认为最好的做法就是观望事态的发展:"这是一场阿富汗国内的政变,没有苏联卷入其中的证据,因此美国没有理由提出抗议。新政权的性质

---

[1] [美]赛勒斯·万斯:《困难的抉择——美国对外政策的危急年代》,郭靖安等译,北京:中国对外翻译出版公司,1987年,第241—242页。

不明确,组织松散,甚至它是否能够把握自己的权力都值得怀疑。我们只要在喀布尔有一定的影响就足够了,为什么要停止对阿富汗的援助呢?"①

5月31日,美国驻阿富汗大使艾略特发回国务院的题为"阿富汗新政权是共产主义的吗?"的电报也再次印证了这一点,其中指出"与50年代以来的阿富汗政权一样,阿富汗民主共和国的大部分经济和军事支持显然依赖苏联。自政变以来,苏联在阿富汗的存在和影响明显增加。但总的来说,虽然阿富汗明显属于苏联的势力范围,但仍然没有足够的证据表明阿富汗是一个'共产主义国家'或苏联的卫星国,尽管这可能是其最终命运。美国的最佳战略似乎是鼓励一个独立的、真正不结盟的阿富汗"。②

中情局也认为美阿关系应保持稳定,在可预见的未

---

① 李琼:《苏联、阿富汗、美国:1979—1989年三国四方在阿富汗的博弈研究》,北京:中国社会科学出版社,2016年,第74页。

② FRUS,1977-80,Vol. 12, Afghanistan, Document 22.

来保持冷静。并进一步做出分析:尽管阿富汗希望保留与华盛顿的一些联系,以此作为平衡与苏联关系的表象,但苏联的巨大影响力以及美国对阿富汗的有限投入将阻碍两国建立更密切的关系。①

最终,在苏联、印度、巴基斯坦、伊朗、中国、沙特相继承认了喀布尔的新政权之后,6月2日,美国也对阿富汗新政权进行了正式承认,回应了阿富汗民主共和国建立外交关系的请求,并基本保持了此前的对阿援助项目。这些友好举措目的在于消除阿富汗新领导人的疑虑与恐惧,避免将其更多地推向苏联怀抱。

自从1948年南斯拉夫总统铁托与斯大林分裂以来,铁托主义在成为苏联挥之不去的梦魇的同时,也常常作为美国的期盼与侥幸心理的化身。美国对阿富汗局势的观望态度或许还基于这样一种心理:共产主义阵营早已不是铁板一块,况且阿富汗不属于苏联阵营,也不是苏联

---

① *FRUS*,1977-80,Vol. 12, Afghanistan, Document 24.

的卫星国,新生政权的立场也尚不明确,甚至其领导人不乏民族主义的言论。美国似乎有充分的理由期盼塔拉基能够成为又一个铁托,领导阿富汗成为独立于苏联的社会主义国家,那么,美国面临的将是截然不同的前景。事实上,美国还认为阿富汗亲苏政府上台,对苏联是一把双刃剑,因为它会影响苏联与伊朗和巴基斯坦的关系,甚至还会损害苏联与印度的关系。[1]

然而,在阿富汗问题上,尽管美国希望静观其变,却无法摆脱地区盟友来势汹汹的求助和施压。5月9日,距离阿富汗政变才十多天,卡特就收到了齐亚的来信。齐亚指出,阿富汗左派政权的出现对巴基斯坦和区域力量平衡的影响难以估量,如果事态发展使苏联相信,在美国全球战略中,小国是可以牺牲的话,那么没有什么能够阻止苏联推行其扩张主义政策。齐亚敦促卡特总统引起重视并采取必要措施,以应对突发事件。他还提醒卡特,

---

[1] *FRUS*,1977-80,Vol. 12, Afghanistan, Document 11.

伊朗也面临同样严峻的形势。除非及时阻止苏联的雪崩，否则波斯湾和中东阿拉伯半岛的石油资源可能会流失，其后果无须多言。① 而此时仍是美国重要盟友的伊朗国王巴列维一直将苏联视为巨大的威胁，他认为苏联试图包围伊朗，并利用他们在阿富汗的优势地位分裂巴基斯坦，从而控制巴基斯坦西南部通往印度洋的出口。阿富汗的政变更增加了他的担忧，伊朗希望能通过组织某种秘密行动反对新政府，但苦于自身能力有限，难以对喀布尔形成威胁，因此也求助于美国。实际上，美国很清楚，尽管左派掌权，但苏联与阿富汗的反共邻国间发生直接对抗的可能性仍然很低，德黑兰和伊斯兰堡在某种程度上是想利用这种对抗前景作为向美国寻求更多军事和政治支持的证据。② 但出于对自身大国信誉的维护，美国也不得不积极安抚其地区盟友。

然而，随着阿富汗新政府越来越依赖和倒向苏联，并

---

① FRUS, 1977-80, Vol. 12, Afghanistan, Document 16.
② FRUS, 1977-80, Vol. 12, Afghanistan, Document 13.

推行明显共产主义性质的政策,美国对自身利益的判断也开始逐渐发生变化,开始认为其切身利益,尤其是在伊朗和波斯湾地区的切身利益受到威胁,伊朗局势的日渐动荡又加剧了美国的担心。同时,美国发现巴基斯坦、伊朗、中国、沙特等国都产生了一种普遍的失望情绪,即他们无法指望美国来阻止苏联的扩张。这种无形的压力和有形的压力交织在一起,促使美国无法独善其身。

在给万斯的备忘录中,负责近东和南亚事务的助理国务卿哈罗德·桑德斯指出,对阿富汗事件在国内、国际所产生的影响需要引起足够的重视:在国内,许多美国人会将阿富汗与安哥拉、埃塞俄比亚联系起来,一并视为苏联势力的扩张;在国际层面,巴基斯坦、伊朗、沙特以及该地区其他美国盟友将"把这种情况看作苏联控制下的政变"。在很多观察家看来,阿富汗从一个受苏联影响较多的民族主义国家一夕之间成为几乎要完全被苏联控制的社会主义国家,意味着南亚—中东地区战略格局平衡被打破,意味着美国与地区盟友组成的政治共同体受到挑战,同时美国的国家利益和地区利益将面临严重威胁。而阿富汗的反叛分子也将观察美国的态度,看其是否默许或接受共产党的掌权。因此,美国"需要重视新政权中民族主义和共产主义的混合,并设法阻止该政权像它自身希望的那样亲近苏联"。①

由此,一种积极应对的态度开始在华盛顿流行起来,认为美国应该做出协调一致的和系统性的努力,向该地区盟友强调保证其主权完整和社会稳定的承诺,以免鼓励苏联的冒险主义进一步向阿富汗以外扩张。这种观点首先主张美国应认真审视对该地区,尤其是中央条约组织国家的政策,以期加强它们的政治、心理和军事立场。其次,与欧洲、日本以及中国就如何应对的问题进行磋商。再次,必须以某种方式说服伊朗、印度和巴基斯坦,使其认识到在阿富汗问题上的共同点和利益诉求,以减少彼此间持续的相互怀疑,并且不能仅仅指望依赖美国

---

① United States Department of State, The Afghan Coup, April 30, 1988, *DNSA*.

来阻止苏联的扩张,因为苏联将会从这种沮丧和消沉的气氛中获益。总的来说,美国的策略应该是在支持地区盟友的同时与阿富汗保持关系,以期为阿富汗提供依赖苏联之外的另一个选择。①

从四月革命到伊朗革命,如本书第一章所述,苏阿关系、阿富汗国内形势和国际局势的变化同样的波谲云诡、错综复杂。对此,美国一直在观察、在揣度、在不断地试探。其实,对于当前的阿富汗究竟是否受到了苏联的"过度"影响,对于如何在支持地区盟友的同时给阿富汗保留一条后路,对于怎样做才能不纵容苏联但也不激怒苏联,美国也一直在寻找答案。因此,在最初阶段,美国对阿富汗共产主义政权的反应显得有些犹疑和踌躇,这些疑虑在之后的隐蔽行动政策制定过程中也暴露无遗。

为了安抚盟友和摸清地区形势,万斯派副国务卿纽森于1978年7月9日至22日展开地区访问,行程包括

---

① *FRUS*,1977-80,Vol. 12,Afghanistan,Document 17.

阿富汗、伊朗、印度、巴基斯坦和沙特。7月13日,纽森访问阿富汗,会谈中阿富汗领导人多次强调阿富汗的独立性,表达了与美国保持良好关系的真诚愿望,并希望美国继续提供经济援助。纽森明确表示美国对阿富汗新政府的政策有许多疑问,他访问的目的在于获得阿富汗政府的直接意见,并判断是否存在妨碍美阿发展良好关系的因素。美方希望阿富汗政府真正实行不结盟政策,否则两国关系可能会出现困难。他表示美国愿意继续为阿富汗的发展提供长期帮助,也详细解释了制约援助的制度和法律因素,并表达了美国希望两国继续保持密切关系以及美国支持独立自主的阿富汗的愿望。[1]

7月27日的总统审查委员会(Presidential Review Committee)会议上,纽森汇报了访问情况,并指出阿富汗局势非常动荡,如果美国停止援助无疑会更加降低在阿富汗的影响力。杜布斯于6月27日出任美国驻阿富

---

[1] *FRUS*,1977-80,Vol. 12,Afghanistan,Document 26.

汗大使,在了解情况后,也主张谨慎维持与阿富汗的关系,适当增加援助,但要避免激怒苏联,以免他们对阿富汗施加更大压力。综合各方意见之后,委员会成员一致认为,"除了正在遵循的方针之外,没有可行的替代方案"。万斯等人认为,维护美国利益最好的策略是,让阿富汗继续在东西方之间玩弄平衡。尽管阿富汗已经明显地转向苏联,但这样的平衡会持续下去。万斯指出,美国在阿富汗没有多少资源,阿富汗也并未牵涉美国的根本利益。况且美国的地区盟友也采取了观望态度,无意通过支持阿富汗共产主义政权的反对势力来加剧其不稳定局面。"虽然人们不时与我们谈起政变阴谋的问题,但是我的意见是我们不参与谈论。"[1]然而,布热津斯基的意见却与他不尽相同,在阿富汗问题上形成短暂共识之后,两人的分歧又开始显现。

---

[1] [美]赛勒斯·万斯:《困难的抉择——美国对外政策的危急年代》,郭靖安等译,北京:中国对外翻译出版公司,1987年,第242页。

四、政策转变：一个缓慢的开始

尽管最初的隐蔽行动提议遭到了否决，但布热津斯基所强调的保持阿富汗相关渠道畅通、保证阿富汗情报的重要性与准确性的工作一直在有序推进。到1978年夏天，美国官员开始评估阿富汗各反对派的实力，以及是否应该协助其实现推翻现政权的企图。反对派积极与美国接触并寻求帮助是促成这一局面的主要原因；苏联干涉的日益深入和地区局势的日益动荡，都使美国对阿政策发生转变。自四月革命起，经历了一个缓慢的开始之后，到1979年年初，美国对阿富汗的隐蔽行动政策终于呼之欲出。

1978年6月22日，阿姆斯图茨在发回国务院的电报中寻求指导，以应对一个"高度敏感的问题"。因为一个由阿富汗军方二号人物领导的反共组织找到他，就如何以最佳方式对抗目前的亲苏、亲共政府问题征求美国的意见。这个组织正在考虑发动一场军事政变，并认为如果没有苏联的存在,可以在6个小时内夺取政权。但"他们担心,除非美国(也许还有伊朗和巴基斯坦)愿意与苏联对抗,否则阿富汗将会重蹈捷克斯洛伐克的覆辙"。阿姆斯图茨接着详细讨论了他与Jamhuriat医院院长阿克巴(Mir Ali Akbar)医生的会面,后者声称自己代表一个由阿富汗军方参谋长、一名阿富汗军官和一名高级退役军官共同领导的反共组织,且获得大量的民众和军事人员支持以及实现了对人民民主党的秘密"渗透"。阿姆斯图茨推测,阿克巴冒险接近美国,主要是为了寻求关于秘密政变的建议,以免引发苏联的大规模快速反应。关于美国应在多大程度上进行回应和鼓励,阿姆斯图茨提供了一个历史镜鉴:20世纪60年代初,华盛顿拒绝了达乌德要求美国成为阿富汗主要武器援助国的请求后,达乌德随即转向苏联。阿姆斯图茨认为如果当时美国没有拒绝,塔拉基政权就不会建立,阿富汗也不会落入苏联的势力范围。因此他建议采取中间路线,向这个组织提供鼓励和建议,但也不至达到像在朝鲜那样深入的程度。

卡特和布热津斯基得知这一消息后,随即与中情局协商讨论,并指示阿姆斯图茨"不应主动与反共组织接触"。6月28日,中情局副局长弗兰克·卡卢奇(Frank C. Carlucci)向亚伦发送了一份备忘录,阐明了中情局关于援助反对派的立场,即"不应给予政变策划者任何官方鼓励",但是建议"出于收集情报的目的而保持联系,并让中情局负责此事"。卡卢奇认为,这种中间路线可以帮助美国施加影响力,同时承认"苏联对任何反政变都将做出激烈反应,应该尽量提前了解情况,以便事发后能更好地处理美苏关系"。但另一方面,因为担心给反对派带来关于美国意图的错误信号,中情局又被指示不要对阿富汗的消息来源刨根问底。这种矛盾状态直接导致情报收集工作的不力。事实上,这种谨慎而模糊的中间路线、对反对派真实情况的不确定以及与身份不明的组织保持联系的举动,充分体现了当时阿富汗情报收集工作的糟糕状况,在这样薄弱的基础上,美国的决策难免信心不足、拖沓无力。

7月14日,中情局提交了关于阿富汗反对派组织的详细评估报告。指出塔拉基政权仍然控制着喀布尔和阿富汗农村地区,但暴力活动对政府构成威胁,而大量苏联顾问的存在正在侵蚀阿富汗军方内部对塔拉基的支持。评估中共统计了6次阿富汗反对派与美国官员的接触,包括一个由阿富汗人和沙特人组成的名为"阿富汗解放阵线"(Afghan Liberation Front)的团体。对此,桑顿指出,虽然阿富汗的情报收集工作正在改善,但仍然不够充分。如果未来几周内发生反政变,美国可能无法提前知晓,情报部门也无法确定苏联对阿富汗反对派的威胁的反应。桑顿认为,对反对派施以援手是不可能的,并且在任何情况下都应谨慎行事,因为这极易引起苏联的大规模介入。布热津斯基对他的观点表示赞同。

反对派计划的核心是"迅速消灭"塔拉基和阿明等领导人,有效地斩除阿富汗政府的领导层。策划者认为,可以利用领导人之死造成的混乱,在24—48小时内战胜政府军,他们表示并不担心苏联顾问的存在,但害怕苏联会代表塔拉基政权进行干预。7月27日,中情局局长斯坦斯菲尔德·特纳(Stansfield Turner)向布热津斯基提交的备忘录回顾了国务院、国安会和中情局的一致决定,即美国将继续与阿富汗反对派保持联系,但不会协助他们的计划。对此,杜布斯大使表示赞同,并指出美国不应鼓励反对派,以免使其对美国产生过高的期望,但即使执行不干涉路线,在苏联进行干预时,美国的威慑和谴责仍是必要的。他还提醒华盛顿注意,虽然塔拉基政权面临许多来自左派和右派团体的潜在威胁,但"确切信息的缺乏"妨碍了美国对阿富汗政府真实生存能力的准确评估,以至于"只有最疯狂的传言才被完全无视"。①

到9月,美国评估认为阿富汗局势正在迅速恶化,如果事态持续恶化,苏联很可能进行干预。在国安会的批准下,国务院做出了一些应急计划,但对于如何应对危急情况、应该或可以采取什么措施,并没有完备的想法和方

---

① *FRUS*,1977-80,Vol. 12,Afghanistan,Document 25.

案。国务院和中情局声称已经认真考虑过这些问题,但显然收获甚微。[①] 在阿富汗问题上,美国政府内部普遍的低效状态,或者说迷茫和踌躇的状态,一直持续到了年末。

当年晚些时候,喀布尔即将发生政变的传言再次甚嚣尘上。但中情局并不十分认同亲苏政府内部发生政变威胁的可行性。12月5日,一份代表中情局"现场高级官员"观点的电报称"我们怀疑目前是否存在可行的政变计划",因为喀布尔即将发生政变的流言对阿富汗政府来说并不是秘密,阿富汗政府正在采取积极的措施,逮捕异己分子并提拔忠诚人士。而反对派团体并没有比5月时更加有组织,苏联仍然致力于支持塔拉基的统治,"这个政府执政时间越长,它就越强大。它正在深深扎根"。[②]

同样是12月5日,在莫斯科,阿富汗和苏联缔结了一项睦邻友好合作条约,该条约涵盖军事、政治、经济、科

---

① *FRUS*,1977-80,Vol. 12,Afghanistan,Document 29.
② *FRUS*,1977-80,Vol. 12,Afghanistan,Document 25.

学和文化领域的合作,设想了一个为期20年的军事领域合作承诺,允许阿富汗在必要时请求苏联的军事援助。对此,杜布斯大使表示,正如阿富汗政府领导人的公开声明所显示的那样,最近几周,人民民主党内部出现了更深刻的亲苏态度,阿富汗领导层不再努力掩饰自己的信念。[1] 卡特政府对这些变化愈发感到不安,主管公共事务的助理国务卿兼国务院发言人霍丁·卡特三世(Hodding Carter Ⅲ)说,希望该条约不会"损害该地区的和平与稳定",其效果"仍有待观察……我们最初的反应是,这项条约似乎重申了苏联和阿富汗之间以往协议的基本主旨"。但官员们私下承认,美国的担忧比官方声明所表明的更为严重。

在这种低落的气氛中,华盛顿迎来了冷战后期的重要转折年——1979年。从岁首到年终,充斥着背叛、暗杀、战争、死亡等戏剧化事件,国际局势的变换一次次冲

---

[1] *FRUS*, 1977-80, Vol. 12, Afghanistan, Document 33.

击着人们的情感和认知。对卡特总统来说,这是异常艰难的一年,除了中美建交、埃以和谈和第二阶段限制进攻性战略武器条约(SALT II)带来的一些成就感,他面临着此起彼伏的挑战与危机。1月,伊朗爆发伊斯兰革命,附庸美国的巴列维王朝被推翻;2月,杜布斯大使在阿富汗遇害;3月,格林纳达发生政变,建立起共产主义政权;4月,霍梅尼宣布成立伊朗伊斯兰共和国,建立起反美的伊斯兰政权;7月,在尼加拉瓜,亲美独裁政权索摩查(Somoza)王朝被推翻,桑迪诺(Sandinista)政府上台执政;11月,伊朗人质危机爆发,66名美国驻伊朗大使馆外交官及美国公民遭挟持,卡特政府颜面尽扫;12月末,苏联入侵阿富汗最终成为这一系列羞辱中最引人注目的事件。

此外,加剧了这些困难的还有史无前例的对美国在世界事务中的行事能力的制约以及国内严重的通货膨胀、经济滞胀和能源危机。与此相对,这一年苏联在格林纳达、尼加拉瓜、阿富汗等第三世界国家继续"开疆拓土",强化和扩展其影响力,毫无顾忌地炫耀着权势。尽管美国和苏联都不曾料到,这时的苏联其实已经抵达了它的顶峰。然而,当时看来,历史潮流显然正朝着一个对美国决然不利的方向奔涌。① 在严峻形势的逼迫下,纵使作为新威尔逊主义者仍怀有满腔的道德情怀,卡特也无法再坐以待毙,必须重整旗鼓、突出重围,扭转败局。卡特开始加强军事防务,增加国防预算,并且重新转向中情局,解除对情报收集的"无理制约"。在他下定决心绝地反击的那一刻,首先想到的也许正是对阿富汗的隐蔽行动。

五、"最可行和最理想"的方案

进入1979年,白宫明显加快了对阿富汗隐蔽行动政策的思考与制定。1月底形成了第一版具体的行动方案,后又经过多次讨论和博弈,最终于6月底出炉了在布

---

① [美]约翰·刘易斯·加迪斯:《遏制战略:冷战时期美国国家安全政策评析》,时殷弘译,北京:商务印书馆,2019年,第345页。

热津斯基看来"最可行和最理想"的方案。在加紧制定方案的同时,相关情报工作和执行工作也在积极推进。

1月26日,卡卢奇给亚伦的备忘录显示,此时美国已经酝酿出了相当完备的隐蔽行动提案。在积极讨论提案的同时,国安会还安排近东和南亚司司长到实地与相关的情报站站长商议执行问题。

中情局编写的第一版隐蔽行动方案是一份主题为"阿富汗隐蔽行动的选择"(Covert Action Options Paper on Afghanistan)的文件。其中首先总结了当前的阿富汗局势:东部各省的叛乱已经持续了几个月,亲苏政府在边远地区的统治愈发困难。在阿富汗境外,流亡的持不同政见者声称在白沙瓦和巴基斯坦边境地区有数千名训练有素的战士和军官。他们的反叛活动得到了巴基斯坦政府的默许以及沙特人和居住在国外的阿富汗人的支持。

其次,文件说明了阿富汗对美国的重要性。其一,阿富汗共产主义政权可能会对该地区,尤其是巴基斯坦造成破坏性的影响,从而改变稳定的地区战略格局。其二,在其他地方,阿富汗局势将会在许多第三世界国家产生消极的心理影响,因为它预示着苏联模式的胜利和美国的软弱退让。因此,让塔拉基政府垮台,由一个非共产主义政权取而代之,符合美国的利益。

再次,文件分析了隐蔽行动的基础与前景。认为美国政府通过援助等传统的外交手段影响阿富汗政治经济的政策虽然目标有限,但基本上是成功的。而苏联由于与阿富汗地缘相近,经济、军事关系密切且享有共同的政治哲学,从而能够迅速巩固和加强其已经相当可观的影响力。尽管如此,中情局认为反共政变仍然是可行的。主要是因为:一、如果迅速而果断地采取行动,苏联可能会感到必须接受这一事件而放弃诉诸军事干预。二、无论美国采取何种立场,阿富汗叛乱活动都将继续,逐渐蔓延的叛乱将带给塔拉基政权更大的政治风险。三、塔拉基政权基础薄弱,持续的不稳定无疑会耗尽政府稀缺的管理和领导资源,极易引发来自内部的反叛。中情局认为,塔拉基政府存在被闪电政变(lightning coup d'état)

推翻的可能性,但似乎更有可能被叛乱分子推翻,因为他无力应对叛乱。因此,美国政府可以通过从宣传、支持到秘密武器供应的各种隐蔽行动手段来增加塔拉基政权被推翻的可能性。美国面临的风险在很大程度上将取决于所采用手段的类型。

以及,文件列出的具体的隐蔽行动项目包括:一、发起全球范围的媒体宣传运动,宣传亲苏政权的弊病,揭露塔拉基等领导人是苏联的傀儡。谴责塔拉基将无神论哲学强加于虔诚的宗教信徒,侵犯他们的基本人权。二、扩大上述计划,从邻国用达里语(Dari)①向阿富汗发送无线电广播并探讨运用短波广播的可能性。三、鼓励和协助阿富汗境外流亡组织团体反对共产主义政权。中情局在适当时机与流亡领导人进行接触,探索向在白沙瓦地区活动的反叛团体提供资金和物质支持的渠道。四、与巴基斯坦奇特哈尔(Chitral)统治家族的一名成员

---

① 现代波斯语的一种。——著者按

建立联系。该邦与努里斯坦接壤,大部分游击活动都发生在那里,这使美国有可能绕过流亡者,直接利用通过奇特哈尔的天然走私路线直接支援叛乱。五、利用沙特作为掩护。

最后,文件指出,除了用于情报收集的资金和人道主义物资援助(即医疗用品),向叛乱分子提供的任何物质援助都必须从政策角度仔细权衡,因为这将表明美国决定试图推翻现任阿富汗政府。对风险与收益的评估不可或缺,中情局认为:其一,针对阿富汗政权的强化宣传计划,尽管不会产生实质性的威胁,但成功的宣传计划将使世界更加了解阿富汗政权的本质,还可能给叛乱分子提供一些鼓励;风险在于这将引起阿富汗和苏联的注意,虽然从技术上讲广播的归属无法追查,他们仍可能归咎于美国。其二,要谨慎对待与阿富汗流亡者的合作。虽然美国有能力与阿富汗流亡者探讨采取联合行动的可能性,但如果无意贯彻实行,启动这样的方案是不可取的,因为如果提高流亡者的期望而不进行回应的话将弊大于利。其三,巴基斯坦的配合将至关重要,美国单方面只能走私少量物资,大量的援助有赖于巴基斯坦的默许和支持。其四,叛乱分子中派系林立,有保皇主义者,有伊斯兰宗教激进主义者。应该通过若干独立的、分门别类的信息来源,对持不同政见者的活动保持密切跟踪,以免援助被消耗在其内斗之中。[1]

1月31日,一个由中情局、国安会、国务院三方代表参加的会议显示出美国高层在阿富汗问题上的共识与分歧。达成共识的方面是:应该确保与叛乱分子联系渠道的畅通,并进行进一步的审查。同时,没有必要阻止巴基斯坦或沙特在他们认为合适的范围内继续插手阿富汗事务。分歧与忧虑存在于以下方面:首先是与盟友合作问题上的分歧——有观点认为,当务之急是达成与印度的临时协定,对巴基斯坦经济援助要让位于这一目标。考虑到印度因素,不应该与巴基斯坦建立广泛的武器供应

---

[1] FRUS, 1977-80, Vol. 12, Afghanistan, Document 34.

关系。在解决沙特和巴基斯坦的短期武器供应问题的同时,更重要的是解决它们潜在的不稳定因素。其次是对美国利益判断的分歧——大多数人对隐蔽行动的收益持悲观态度,认为它不大可能对战略结果产生较大影响。假如美国实施了隐蔽行动,阿富汗政权会越来越多地卷入其中,势必会更加依赖苏联。一些希望看到阿富汗更加独立于苏联的人认为这有悖于美国的利益。然而,另一些人认为苏联更深入参与阿富汗事务可能对美国存在潜在的好处,比如对印度和伊拉克形成威慑效应。最后是人道主义方面的担心——如果没有取得显著收益,反而引起更多杀戮的话,会引发道德上的谴责。① 此外,整个方案中,美国最为犹豫的方面在于是否要对叛乱分子进行直接援助和支持;在与叛乱组织联系的问题上,出于对于伊斯兰叛乱分子的复杂性与危险性的考量,美国始终保持足够的小心谨慎。

---

① *FRUS*,1977-80,Vol. 12,Afghanistan,Document 35.

3月6日上午,美国再次召开SCC会议讨论对阿富汗和也门的隐蔽行动问题,几乎所有相关职能部门的人员都出席了这次会议,尤其是一些中情局负责行动的官员:副局长卡卢奇、行动主管约翰·麦克马洪(John McMahon)、技术人员西奥多·沙克利(Theodore Shackley)、刚刚访问过阿富汗地区的负责行动的副局长艾伦·沃尔夫(Alan Wolfe)等。①

会议主要讨论了中情局提出的关于加强与沙特政府的情报合作和秘密行动的建议,以及采取行动保护美国在中东阿拉伯半岛利益的可能性。中情局为这次会议重新编写了"阿富汗隐蔽行动方案"文件。从这第二版的隐蔽行动方案中可以明显看出美国高层官员之前存在的分歧与担心,在经过讨论与博弈之后达成初步成果。

文件首先更加明确了隐蔽行动的目的与风险:从骚扰到实际推翻,隐蔽行动可以实现对阿富汗共产主义政

---

① *FRUS*, 1977-80, Volume 18, Middle East Region; Arabian Peninsula, Document 187.

府的所有目标。主要目的是向苏联和第三世界国家表明，美国不会眼睁睁地看着又一个国家被纳入苏联轨道。实施隐蔽行动的最大风险来自苏联。如果发动闪电政变并取得成功，苏联不太可能进行军事干预。但叛乱的逐渐加剧可能会导致苏联军事反制的升级。虽然苏联不太可能向阿富汗派出部队，但他们却可以轻易地提供几乎无限的军事装备、军事顾问以及飞行员等。

其次，文件讨论的一个核心问题仍是关于援助渠道的建立与选择。美国纠结的问题在于：单边行动还是多边行动？直接援助还是间接援助？与巴基斯坦合作还是与沙特合作？中情局认为，一方面，加强宣传活动、向叛乱团体提供资金等有限度的隐蔽行动可以单方面进行，但通过一些境外阿富汗流亡领导人进行资助，其优势是安全，但效果远不如联合行动。如果要向叛乱分子提供重要的物质支持，由于地缘限制，将不得不依赖巴基斯坦政府的合作（至少是默许）。巴基斯坦可能会要求高价的军事和经济援助作为回报。另一方面，阿富汗在巴基斯坦的俾路支省有煽动叛乱的能力，如果巴基斯坦冒着自食其果的风险与美国进行合作，可能导致其自身局势的严重动乱。相比之下，与沙特的合作更安全。沙特与一些叛乱领导人有着良好的关系，并已经开始向白沙瓦地区的流亡者提供援助。鉴于沙特对巴基斯坦的影响，也可以有效地促进美国与巴基斯坦的合作，使其成为援助叛乱分子的渠道。但缺点在于将进一步增加不可控因素。美国对叛乱分子的援助会鼓励反政府运动，但其最终效果难以预测。如果涉及大量援助将难以保密，美国可能因此受到苏联和阿富汗媒体的指责。

新的方案中关于隐蔽行动的具体手段的选择更加详细与多样。

首先，在宣传方面，除了之前第一版中提出的全球范围内的媒体宣传和无线电广播方案，又增加了阿富汗境内的宣传计划。根据阿富汗人有使用"夜信"（night letters），即秘密制作的传单进行抗议的传统，可以由中情局制作这种无法追踪的材料，在阿富汗境内分发。但中情局认为这显然会给有关人员带来相当大的风险，而且无法预测这种内部宣传的成效和对政权的影响，这一手段如果与支持叛乱分子方案相结合将产生更好的效果。

其次，新方案将叛乱支援手段分为非致命性的和致命性的两类。非致命性的手段包括向叛乱分子提供资金、医疗用品、食品和初级通信设备等物资。致命性的手段包括提供军事装备和军事训练。中情局认为，军事培训是必需的，如果能得到巴基斯坦的全力合作，一个小型的中情局小组可以在巴基斯坦西北边境省开展这项工作。阿富汗叛军骨干分子也可以到沙特等第三国接受训练。但从效率的角度来看，训练团队越接近行动现场越好。对于致命性援助的效果，美国预估：第一，至少可以显著提高叛乱分子的军事能力，进一步消耗阿富汗政府薄弱的管控能力，并最终导致阿富汗政府军的叛乱，从而推翻塔拉基政权。第二，可能导致苏联更多地介入阿富汗事务，采取强有力的措施，确保共产主义政权不会被取代。第三，旷日持久的叛乱将给该地区人民带来巨大痛苦,而且不能保证能够取得令人满意的结果。

最后,新方案完善了"闪电政变"的设想。文件指出,闪电政变必须经过仔细的计划和组织,并且精确地执行。与之前的四月革命一样,必须获得军队的支持,然后迅速采取行动,推翻阿富汗政府的领导层。中情局认为如果成功,这样的政变只会造成最小的流血事件,并且在苏联做出反应之前结束。这一方案中美国面临的政治风险是巨大的,但也许并不比致命性的支持叛乱手段风险更大。在可行性方面,美国无法确定是否有反政府团体企图组织这种政变。因为美国情报显示,人民民主党采用严厉手段维持国内稳定,领导人受到严密保护,军事指挥官的政治忠诚度被仔细审查。反政府流亡者似乎只与在边境地区活动的游击队有初步接触,与喀布尔潜在的异见分子之间联系非常薄弱。尽管如此,中情局认为一个可靠的阿富汗反政府地下组织仍有可能发展起来,可以通过某些反政府的流亡者与之取得联系。理论上,美国可以为其提供包括训练、咨询、无归属的狙击步枪、炸药、反坦克武器、通信设备等专门的支持。

SCC会议讨论了中情局的第二版行动方案,与会者普遍认为,内部和外部媒体活动应该继续进行,但对支持持不同政见者和叛乱分子的可能性和援助渠道需要更深入的研究。司法部部长建议中情局制定更具体的提案,以供委员会做出更明确的判断。中情局代表强调,若要收集更多可靠信息,需要与反对派更进一步接触。在叛乱分子的援助请求得到正式回应和保证之前,他们可能不愿提供更多有关其能力和计划的信息。①

4月初,中情局提交了第三版行动方案,除了更加细化了宣传项目、非致命性支援项目之外,最突出的变化是将致命性支援升级为非常规战争支援并进行了非常详细的阐述。

第三版方案首先论证了美国与巴基斯坦和沙特合作的积极前景。在隐蔽行动政策制定过程中,巴基斯坦的

---

① *FRUS*, 1977-80, Vol. 12, Afghanistan, Document 38.

态度一直是美国的首要关切。巴基斯坦近期发出了很多积极信号，主动请求在美国对阿富汗反对派进行支援的过程中提供帮助和进行协调，这正中美国下怀。3月11日，齐亚在接受沙特杂志 *Ukaz* 采访时，暗示巴基斯坦愿意支持阿富汗反共分子和亲伊斯兰的持不同政见者，但对其真正实力心存疑虑，认为巴基斯坦不能孤立行动，任何此类行动都必须得到其他国家的支持。3月28日，巴三军情报局局长与美国驻伊斯兰堡情报站站长会晤，要求美国重申在1959年美巴双边协定中的立场。在该协定中，美国承诺"维护巴基斯坦的独立和完整"，并"采取适当行动，包括在双方商定下使用武装部队，以便应巴基斯坦政府的请求向其提供协助"。① 巴基斯坦方面还指出，阿富汗叛乱分子急需小型武器和弹药，但巴基斯坦的能力有限，而且在没有得到美国坚定承诺的情况下，不敢冒险激怒苏联。同时也做出积极保证，任何提供给叛乱

---

① *FRUS*, 1977-80, Vol. 12, Afghanistan, Document 21.

分子的物资都将得到充分利用。

此外,沙特也在阿富汗问题上积极回应了美国。沙特情报局局长指出苏联在阿富汗受挫的可能性很大,沙特政府正在考虑正式提议美国援助阿富汗反政府武装。中情局认为,由此可以提高美—巴—沙三边合作的可能性。至少,沙特可以提供资金,并利用其对巴基斯坦的影响力,鼓励巴提供援助。

以下是中情局制定的第三版方案的具体项目及粗略成本估算(具体金额均未解密)与利弊分析。[①] 同时,中情局还专门编写备忘录细致预估了苏联对方案中每一个项目可能产生的反应。[②] 在此,笔者将其评估也加以总结并附于每个项目之后。

1. 巴基斯坦无线电广播

"巴基斯坦之声"(Radio Pakistan)中有几个电台定期向阿富汗广播,如果巴基斯坦政府愿意合作,可以将其

---

① *FRUS*,1977-80,Vol. 12, Afghanistan, Document 45.
② *FRUS*,1977-80,Vol. 12, Afghanistan, Document 47.

用来对阿富汗进行宣传,中情局协助制作节目。

优点:广播是迅速接触到大量阿富汗听众的最佳手段。由于将使用现有的广播设施和工作人员,包括语言学家,所以费用适度。美国的角色将被很好地隐藏。

缺点:需要巴基斯坦政府的合作。巴基斯坦将被公开认定为反对阿富汗政权,这将激怒苏联和阿富汗,并遭到报复。在极端情况下,阿富汗可能试图轰炸或破坏电台,甚至在俾路支省和西北边境省份给巴基斯坦制造麻烦。

评估:苏联的反应将包含三个层面。其一,升级言辞,更加严厉地谴责巴基斯坦和美国对阿富汗叛乱负有责任,并援引广播作为证据,与伊斯兰堡进行更多的外交交涉,以示抗议;其二,在该项目中苏联所感受到的挑衅程度将大大低于下述战斗支援项目,苏联可能会因不愿意过早地毁掉苏巴关系而采取温和态度;其三,如果苏联认为广播宣传对阿富汗产生了重大煽动性影响,并使安全局势恶化,将会逐渐倾向于打出俾路支牌——通过煽动巴基斯坦俾路支部落中的马克思主义团体的活动,以谨慎和独立的方式向巴基斯坦施加压力。

2. 叛乱支援

(1) 直接经济援助

向叛乱分子提供资金,用于购买武器和物资等,将阿富汗移民作为资金转移渠道。在最初阶段,仅向几个团体提供少量资金,进行试点和评估。

优点:其一,这是为叛乱分子提供急需的装备和支持的最简单的方法,无须与巴基斯坦深度合作,但需要巴默许武器和军火途经其境内并在其境内进行培训等。其二,美巴面临较低风险。这将向知情国家表明,美国愿意承保阿富汗的反共斗争,对抗苏联。其三,可以借机对叛乱分子施加影响,鼓励其抛开分歧,提高抵抗效率。假如抵抗运动最终成功,美国在这一过程的贡献可以带来对新政权的影响力。

缺点:控制资金的使用将非常困难。资金可能被浪费、偷窃或用于流亡者的内部斗争。

评估:其一,按照预期,该援助项目在实施过程中会有一定暴露,苏联会充分利用这些暴露进行反击,并以此为证据,证明叛乱从一开始就是美国煽动的。其二,苏联还会利用这一点,在对西方的宣传中把美国的政策描绘成挑衅的和反动的,从而对美国的政策机制产生内部对等压力。其三,苏联制裁巴基斯坦的可能性并不会增加,因为巴基斯坦政府的立场基本保持不变(默许但不鼓励和指导叛乱分子在巴境内的活动)。

(2) 间接经济援助

仍将按照直接经济援助的方式展开,但将通过沙特或巴基斯坦进行。

优点:其一,促成团队贡献,鼓励沙特在美国的基础上增加自己的贡献;其二,美国的角色会比直接援助隐藏得更好。

缺点:美国将无法控制资金的使用,并失去对阿富汗持不同政见者的影响力。

评估:美国的安全性得以保障,但沙特和巴基斯坦的风险相对增加,尤其是对巴基斯坦而言,将更容易受到苏联的压力,苏联打俾路支牌的可能性也会增加。

(3) 非致命性物质支援

为在巴基斯坦境内的阿富汗异见分子提供各种非致命性物资支援,需要巴基斯坦政府的充分合作。建议装备一支2000人的部队,为期一年。所需物资包括通信设备、医疗用品,背包、指南针、服装、口粮等辅助设备。

优点:与经济援助项目相比,可以更深入地与阿富汗人接触,从而更好地影响事态发展。医疗用品等设备可以归类于"人道主义援助"。一旦建立起有效的供给渠道,可以利用这条渠道提供包括致命装备在内的各种类型物资。

缺点:需要巴基斯坦政府全力合作。安全性将难以保证。

评估:即使非常谨慎地操作,苏联也不会真正区别对待非致命性和致命性物资援助,因此,这不会降低巴基斯坦—美国宣传战术原本的脆弱性。

3. 非常规战争支援

（1）实地调查

到巴基斯坦进行现场调查，制订详细的行动计划，向阿富汗叛乱分子直接提供非常规战争援助。调查小组将与巴基斯坦官员和阿富汗叛乱领导人进行讨论，调查巴基斯坦潜在的培训和支持设施，确定支持需求和控制程序，并制订行动计划。小组将由大约五名专家组成，调查将需要3—4周。

优点：实地调查会极大提高美国对阿富汗叛军能力的了解，并提供必要的信息，以便就是否以及如何援助做出明智的决定。随着调查的开展，美国对反对派的承诺将加深，但也不至于达到无法挽回的程度。

缺点：需要巴基斯坦全力合作。不能保证绝对的安全，美国的角色难以否认。

评估：其一，鉴于目前美国对巴境内阿富汗叛乱活动的性质、范围和潜力的了解都不尽如人意，这一项目在逻辑上应该优先于其他所有项目。其二，如果暴露，苏联会将这一行动解读为美国政策的预兆,认为美国将会在阿富汗问题上与苏联进行更多对抗。其三,苏联会在外交上变得更加活跃:警告印度,美国即将加强与巴基斯坦的安全关系;与巴基斯坦交涉,指出伊斯兰堡将自己捆绑在不可靠且短暂的对美关系上将给自身带来的危险。

(2) 四个阶段

第一阶段——在巴基斯坦向来自五个不同地区的40名阿富汗部落成员提供组织化的抵抗培训。制定具有清晰指挥系统的抵抗策略。划分自治性区域。配备通信设备和医疗装备。确定抵抗区并指定可能的基地和安全区域。训练内容包括:抵抗基础,机动游击战,心理战术和宣传战术,远程接收和情报收集工作。时间预计8—10周。

第二阶段——培训65名阿富汗抵抗骨干担任游击战教官。所教授的技能包括:小型武器、迫击炮和无后坐力炮的使用、爆破、伏击、突袭、小股部队战术、夜间作战、陆地导航、隐蔽、远程接收、心理作战、机动作战、夜间行动、战术通信和情报收集。其中选定的成员将接受电报通信训练,其他成员将接受防空和反装甲武器训练。时间预计10—12周。

第三阶段——向抵抗组织提供武器和爆破设备。在阿富汗抵抗组织基地和安全区域建立武器储备。继续开展第二阶段的培训,雇用从第二阶段培训课程中选出的15名阿富汗教员。利用第一和第二阶段受训的骨干,在阿富汗民众中发展地下抵抗力量。为运送武器和其他物资安排空中支援。该阶段将持续4—6个月,5000人将得到支援。所需费用包括军火、5架短距起降飞机(STOL)和人事等方面的花费。

第四阶段——在阿富汗境内开展协同性的抵抗行动。扩大所控制的人口区域和抵抗组织区域。继续提供培训和后勤支援。提供目标数据情报和照片处理支持。打击具有公信力的软目标,协调促进抵抗活动的逐步升级。在抵抗活动升级的同时发动进攻性心理战行动。该阶段将持续1—2年。所需费用包括空中支援活动、5000人的后勤支援和人事花费。

优点：进一步提高反政府武装的非常规战争能力，增加其在冲突中获胜的可能性。

缺点：加深了美国在冲突中的介入，推脱责任的可能性降低，可能会激起苏联强力的反制措施。

评估：在前两个阶段，其一，苏联可能会打出俾路支牌，更可能对美国采取直接行动，警告华盛顿不要扩大对阿富汗的干涉；其二，苏联可能会向一些西欧领导人提出交涉，指责美国再次采取了已在越南被证明是灾难性的冒险主义政策，破坏美苏甚至是欧苏之间的缓和政策；其三，苏联会利用自巴列维沙阿时代遗留下的伊朗对美帝国主义的妄想症，说服霍梅尼美国的秘密行动是目前伊朗与其少数族裔之间矛盾的原因，从而削弱德黑兰的反喀布尔情绪；其四，苏联将就美国即将加强与巴基斯坦的安全关系向印度人发出警告，并特别暗示美国将对巴核问题采取更加宽容的态度。

在后两个阶段，如果苏联认为来自巴基斯坦的支持对叛乱分子至关重要的话，可能会打破苏联关于是否向阿富汗派遣地面战斗部队的平衡考虑。其一,苏联在这一问题上的决定,不仅受到叛乱活动本身严重性的影响,而且还受其所感知到的来自美国的挑战这一事实的影响;其二,阿富汗政府军直接干预巴基斯坦境内叛乱分子根据地的可能性将迅速增加,在苏联部队支持下,他们可能会发起跨境惩罚性行动;其三,如果在此期间,美巴谈判达成一种明确且有力的安全关系,并向莫斯科传达这一协议,苏联将不太可能允许苏联军队袭击巴基斯坦,但会寻求指使喀布尔进行军事还击;其四,苏联将大力寻求利用印度对美巴之间明确军事联系的恐惧和怨恨。

美国决策者审阅了第三版行动方案。国安会情报协调小组成员保罗·亨泽(Paul Henze)认为中情局编写的这些严肃的情报文件"为实事求是的讨论提供了基础",但他也指出,国务院并不热衷于实施这些提议,而中情局内部也存在分歧:"特纳希望取悦所有人并避免争议;卡卢奇摆出了哈姆雷特式的姿态;麦克马洪希望跨越所有人的立场。"作为中情局负责行动的副局长,麦克马洪清晰感知到同时来自上层和下层的压力,行动处的许多官员反对所有的行动计划,因为他们认为中情局无法在实践中有效开展这些行动。其他人最大的担心在于泄密风险,即使活动顺利开展,不可避免的暴露将导致政府的退缩,并使中情局在国外暴露并再次陷入尴尬。①

4月6日,美国再次召开SCC会议,讨论隐蔽行动和敏感议题。除了中情局、国安会和国防部等部门的常规参会人员外,蒙代尔和布热津斯基也出席了会议。会议围绕阿富汗隐蔽行动计划展开,讨论具体方案的实施,美国与巴基斯坦、沙特的关系,国会态度、制度约束与程序规范等内容。会议达成共识:只有在关于巴基斯坦的其他高级别政策框架内,依赖巴基斯坦或与其进行合作,才能开展对阿富汗叛乱的鼓励和援助工作。并授权中情局与巴基斯坦情报机构一起探讨在以下三个领域开展合作的可行性:1. 向阿富汗进行无线电广播;2. 向选定的叛乱团体提供经济援助,3. 从提供培训和物资援助的角度

---

① *FRUS*,1977-80,Vol. 12, Afghanistan, Document 47.

评估叛乱活动。会议指示,现阶段不需要向国会进行备案,但如果巴基斯坦方面做出积极回应的话,中情局将根据调查结果起草总统裁决,卡特将授权执行布热津斯基所谓的"最可行和最理想"的方案并送交国会审议。① 除了以上这些实质性的重大进展之外,这次会议更重要的意义在于,美国决心"制造泥潭"的想法这时已经初见端倪。

然而,接下来隐蔽行动的推进工作遭遇了一些内部的反对和外部的挫折。首先是国务院的消极态度。近东局向万斯建议,目前美国不应该采取过激行动,应继续通过外交接触和公共渠道宣传美国的行动和企图。国务院有关人员还认为应首先观察巴基斯坦对美国最近就其核计划发表的意见的反应,然后再决定如何与巴方讨论阿富汗问题。同时,他们还要求,与巴方的情报联系应局限在苏联活动和阿反政府武装的信息交流上。② 其次,中

---

① *FRUS*,1977-80,Vol. 12, Afghanistan, Document 48.
② [美]罗伯特·M.盖茨:《亲历者:五任美国总统赢得冷战的内幕》,刘海青、吴春玲译,南京:江苏凤凰文艺出版社,2014年,第108页。

情局奉命与巴基斯坦进行的讨论与磋商工作进展得并不顺利。4月26日,特纳向布热津斯基汇报了对巴基斯坦合作意向的初步调查结果。巴基斯坦在最初的耽搁之后,又有意将合作援助叛乱分子的问题政治化,希望以此为筹码,向美国争取更多的政治和经济利益。巴基斯坦方面坚称,没有美国的坚定支持,自身不会冒险对阿富汗采取行动。①

终于,在两个多月的拖延之后,6月26日的SCC会议上,隐蔽行动政策的制定取得了实质进展。会议讨论商定了第四版隐蔽行动方案并要求中情局根据会议共识编写总统裁决。

第四版方案如下:

1. 心理战——由第三国为叛乱分子装备"自由阿富汗之声"的国际无线电广播设施,通过"定期和可靠"的无线电广播,对90%都是文盲的普通民众进行宣传活动。建造发射设施估计需要18至24个月。同时协助叛乱分

---

① *FRUS*,1977–80,Vol. 12,Afghanistan,Document 51.

子扩大录音和印刷宣传品的传播范围。

2. 物资援助——向叛乱分子提供现金援助,帮助其度过即将到来的冬季,并保持斗争势头。资金将被用于确保部落忠诚,虽然难以问责,但据判断,大部分资金将会用于所需的物资。

3. 在巴基斯坦开展心理战[①]——探寻巴基斯坦情报机构向阿富汗叛乱分子提供可靠广播的态度。如果巴基斯坦愿意配合增强叛乱分子的本土操作能力,那么建立短波广播发射设施将比项目 1 中所述国际广播更为有效,因为短波广播能够覆盖阿富汗近一半的地区。[②]

4. 人道主义援助——将第三国作为向叛乱分子提供人道主义援助(包括医疗用品、食品、服装、运输工具和

---

① *FRUS*,1977-80,Vol. 12,Afghanistan. 在 Document 53 中,项目 3 内容缺失,此处为笔者根据 Document 59 中情局关于方案实施情况汇报的文件中记录的项目 3 内容做出的推测。

② 短波是一种非常古老的军事通信手段,它的显著特点是可以通过电离层的反射而达成超远距离的通信。短波经过了电离层和地面的多次反射后,信号的质量会有很大损失。但由于设备小巧,背负式短波电台就可以达成上千公里的通信,因此成为重要的军事通信方式。——著者按

向叛乱领导人提供的现金)的前线。沙特、阿曼或埃及等国可能会愿意合作,比起直接参与美国对叛乱分子的支持,巴基斯坦可能更容易接受与第三国进行合作。该项目中美国面临中等风险。

5. 人道主义援助——通过巴基斯坦政府向叛乱分子提供人道主义物资。目标和费用与项目4相同,但预计项目5的风险略低,如果巴基斯坦同意充当援助叛乱分子的渠道,该方案将是提供这种支持的最有效手段。

这次会议达成的共识包括:一、告知巴基斯坦政府美国对阿富汗叛乱者的支持,但中情局的行动将单方面进行。二、关于项目1,授权中情局与某国政府(未解密)探讨利用其广播对阿富汗境内进行宣传的反应。三、中情局获准扩大支持叛乱活动和团结阿富汗持不同政见者的心理工作,并被授权利用巴基斯坦的现有资源。四、项目4和5(作为备选而非单独的项目)将在考虑巴基斯坦的反应和其他政治影响之后再进行审议。五、向沙特政府通报美国决定向阿富汗叛乱者提供秘密的非军事支持,并鼓励沙特将部分资金投入类似的秘密援助项目。

SCC会议最终产生了两份关于阿富汗问题的总统裁决,并于7月3日由卡特总统正式签署。第一份是针对阿富汗问题本身的具体裁决,授权"支持阿富汗的叛乱宣传和其他心理行动;通过第三国的设施建立起与阿富汗人民之间的无线电联系;单方面或通过第三国,以现金

图2-1 布热津斯基
https://www.theatlantic.com/politics/archive/2017/05/zbigniew-brzezinski/528405/。

或非军事形式,向阿富汗叛乱分子提供适当支持"。该裁决批准执行最终方案中的前三个项目,即心理战、物资援助和在巴基斯坦开展心理战,最多可支出 695000 美元。第二份是涉及世界范围内行动的一般裁决,授权"揭露阿富汗民主共和国及其领导人是专制的和屈从于苏联的",并"宣传阿富汗叛乱分子为恢复其国家主权所作的努力"[①]。

由此,美国正式踏上了在阿富汗为苏联制造泥潭的旅程。

---

① *FRUS*,1977 - 80,Vol. 12,Afghanistan,Document 53.

Ⅲ

第三章

卡特的战争，1979—1980

与其他总统时期的大多数隐蔽行动有所不同的是，卡特在阿富汗的秘密战争的目的既非推翻共产主义政权、扶植亲美政权，也非阻止苏联更多的干预，而是"制造泥潭"，诱使苏联出兵。为此，美国运用了心理战和宣传战术，并秘密向阿富汗抵抗组织提供非致命性支援，增加了苏联在阿富汗的干涉成本。最终，苏联出兵以同样的必然性与偶然性成为美国面临的"极其严峻的考验"，此后，卡特加强了与巴基斯坦和沙特两国的合作、加大了秘密援助力度，开始提供致命性军事装备，以维持"低水平和持久的叛乱"，使苏联陷入战争泥潭，并持续付出"尽可能高昂的代价"，最终把阿富汗变成苏联的越南。以此为契机，布热津斯基试图利用伊斯兰主义对抗共产主义的构想也在阿富汗找到了最佳的发挥舞台。

一、 制造泥潭

从1979年1月26日的第一版隐蔽行动方案到3月6日的第二版、4月初的第三版，再到6月26日的第四版,直至 7 月 3 日的总统裁决授权开展隐蔽行动,美国对阿富汗隐蔽行动计划的制订经历了漫长的过程、多次的修改、复杂的博弈和曲折的经历。不同版本方案的变化恰恰反映了美国在阿富汗问题上的最低目标与最高追求。相较于之前的方案,尤其是最为全面和激进的第三版方案,最终的计划方案做出了相当多的妥协与折中,援助的规模和力度都大为缩减,援助总金额只有不到 70 万美元,而且不包含任何致命性的军事方面的援助。

造成这种落差的原因不一而足:首先,这一计划的制订不免受制于当时整体政治气氛。其一,当时隐蔽行动政策虽然开始复苏,但仍在低谷状态,中情局仍处于颓势之中,不仅缺乏资源,更缺乏信心。其二,在美国的地区战略格局中,尽管伊朗的"失守"已经极大提高了阿富汗的战略地位,但跟与美国利益密切相关、局势更加动荡的伊朗相比,战略地位仍微不足道的阿富汗自然难以获得足够多的关注与政治资源。其三,当时美国南亚政策的重点已经基本完成了从巴基斯坦向印度的转变,加上美巴在核不扩散问题、债务重组问题上的分歧,极大地阻碍了两国关系的改善。白宫受制于立法限制,无法向巴基斯坦提供令其满意的援助并作出更多承诺,而巴基斯坦由于无法得到美国的安全保证,合作积极性难以提高。在强大的政策惯性之下,以上问题不可能在短时间内发生转变。而政策制定过程中所体现出的激进与保守的两极,说明转变正在发生。在当时的环境中,保守的最终方案也许正是布热津斯基所追求的"最可行和最理想"的方案。

其次,白宫决策者在隐蔽行动计划的诸多核心问题上存在较多争议,主要体现在以下方面:第一,关于隐蔽行动的目的。美国究竟想要一个什么样的阿富汗,中立的民族主义政府还是伊斯兰主义政府?是否要推翻塔拉基政权?美国需要阿富汗更加依附于苏联还是尽量减少苏联在阿富汗的存在?第二,关于援助渠道与形式。直接援助还是间接援助?单边行动还是多边合作?第三,关于援助程度与风险。提供致命性的军事援助还是非致命性的人道主义援助？这种援助关涉何种道德与利益成本？是否有必要在阿富汗这一苏联传统势力范围内对其进行挑战？卡特总统班底原本就没有形成一个足够统一和集中的意见，对以上问题产生纠结与分歧是意料之中的事。事实上，这些问题贯穿了卡特剩余的全部总统任期（甚至很多直到里根的第二任期才找到答案）。但在政策制定的初期，卡特政府较为明确和清晰回答的第一个问题即是关于隐蔽行动的目的——"制造泥潭"。

制造泥潭，意味着把阿富汗制造成一个战争泥潭，将其变成苏联的越南，使苏联在阿富汗陷入战乱难以脱身，从而付出惨重代价。从政策形成的曲折过程中不难看出，美国对制造泥潭这一构想的提出并非一蹴而就。从1978年4月阿富汗人民民主党掌权到1979年年初的几个月时间里，美国在阿富汗问题上经历了漫长的迷茫和踌躇状态。受国际形势所迫，1979年之后白宫开始加紧相关政策方案的思考与规划，随着阿富汗局势的风云变幻和隐蔽行动具体方案的逐步成熟，白宫对政策目的的思考也愈发深入。到4月初,制造泥潭的想法最终浮出水面。

根据1979年1月最初的行动方案,隐蔽行动的主要目标是推翻塔拉基政府。这时华盛顿对于政策目的还存在较大分歧,美国明白隐蔽行动会使阿富汗政权越来越多地陷入战乱,势必会更加依赖苏联。一种观点认为苏联更深入参与阿富汗事务可能对美国存在潜在的好处,比如对印度和伊拉克形成威慑效应。但另一种观点认为阿富汗更加独立于苏联才符合美国的利益。

2月14日,杜布斯大使遇刺事件导致美阿关系迅速严重恶化,美国国务院将其列为"重大恐怖事件"。由于阿富汗政府的极度不友好与不合作,美阿关系几乎跌至冰点,美苏之间也再生嫌隙。在削减对阿富汗的援助和谴责苏联的同时,美国也不得不更审慎、更迅速地从根本上重新评估其对阿政策。阿富汗问题究竟该何去何从?即使是一向雷厉风行的布热津斯基这时也陷入了纠结,他要求亨泽为他概述一个连贯和系统的阿富汗计划,回答"我们应该帮助叛乱分子吗?需要什么?和谁合作?

巴基斯坦提供有效帮助的可能性有多大？成功的机会是什么？如何定义成功？"等问题。

亨泽指出，美国对阿富汗的共产主义政权及其反对派团体的了解是如此的支离破碎，以至于不可能制订出"一个连贯而系统的计划"。除了尽快弥补这一缺陷之外，美国还需要构建一个协调一致的规划框架。因为隐蔽行动只有在一系列更广泛的政策目标的框架内才能实现其意义，同时隐蔽行动能够极大促进政策目标的实现。但除此之外，亨泽可谓一问三不知，反而向布热津斯基提出更多的疑问："我不确定在阿富汗问题上是否有这样的政策。我们是否只是想骚扰亲苏政权，阻止其巩固？是否要用别的政权来替代它？如果是的话又有哪些选择？我们愿意承诺提供什么资源、多少资源来支持一个更符合我们喜好的制度？"[1]这些问题同时也是萦绕在其他美国决策者心头的疑惑。

---

[1] *FRUS*, 1977–80, Vol. 12, Afghanistan, Document 37.

实际上,随着伊朗局势日益动荡,布热津斯基心中早已开始谋划在该地区建立"一个协调一致的规划框架"。在1978年12月致卡特的一份备忘录中,他曾提醒卡特警惕"危机之弧"(The Arc of Crisis)对美国利益的威胁。"如果在地球上画一条弧线,从孟加拉国的吉大港经伊斯兰堡到亚丁,就会指出我们目前最脆弱的地区",伊朗和巴基斯坦已经出现危机,而印度、孟加拉国、沙特和土耳其的政治结构也在变得更加摇摇欲坠。布热津斯基认为,美国正面临着一场重大危机的开始——在对美国至关重要的地区,社会和政治结构脆弱不堪,面临分崩离析的危险。况且该地区还普遍存在着一种气氛,即美国已无法再提供有效的政治和军事保护,由此产生的政治真空很可能由敌视美国的价值观和更同情苏联的人填补,那么整个西方将面临历史性的挑战,全球力量结构将发生根本性转变。[1]

---

[1] *FRUS*, 1977-80, Vol. 1, Foundations of Foreign Policy, Document 100.

布热津斯基的苏联事务特别顾问威廉·格里菲斯(William E. Griffith)在1979年年初的时候也曾提出苏联制造的"不稳定之弧"(Arc of Instability)——也门、伊朗和阿富汗三个危机点所连成的一个地理弧线。这个弧形区域的重要性首先在于其一旦不稳定将威胁美国对中东阿拉伯半岛的石油资源的控制；其次，地区盟国将降低对美国能够采取措施来恢复稳定的信心与期望。因此，格里菲斯主张，美国应该与巴基斯坦和沙特（以及在一定程度上与印度）进行磋商，支持阿富汗境内的反政府武装，甚至可以增加对沙特和巴基斯坦的武器运输，以争取两国的支持。[1]

在此基础上，1979年2月28日，布热津斯基向卡特提议，在西南亚洲地区建立一个"安全协商框架"作为重申美国在该地区影响力的基础，放弃政府之前针对印度洋地区的非军事化政策。然而，和之前的诸多分歧一样，

---

[1] *FRUS*, 1977-80, Vol. 12, Afghanistan, Document 35.

国务院并不赞同布热津斯基的设想,认为没有必要加强中东和波斯湾地区的安全结构,依然致力于奉行印度洋的非军事化,不希望美国过多卷入中东地区。事实证明了布氏的战略前瞻性,后来在苏联入侵阿富汗之后,布热津斯基在"危机之弧"的基础上,进一步强调美国需要在该地区建立一个"地区安全架构",以此为基础维护并完善美国的地缘战略体系。11个月后出台的"卡特主义"(Carter Doctrine)中,这一构想终于得以实现。

3月中旬,赫拉特危机之后,在苏联政治局认真思考是否出兵的同时,美国对苏联意图的揣测和隐蔽行动政策目的的讨论也进入更加深入和激烈的阶段。从SCC会议的讨论中可以看出,行动主要目标已经拓展为:从骚扰到实际推翻,隐蔽行动可以实现对阿富汗共产主义政府的所有目标。政策目的是揭露和反对苏联的干涉,表明美国的强硬态度。赫拉特危机表明,反对派的实力和势力在短短几个月时间里迅猛发展,阿富汗国内形势对亲苏政府非常不利。那么,苏联到底会在多大程度上支持塔拉基政权,又会选择承担多大的后果呢?

美国驻苏联大使馆的评估认为苏联领导人不会认真考虑向阿富汗大规模派遣作战部队来帮助塔拉基政权,依据在于:首先,限制战略核武器会谈在美苏各自议程上正占据重要位置,苏联出兵无疑会使苏美关系恶化;其次,出兵可能只会加剧民众对塔拉基政府的反对,并导致只有苏联作战部队的持续存在和干预才能维持稳定;再次,如果苏联出兵与伊斯兰叛乱分子直接作战,将使莫斯科在整个伊斯兰世界陷入不利地位,尤其是在莫斯科目前正在拉拢的伊斯兰国家,如伊朗和沙特;最后,莫斯科对该地区的主要兴趣在于其与印度的关系,而印度会强烈反对苏联的直接干预,因为这将表明苏联有意将阿富汗——像捷克斯洛伐克一样——纳入苏联的"帝国"。所以,美国预估苏联继续向塔拉基政府提供各种形式的直接军事援助的可能性更大,而派遣正规的苏联战斗部队的概率很小。[①]

[①] *FRUS*,1977-80,Vol. 12,Afghanistan,Document 46.

既然出兵干预将对苏联产生如此之多的负面影响，那么，美国应该做些什么呢？中情局分析了两种可能的前景。第一种前景建立在苏联"保护"阿富汗革命的意志十分坚决，愿意在必要时出兵相助的假设之上，那么隐蔽行动将不会改变这一进程，但对叛乱分子的秘密援助将增加阿富汗政府对苏联支持的需求，提高苏联更大规模和更显著增量援助的军事和政治成本，使苏联付出更大的代价。苏联还将被视为意图镇压出于宗教动机的叛乱，从而激起穆斯林对苏联的反对情绪。第二种前景建立在苏联"保护"革命的决心不够坚定并试图观望的假设之上，那么一个实质性的隐蔽行动可能会成为提高阿富汗冲突烈度的筹码，促使苏联出兵。尽管一些苏联人可能会认为，美国对叛乱的强化作用会增加苏联更直接参与战斗的危险性和不确定性，因此需要额外的警惕；但更多的苏联人会将美国的支持视为对其周边国家的挑战和严重的地缘政治威胁，从而达到诱使苏联比原计划更直接、更积极、更有力地进行干预的目的。在军事援助无效的情况下,苏联很可能选择直接军事占领。这无疑会严重损害苏联在该地区的形象,也会削弱苏联在世界许多地区的影响力和威望。对美国来说,苏联媒体目前已经在莫须有地指控美国为叛乱分子提供援助,如果美国的隐蔽行动按计划推进,指控无疑会加剧。苏联会利用美国对叛乱分子的支持来为其深度介入阿富汗进行辩护。实际上,无论叛乱是否得到了美国隐蔽行动的实质性帮助,苏联都会利用这一策略来证明其干预的合理性。①

4月6日SCC会上的讨论,呼应了中情局对两种前景的预测,显示出部分决策者在"制造泥潭"这一构想上达成的共识。

蒙代尔强调了捍卫美国利益和承诺的必要性,希望在处理阿富汗问题时保持前瞻性,并指出阿富汗问题为美国提供了一个很好的机会来使苏联深深地卷入另一个国家的内部事务,支持一个极不受欢迎的政府,而与伊斯

---

① *FRUS*,1977-80,Vol. 12, Afghanistan, Document 47.

兰世界作战会让苏联陷入尴尬境地。"如果我们能反其道而行之则再好不过了。我一直在鼓励要尽可能地强调这一点。"卡特也认同这一看法。

布热津斯基指出:其一,阿富汗正在发生一场大规模叛乱,即使叛乱不会成功,其继续进行也符合美国利益。其二,美国从没有放弃隐蔽行动的国家政策,关键在于隐蔽行动的措施能否切实发挥作用,能否促进美国对巴基斯坦的政策,能否使苏联的接管变得更加困难,能否达到扭转接管并使局面持续紧张的最终目的;苏联在其他地方为美国制造紧张局面,阿富汗给美国提供了以其人之道还治其人之身的大好时机。特纳回应他,隐蔽行动不会扭转阿富汗局势,但可以帮助维持叛乱,是否要推翻塔拉基政权并非主要关切。[1]

国防部负责政策规划的副部长沃尔特·索坎比(Walter Slocombe)在更早的一次会议上曾表示:如果苏

---

[1] *FRUS*,1977-80,Vol. 12,Afghanistan,Document 48.

联决定对阿富汗发动攻击,美国完全有兴趣确保苏联被困在那里,并使其付出无与伦比的代价。① 后来,他在一份备忘录中更完整地阐述了这一观点:确保阿富汗的叛乱继续下去的活动非常符合美国利益,如果苏联加大干预力度,在喀布尔取得明显胜利并击退抵抗力量,那将是一个重大的打击……阿富汗是苏联的后院,美国的目标绝非要在喀布尔扶植一个政权,而是延续这样的一种局面——即使苏联人能够建立一个友好政权,也无法拥有强大的中央政府,最多只不过是在喀布尔驻军而已。②

然而,大胆的想法从来不缺少反对意见,制造泥潭的构想也是如此。反对观点主要来自一向态度温和的国务院。副国务卿纽森对制造泥潭的风险与收益提出质疑:美国的参与可能会改变苏联的判断甚至激怒苏联,而且"如果阿富汗正在发生的事情已经给苏联带来了真正的

---

① John Bernell White Jr, "The Strategic Mind of Zbigniew Brzezinski: How a Native Pole Used Afghanistan to Protect His Homeland", pp. 30, May 2012.
② *FRUS*, 1977 - 80, Vol. 12, Afghanistan, Document 81.

麻烦,那么美国参与其中又能得到什么额外的收益呢?"①他认为美国应该扭转苏联在阿富汗的扩张趋势和军事存在,展示美国对苏联干预的关注与关切,表明美国在第三世界遏制苏联影响力的决心。他对美国目前扭转局势的潜力和苏联对隐蔽行动的反应感到忧虑,担心如果美国的干预失败,苏联在阿富汗的地位反而会进一步增强,甚至鼓励俾路支部落反抗巴基斯坦政府。②

苏联问题国家情报官阿诺德·霍利克(Arnold Hoelick)也指出了制造泥潭的潜在风险。他认为,塔拉基政权的不稳定可能导致苏联的出兵干涉,而苏联的入侵又会进一步导致巴基斯坦、伊朗增加对阿富汗叛军的秘密援助。齐亚可能会要求美国公开反对或阻止苏联军队越过巴基斯坦边境的任何行动。伴随着可怕的核武器升级

---

① *FRUS*,1977-80,Vol. 12,Afghanistan,Document 48.
② [美]罗伯特·M.盖茨:《亲历者:五任美国总统赢得冷战的内幕》,刘海青、吴春玲译,南京:江苏凤凰文艺出版社,2014年,第108页。

的潜在可能,这将是第三次世界大战爆发的情景。①

在保守观点的影响下,最终的总统裁决没有批准任何致命性的援助,援助计划投入规模也只有不到70万美元。而且受到国务院对巴基斯坦整体政策的诸多限制,两国在隐蔽行动中也难以开展有效合作。

综上,虽然在执行层面上打了折扣,但这并没有影响美国对阿富汗隐蔽行动的既定目标——不是推翻塔拉基傀儡政权,也不是阻止苏联的更多干预甚至是出兵占领,而是"制造泥潭",通过援助叛乱分子,造成阿富汗局面的持续紧张,增加苏联援助的政治和军事成本,甚至还有无形的心理成本,从而诱使其出兵。苏联出兵之后,作为侵略者,其国际形象、影响力和威望都会受到削弱。美国利用这一事实,将会获得政治上和军事上的双重优势。在政治方面,一方面美国可以引导世界舆论在道义上谴责

---

① Steve Coll, *Ghost Wars: The Secret History of the CIA, Afghanistan, and Bin Laden, from the Soviet Invasion to September 11, 2001*, New York: Penguin Press, 2004, p. 43.

苏联,煽动第三世界国家,尤其是伊斯兰世界对苏联的敌意和仇恨,另一方面也能够达到强化美国的正面形象并赢得更多人心的目的。在军事上,一方面通过使苏联陷入战争泥潭,消耗苏联的军事和经济实力,在物质上拖垮苏联;另一方面,以苏联入侵为契机,将阿富汗作为政策号召点,在波斯湾地区建立美国的"地区安全架构",维护并拓展美国在该地区的利益和势力,并在西南战线上赢得优势地位[1]。至此,在苏联正式入侵阿富汗的九个月之前,华盛顿为其制造泥潭的想法已确定无疑。

---

[1] 布热津斯基提出三条中心战略战线,即远西战线、远东战线和西南战线。远西战线即欧洲战线,包括欧亚大陆上最有活力和工业最先进的地区和通往大西洋的主要出海口;远东战线的重要地缘政治意义在于它控制着通往太平洋的主要出海口;西南战线从土耳其经伊朗北部到巴基斯坦西北部,连接印度洋。西南战线的重要性在于,苏联在这条战线上的胜利,将自动使苏联在与美国争夺另外两条中心战线中拥有巨大的影响力。三条战线上又存在着一些"要害国家",分别是波兰和德国,韩国和菲律宾,伊朗或者阿富汗和巴基斯坦,能否实现对这些战略据点的控制,决定了在三条战线的争夺成败。详见[美]布热津斯基:《竞赛方案:进行美苏竞争的地缘战略纲领》,刘晓明等译,北京:中国对外翻译出版公司,1988年。

二、重新"发现"伊斯兰

如果将观察视角扩大,还会发现,阿富汗的泥潭其实只是一个更广阔沼泽中的一小部分,这片沼泽便是美国致力于构造的由伊斯兰国家组成的"伊斯兰之弧"。在20世纪70年代的冷战对抗中,美国重新发现了伊斯兰世界潜在的战略价值,试图利用其宗教信仰与苏联无神论之间的矛盾,以及伊斯兰主义中的激进好战成分,将其作为削弱苏联的有力武器。在阿富汗制造泥潭和在苏联南缘构建伊斯兰之弧共同成为这一时期美国利用伊斯兰主义对抗共产主义的重要组成部分。除此之外,美国还着重在苏联境内发起意识形态战争,煽动苏联内部的民族独立和宗教矛盾。

阿富汗的伊斯兰主义运动是该时期风起云涌的政治伊斯兰(Political Islam)运动的一个缩影。从1977年齐亚的伊斯兰化改革到1979年的霍梅尼革命,许多伊斯兰主义者经历着同样的命运,他们先是遭受殖民列强的迫害,接着又受到取代了殖民者的左翼或右翼的世俗政权的残害,不得不转入地下,采取了一种与左翼革命运动相似的组织形式。到70年代中期,中东各个世俗政权都面临着人口增长、经济失调以及以色列两次赢得中东战争的压力,整个政治氛围急剧激进化,伊斯兰主义者认为他们的时代已经到来。尽管如此,文安立指出,如果没有发生两件在很大程度上并非他们主要关切的事件,伊斯兰主义者本来不太可能成为一支具有潜在的和实际的力量的政治势力。这两件事就是伊朗的什叶派革命和苏联入侵阿富汗。① 值得注意的是,美国在这两个伊斯兰国家政治伊斯兰化的发展历程中都发挥了至关重要的作用,而这一结果原本就是美国将伊斯兰主义作为武器这一构想的题中之义。

早在1965年,早期的阿富汗伊斯兰组织就曾主动向

---

① [挪威]文安立:《全球冷战:美苏对第三世界的干涉与当代世界的形成》,牛可等译,北京:世界图书出版公司,2012年,第296页。

美国寻求帮助①,此后不乏陆续的接触与援助请求。但美国都谨慎而友好地拒绝了这些请求,这主要因为美国在阿富汗的利益有限,一方面为了避免引起苏联的误解,另一方面,则是出于对伊斯兰叛乱分子的复杂性与危险性的考量。从前述美国对阿富汗隐蔽行动政策制定的过程中也可以看出,在与叛乱组织进行接触联系的问题上,美国始终态度保守并保持足够的小心谨慎。

然而,在布热津斯基眼中,危险与机遇总是共同存在,对美国危险的事务对苏联来说可能更加危险。因为,越来越多的证据表明,苏联境内存在真正的伊斯兰主义地下组织,而且伊斯兰文化和政治身份复苏的势力和势头都超出了美国已知的范围,这可能会成为苏联的致命弱点。② 此外,苏联与伊斯兰世界还有2500公里的共同

---

① U.S. Embassy Kabul to Department of State, Airgram A-60, 29 May, 1972, "Merajuddin: Portrait of a Moslem Youth Extremist," Confidential, https://nsarchive2.gwu.edu/NSAEBB/NSAEBB59/zahir10.pdf.访问时间:2018年12月12日。
② *FRUS*,1977-80,Vol. 12,Afghanistan,Document 34.

边界,而其周边的伊斯兰国家自70年代以来情况不断恶化。巴基斯坦在1977年建立起了伊斯兰化的军人独裁政权;70年代末伊朗土地上伊斯兰运动风起云涌;而且苏联在非洲之角和亚丁湾地区日益扩大的影响,使周边的埃及、伊朗和沙特等伊斯兰国家非常警惕和不安。

综合以上情况,布热津斯基萌生了用伊斯兰主义对抗共产主义,通过激发种族紧张关系削弱苏联的想法。

为此,美国首先于1977年在SCC中设立了民族问题工作组(Nationalities Working Group, NWG),致力于唤醒穆斯林的身份认同与政治诉求,利用其给苏联制造麻烦。1978年,民族问题工作组的年终报告指出,中情局的情报收集部门正在修订优先事项和指示,以便更多地关注民族问题,并且加紧招聘新的民族问题人才,支持广播工作并开展更多的研究。[1]

---

[1] Memorandum, National Security Council Staff, Paul B. Henze to Zbigniew Brzezinski, December 21, 1978, CIA Covert Operations: From Carter to Obama,1977 - 2010, *DNSA*.

其次,美国致力于在苏联境内鼓励和煽动穆斯林的民族独立诉求和极端主义情绪,挑起其对莫斯科的不满和对抗。在布热津斯基看来,"苏联多民族的特点使其必然存在着裂口和漏洞",苏联境内5500万穆斯林是阻止苏联朝南方前进的最有力武器,他们的伊斯兰信仰与苏联的无神论政治哲学格格不入,仅仅是表面上被征服或者说"被苏维埃化",强烈不满和敌对依然存在。"苏联在中亚地区面临的严峻宗教和种族挑战的潜在动力就在于此。"美国认为在正确的鼓励下,这些穆斯林会将"对灭绝种族的爆炸式愤怒"对准莫斯科。因此,美国应该在作为苏联的组成部分的中亚鼓励"一个更加不同的政治意识","在苏联集团内部培养多样性"。布热津斯基强调,这一事实对美国来说是一个尚未利用的机会。鉴于这一结论,卡特政府以全然不同于以往历任政府的强度和决心,向苏联境内偷运宣传材料,渗透有关伊斯兰历史和文化的文学著作,以便使少数民族遗产得以保存。同时,大力加强对中亚地区的无线电广播,积极开展意识形态战争。

最后,伊斯兰极端主义不仅能在苏联境内挑起对莫斯科的不满,而且是阻止共产主义向南扩张的重要意识形态武器。在苏联周边地区,布热津斯基有意通过鼓动苏联西南部的伊斯兰教极端主义者,建立一系列伊斯兰政府,形成一个"伊斯兰之弧"或"绿色地带",开辟其所谓的三条中心战略战线中的西南战线,以遏制没有宗教信仰的共产党人的推进,阻断他们前往波斯湾水域和中东油田的道路。他认为阻挡苏联扩张的"最强大屏障"是这些国家不愿被北方强大邻居统治的政治和宗教愿望。"美国所采取的任何政策都难以取代这一愿望。"①

美国国务院官员亨利·普雷希特(Henry Precht)回忆说,布热津斯基的想法是"伊斯兰力量可以用来对付苏联。他的理论是存在一个危机之弧,可以将之动员形成

---

① [巴西]班代拉:《美帝国的形成》(第三版),舒建平译,北京:中国人民大学出版社,2015年,第200—206页。

一个'伊斯兰之弧'来遏制苏联"。① 1978年11月,卡特任命乔治·鲍尔(George Ball)为布热津斯基领导下的白宫伊朗问题特别工作组组长。鲍尔建议,美国应该放弃伊朗国王,转而支持激进的伊斯兰反对派霍梅尼。这个想法是基于英国伊斯兰教专家伯纳德·刘易斯(Bernard Lewis)的构想,他主张整个近东伊斯兰世界沿着部落和宗教的路线巴尔干化;混乱将扩散到所谓的危机之弧,并最终破坏苏联穆斯林聚居区的稳定。②

前中情局官员理查德·科塔姆(Richard Cottam)认为,在1978年伊朗沙阿倒台之后,布热津斯基赞成"与伊斯兰复兴势力以及伊朗共和国结成事实上的联盟"③,在

---

① Peter Dale Scott, *The Road to 9/11: Wealth, Empire, and the Future of America*, Berkeley: University of California Press, 2007, p. 67.
② F. William Engdahl, *A Century of War: Anglo-American Oil Politics and the New World Order*, New York: Pluto Press, 1992.
③ Robert Dreyfuss, *Devil's Game: How the United States Helped Unleash Fundamentalist*, New York, NY: Metropolitan Books, 2005, pp.251-256.

布氏看来，尽管伊朗伊斯兰共和国的霍梅尼政权公然反对美国和犹太复国主义，但美国应该与其重新建立某种程度的合作，避免莫斯科从阿拉伯和以色列的冲突中渔利，并趁机进入中东，从侧面包抄波斯湾。巴列维亲美政权的垮台使美国失去了一个重要盟友，但这一战略削弱得到的补偿是，莫斯科也将面临付出更高代价的风险：苏联本国境内的伊斯兰主义情绪受到鼓舞，以及在该地区一个团结的伊斯兰群体的形成。

美国秘密援助阿富汗行动中的重要合作伙伴巴基斯坦同样是军人独裁的伊斯兰政权，在之后愈益密切的合作中，美国不仅搁置了要求巴基斯坦建立民主政府的诉求，而且在核扩散问题上也网开一面。美国援助阿富汗伊斯兰反叛组织与亲苏政府和苏联进行斗争的重要目的之一便是激发整个伊斯兰世界对苏联的仇恨与敌对情绪。时移世易，昔日的烫手山芋对此时的美国来说则成为对抗苏联的一张王牌。

太阳底下没有新鲜事，再往前追溯就会发现将伊斯兰主义作为对抗共产主义的武器这一策略并非布热津斯基的创举。美国在苏阿战争期间利用穆斯林为抗苏战略目标服务,与当初纳粹德国利用穆斯林的手段如出一辙。苏德战争期间,曾有300万苏联红军投降了德军,其中相当一部分士兵来自苏联的中亚地区,德国人敏锐地意识到,这些人信奉的是与共产主义截然不同的信仰,可以为己所用。纳粹制订了一个鲜为人知的乙虎行动(Operation Tiger B),将被俘苏军少数族裔士兵编入德军,并将其派往斯大林格勒前线,该行动成效显著,以穆斯林为主来组织部队的想法由此得以推广。

二战时期,格哈德·冯门德(Gerhard Von Mende)被认为是纳粹德国利用穆斯林的总设计师,他的核心理念与布氏不谋而合:苏联境内的非俄罗斯裔少数民族是难以被同化和融合的公民,颇具战斗性和爆炸性,隐藏着巨大的战略价值。冯门德曾担任纳粹东部占领区事务部(Ostministerium,东占部)高加索事务处负责人,后又升任外国公民司司长。在他的主导下,纳粹将反苏反共的苏联流亡侨民、被俘的苏军穆斯林士兵招募进东占部，对其中的"可造之材"进行重点培养，反攻苏联。此外，德国人还培植了耶路撒冷大穆夫提（Mufti）①，成立了阿訇培训学校，并试图在苏联的穆斯林社群任命宗教领袖，所有这些举措都着眼于激励穆斯林士兵的战斗意志。

　　冷战伊始，对穆斯林这种潜在战略价值的"发现"与利用从德国传递至美国。杜鲁门时期，美国情报机关据称一直在寻找能在反共斗争中鼓动穆斯林的魅力型领袖，当时的心理战略委员会制订了中东计划，并在艾森豪威尔就职后不久的1953年2月获得批准。这份报告指出，"不考虑伊斯兰信仰对阿拉伯人思想方式无所不在的影响，就无法理解传统阿拉伯人的内心"，并做出警告，伊斯兰世界并不如西方所认为的那样是对付共产主义的天然屏障，对此，美国必须有所作为，加以利用。同时，艾森

---

① 负责解释伊斯兰教法（sharia）的学者，也是乌理玛和教法官，有资格就伊斯兰教法发表不具约束力的意见（fatwa），并有权发布伊斯兰教令。——著者按

豪威尔的一位重要的心理战谋士爱德华·利利(Edward P. Lilly)起草了一份题为"宗教因子"(The Religious Factor)的备忘录,呼吁美国利用它的精神优势,更公开地利用宗教。1954年,著名的《162\2报告》呼吁大规模报复苏联,再次号召要"动员应付苏联的必要的精神和道德资源"。①

在苏联入侵阿富汗之前,美国对伊斯兰的政治性利用主要表现为心理战和宣传战。中情局成立了美国解放委员会(Amcomlib),在德国组建了自由之声广播电台,用各种少数民族语言对苏联境内进行反苏广播宣传。②直到卡特时期,在阿富汗,美国才再次"发现"了穆斯林,并在之后的十多年中隆重地利用了他们。有学者用"穆斯林的新朋友"和"权宜婚姻"来形容苏阿战争期间美国和伊斯兰世界的这种亲近与联系,然而,在澄清美国的真

---

① 参见[美]伊恩·约翰逊:《慕尼黑的清真寺》,岳韦译,上海:上海译文出版社,2017年,第64—66页。
② 参见[美]伊恩·约翰逊:《慕尼黑的清真寺》,岳韦译,上海:上海译文出版社,2017年,第39、42页。

实意图和具体做法之后会发现,这只是一种纯粹的、赤裸裸的利用关系,不适合用任何温情的字眼来形容。

三、方案扩大:联合巴基斯坦和沙特

1979年,在美国加紧制订"最可行和最理想"隐蔽行动计划的同时,美苏之间在阿富汗问题上的各种明争暗斗也逐渐拉开帷幕。随着苏联对阿富汗干涉的日益加深,美国在公开场合的立场逐渐强硬起来,加紧了对阿富汗预防性应急政策的制定,并在10月底扩大了最初的隐蔽行动计划,确立了与巴基斯坦和沙特联合进行秘密援助的方针。

赫拉特危机之后,美苏在公开层面的互相指责和对抗逐渐增多。据《华盛顿邮报》报道,3月23日,美国国务院发言人公开指控,"最近涌入阿富汗的苏联顾问和军事装备显著增加",虽然这对亲苏政府的援助不相干,但苏联军队实际参与战斗将破坏整个地区的稳定。美国警告苏联不要干涉阿富汗叛军和政府军的战斗,美国将把

外部势力干涉作为一个有可能加强整个地区紧张和不稳定形势的事件。① 其后,苏联针锋相对地指责美国干涉阿富汗内政,援助叛乱分子。3月29日,苏联塔斯社(TASS)在《真理报》(*Pravda*)发表文章,谴责美国、巴基斯坦和伊朗参与了推翻阿富汗政府的阴谋,指责中情局援助阿富汗叛乱团体。②

针对苏联的指控,卡特指示中情局、伊斯兰国家联盟和国务院做出强有力的回应,尤其要凸出强调苏联和阿富汗亲苏政府的无神论本质。③ 3月31日,中情局要求所有外勤站"做出具体努力,揭露苏联在阿富汗的干涉的性质和程度,并将这种干涉描述为对地区稳定日益增长的威胁"。中情局局长特纳指出:这项任务升级了之前"加强旨在揭露苏联在伊朗和阿富汗的机构的秘密行动"的要求。截至4月6日,中情局的通告已经发送给46个

---

① Stuart Auerbach, "U. S. Cautions Soviets on Interfering in Afghanistan", *Washington Post*, March 24, 1979.
② *FRUS*, 1977 – 80, Vol. 12, Afghanistan, Document 45.
③ *FRUS*, 1977 – 80, Vol. 12, Afghanistan, Document 43.

国家的政府,相关报道"已经发布在 17 个国家的媒体上"。其后,这一行动持续扩大,到 4 月 25 日,已有 25 个国家都发布了相关报道,51 个国家与美国建立起了媒体联络,发表了有针对性的简报。①

3 月 30 日,布热津斯基向美国国际通讯社(International Communications Agency, ICA)也发出了同样的指示。ICA 报告说,他们正在继续广泛报道苏联在阿富汗的干涉和对阿富汗政府的指控,特别是通过"美国之音"等无线电广播。与此同时,国务院也"已经采取措施,通过外交渠道向伊朗、印度、沙特和巴基斯坦通告了苏联的计划,即苏联将全力支持并可能参与打击阿富汗部落和宗教叛乱分子。此外,美国表示将继续就阿富汗问题与上述国家展开双边对话"。②

4 月 11 日,万斯与苏联驻美国大使多勃雷宁进行会晤。万斯抗议苏联最近对美国介入的宣传,并质问这种

---

① *FRUS*, 1977-80, Vol. 12, Afghanistan, Document 51.
② *FRUS*, 1977-80, Vol. 12, Afghanistan, Document 44.

宣传是否预示了苏联对阿富汗的干预。多勃雷宁否认了苏联的干预,并反驳说"美国之音"向苏联播放了"敌对内容"。万斯进而发表了以下看法:首先,美国没有干涉阿富汗的内政,也不应对目前的动乱负责,这一点美国已经多次声明。其次,美国怀疑这些媒体报道受到了苏联政府的指使。最后,这些有关美国对阿富汗反政府活动负有责任的报道完全是虚假的,不符合美苏的共同利益,也不利于南亚和波斯湾地区的稳定。他强调美苏双方的利益应以确保这些动荡地区的和平与稳定为目标,避免挑衅性的相互指责和对外部干涉的毫无根据的指控。加剧区域紧张局势的举措可能导致该地区国家呼吁美苏两国更多地参与,从而使该地区的不稳定对国际和平与安全形成更大威胁。①

到了夏天,布热津斯基认为越来越多的情报证明苏联干涉阿富汗领导层的企图,他提醒卡特,苏联可能会罢

---

① *FRUS*,1977-80,Vol. 12, Afghanistan, Document 49.

免阿明,选择扶植其他的领导人。卡特指示国务院公布这一信息,并授权布热津斯基发表公开讲话揭示苏联的企图。8月3日,《纽约时报》以"美国间接施加压力,要求苏联停止干预阿富汗"为标题在头版显著位置报道了这个讲话。布热津斯基在演讲中警告苏联不要进一步介入阿富汗问题,并要求其不干涉波斯湾地区。[①]土耳其等国积极响应了布热津斯基的演讲,认为这表明了美国对阿富汗问题的日益关注和重视。

8月22日,中情局汇报了7月3日签署的两份总统裁决的推进情况。

其一,针对阿富汗的总统裁决授权中情局执行最终方案中的前三个项目。

关于项目1:提供国际无线电装备和扩大叛乱宣传。

中情局正在尝试使用某国的无线电设备播发"阿富汗之声"之类的广播节目。此外,一个由宣传和语言专家

---

① [美]兹比格涅夫·布热津斯基:《实力与原则:1977—1981年国家安全顾问回忆录》,邱应觉等译,北京:世界知识出版社,1985年,第483页。

组成的特别小组已经组成,已制作了六份传单和四盘磁带,在阿富汗境内分发。目前正在为阿巴边境附近的一个低功率叛乱分子电台定期制作广播材料。

关于项目2:向叛乱分子提供现金和非致命性支持。

确定了援助总金额。已将部分现金交给努里斯坦和白沙瓦的叛军骨干,以支持部落反叛和协助阿富汗持不同政见的领导人组成联盟。为叛乱分子提供50套医疗包,一套可供50人使用。巴基斯坦原则上同意作为中情局的援助渠道。

关于项目3:在巴基斯坦的心理战。

与巴基斯坦商定了合作意向。评估显示叛乱分子在当地的操作能力比国际广播更重要,因此采取了以下行动:定位并订购了一台有备用设备的短波广播发射器,并立即交付,使叛乱分子的广播能够覆盖阿富汗近一半的地区。发射器坚固轻便,将于9月10日装运。巴基斯坦已同意为叛乱分子安置发射机。

其二,卡特签署了世界范围内的总统裁决后,又制定了一份"展望"文件具体指导反苏宣传工作,并于8月3日与国务院协调实施。在这些文件的指导下,中情局取得了以下成果:1.在35个国家的媒体上刊登了145项主要报道;2.向友好机构每月定期提供关于阿富汗的简报;3.已有23位有影响力的代理人使用了简报。①

9月,一个多事之秋开始显露踪迹。阿富汗政府高层的权力斗争使局势更加扑朔迷离,阿明手中的权力不断上升,苏联多次敦促塔拉基除掉阿明,无比混乱的局面使苏联直接出兵进行干预的可能性显著提高。特纳在向国安会提交的备忘录中指出:苏联领导人可能即将做出决定,派遣部队,以防止塔拉基政权垮台,并保护他们在阿富汗的可观利益。苏联现在可能更倾向于冒险对阿富汗进行实质性干预,因为他们认为美苏关系正在走下坡路,参议院批准限制进攻性战略武器条约(SALT)的前景渺茫。② 美国国内也并不平静,9月中旬,古巴存在一

---

① *FRUS*,1977-80,Vol. 12,Afghanistan,Document 59.
② *FRUS*,1977-80,Vol. 12,Afghanistan,Document 62.

支"苏联旅"(Soviet Brigade)消息的暴露,使卡特再次遭到缺乏胆量和对苏软弱的指控,以至于其不得不花一个月的时间来寻求对策。

布热津斯基趁机敦促卡特采取更加强硬的立场。他希望卡特认真考虑,为什么本届政府在取得了实际的巨大外交成就之后居然收到了如此之少的赞誉?为什么全世界的公众舆论,尤其是来自美国盟友的评价,都认为本届政府是自二战以来最为胆怯的一届政府?为什么在世界各地,苏联都被认为是进攻方,而美国总被认为是默许方?[1] 在名为《默许与放肆》的备忘录中,他首先批评了国务院的消极态度,认为在公开场合美国应当强调国防建设是根据自身的实力需要,而不是为了 SALT 谈判的妥协。其次,美国应加大对苏联—古巴在第三世界国家活动的谴责力度。再次,他强烈主张向中国转让敏感性技术、销售军火并开展军事方面的对话,以此警示苏联。

---

[1] [美]梅尔文·P.莱弗勒:《人心之争:美国、苏联与冷战》,孙闵欣等译,上海:华东师范大学出版社,2012年,第312页。

最后,他还迫切要求加强对苏联境内少数民族,尤其是穆斯林和乌克兰人的宣传攻势,同时着手和苏联人就"相互克制"这一总题目进行谈判。①

9月16日,阿明发动政变,推翻了塔拉基,无可争议地接管了人民民主党和政府的控制权。对此,阿姆斯图茨分析阿富汗很可能因为军队的分裂造成内战,"18个月来,我们眼睁睁地看着这个马克思主义政党自我毁灭"。一名阿富汗官员认为这群领导人是"一群互相咬死的蝎子",自1978年4月以来,阿内阁已经发生了25次变动,副部长变动了34次。② 在这场权力游戏中,塔拉基命丧黄泉,而苏联无论扮演了什么角色,都造成了事实上与阿明政权的隔阂与猜忌。美国评估认为如果阿明无法巩固地位,苏联将转而支持其他可接受的马克思主义替代者;如果没有出现可行的左翼替代方案,苏联将推动

---

① [美]兹比格涅夫·布热津斯基:《实力与原则——1977—1981年国家安全顾问回忆录》,邱应觉等译,北京:世界知识出版社,1985年,第483页。
② FRUS,1977-80,Vol. 12, Afghanistan, Document 63.

建立一个更温和的政权,而不是冒着大规模入侵的风险和政治代价来打击叛乱。但可以预见,由于长期的政治混乱、出现反苏政权的前景以及外国的军事干预等因素,苏联进行大规模长期干预的可能性将大大增加。①

鉴于以上形势,华盛顿加紧推动制定预防性应急政策。9月21日,桑顿提出了一份关于阿富汗问题的预案,指出美国需要采取强有力的外交行动来防止或反击苏联的干预。不能承诺美国对阿富汗的安全负责,也不能把阿富汗问题视为苏美双边问题。美国应继续与其区域和战略盟友进行强有力的协商,提高公众意识,以促进全球对苏联进入阿富汗的任何行动的谴责。该文件还主张反对向阿富汗叛军提供军事援助或在该地区进行军事行动。在苏联干预后,美国应关闭驻喀布尔大使馆,斥责苏联领导层对美苏关系构成的危险,并"公开援助叛军"。

---

① *FRUS*,1977-80,Vol. 12,Afghanistan,Document 67.

针对这一预案,国防部表达了对SALT谈判的担忧,并显示出在军事行动问题上的内部分歧。一种不干涉主义的观点认为,为了避免夸大美国的利益和要求,需要向有关国家强调这一问题涉及苏联—南亚关系,而不是苏美关系,并进一步凸显苏联在阿富汗内战中的角色。这种宣传旨在于阿拉伯世界、伊朗和次大陆引起广泛的反苏情绪,从而避免直接对抗阿明,也避免与叛军结盟,符合美国在该地区直接和间接的军事能力以及有限的利益。不干涉主义的观点顺应了国务院、国安会和中情局的态度:美国要"绞尽脑汁让他们付出代价",但不要卷入阿富汗境内的混战。另一种强硬的观点认为,如果苏联干预,美国要向巴基斯坦部署部队(战术空军),并加速向阿拉伯海部署一支航母特遣部队;向联合国谴责苏联的行动是对和平的威胁;就次大陆的防御问题与印度进行磋商。而如果美国持保守外交姿态,将会引起沙特、以色列、约旦、巴基斯坦、埃及和其他国家再次对美国的信誉产生怀疑。①

最保守的观点依然来自国务院。万斯及其苏联事务首席顾问马歇尔·舒尔曼(Marshall Shulman)一向反对布热津斯基那种将世界上任何地方的危机都视为来自苏联的挑战的做法。他们认为,和平有赖于超级大国间的谈判和经济联系,如果新兴国家出现麻烦,通常可以将其视为新的民族主义的问题,而非超级大国的斗争。② 舒尔曼认为,美苏在古巴问题上的对峙,是因为过早地泄露情报,引燃了高度紧张的国内政治气氛。虽然阿富汗不是古巴,但两国都得到了苏联的大量军事援助。在处理阿富汗问题时,要警惕情报界的调查结果对美苏关系和美国信誉的严重影响。虽然美国一直在谴责苏联的大规模干预,但由于没有"大规模"的确切定义,很难对苏联的活动进行有效监测和衡量。因此,舒尔曼指出,提前考虑

---

① *FRUS*, 1977-80, Vol. 12, Afghanistan, Document 66.
② [美]沃尔特·拉费伯尔:《美国、俄国和冷战(修订第 10 版)》,牛可等译,北京:世界图书出版公司,2014 年,第 233—234 页。

如何从美苏关系、SALT谈判和国会的角度来处理突发情况符合美国利益。否则,一个情报"突破",一次新闻泄密就可能使美苏再次陷入对抗。

10月23日的SCC会议专门讨论扩大对阿富汗叛乱分子的秘密援助问题。国务院代表甚至建议,将支持阿富汗反叛分子的进一步行动推迟到明年春季,以便能够考察出叛乱活动在冬季的进展情况。这一观点遭到一致反对,其他与会成员认为迫切需要采取行动。中情局代表指出,即使按照最好情况推进,各种各样的延误也注定会发生,尽早做出决定、确保物资及时送达,才能提高叛军度过严冬的可能性。委员会最后达成一致意见,决定向阿富汗反叛分子提供额外援助,并将巴基斯坦和沙特作为中介,以现金、通信设备、非军事用品和采购咨询等形式提供援助。会议还指示中情局尽快向沙特情报负责人通报这一决定。

中情局拟定了新的隐蔽行动方案,主要包括以下方面:首先,向阿富汗叛乱分子提供额外资金,(与沙特和巴基斯坦)联合进行以及单方面进行,用于采购非军事用品;并为继续和扩大宣传活动提供额外资金。其次,向叛乱分子提供战术军事通信设备。由于缺乏无线电设备来协调活动,叛乱分子在战术上相对政府军处于劣势。如果能在若干地区进行协调一致的攻击,迫使政府军分散兵力,将大大增加叛军的成功机会。无线电设备还可以使反叛组织共享关于政府军的情报,并可用于宣传。再次,关于致命性军事援助的设想:由沙特承担军火开支、由巴基斯坦购买外国军火;或者美国提供资金、巴基斯坦购买外国军火并运送给叛乱分子;或者向巴基斯坦提供中情局库存军火和从外国军火商购买的军火,并由中情局安排向巴基斯坦运送。①

对于美国扩大援助计划的提议,齐亚表示赞同,"叛乱活动的继续进行对巴基斯坦的国家安全至关重要,武器、弹药和炸药援助对于维持叛乱活动至关重要"。(8

---

① *FRUS*,1977-80,Vol. 12, Afghanistan, Document 76.

月初以来,巴基斯坦一直向美国施压,要求提供武器和弹药。)沙特政府承诺援助阿富汗叛乱分子,并要求中情局通报更多情况,以便他们能够更好做出判断。沙特的担心在于:一、不了解各叛乱组织的实力和优势以及阿富汗的复杂局势;二、他们认为美国缺乏参与政治行动的意愿,怀疑美国的参与程度。针对以上情况,特纳得出结论:可以指望巴基斯坦为联合行动提供行动支持,但不能指望它带头或提供资源;而沙特,就像在许多其他领域一样,美国要引导其做出坚定的决定。因此,特纳建议签署总统裁决扩大援助计划,并授权中情局告知沙特援助数额,鼓励沙特至少提供同样多的资源。而如果沙特拖延或退缩,美国则重新考虑执行单边方案。[①]

11月7日,卡特签署了第三份总统裁决(即修正案),"直接或通过第三国向阿富汗叛乱分子提供现金、非军事物资、通信设备和采购咨询等形式的支持",扩大

---

① *FRUS*,1977-80,Vol. 12,Afghanistan,Document 80.

了对阿富汗的隐蔽行动计划。卡特还特别强调:"建议先与沙特(或巴基斯坦)进行磋商,看看在隐蔽行动问题上我们能提供哪些帮助。"

然而,尽管在中情局拟定的扩大方案中,已经对军事援助可行性、必要性以及实施细则等做出了详细阐述,但最终的总统裁决还是没有批准任何致命性军事援助的项目。这也许是因为受到了国务院保守态度的影响,而一直积极主张提供军事物资援助的国防部官员对此感到明显的失落和不满。① 此外,7月3日的第一份总统裁决之后,虽然巴基斯坦原则上同意成为秘密援助渠道,但在多重因素制约下,两国的合作只在较低水平上进行。直到11月初第三份总统裁决的签署,美国与巴基斯坦和沙特之间的合作才逐渐步入正轨。

进入12月,在阿富汗问题上,华盛顿对苏联干涉行为的态度更加强硬,并且各部门之间的认识也更加一致,

---

① *FRUS*,1977-80,Vol. 12, Afghanistan, Document 81.

尤其是布热津斯基和万斯的观点在经历了承认问题上的"一致"、隐蔽行动问题上的"分歧"之后,又开始渐趋一致。发生这些变化的一个最重要因素是美国对苏联出兵情况和意向的判断。整个12月份,中情局、国防部和国务院等部门几乎每天都在高度关注和审慎判断苏联在阿富汗的动向。

12月初,中情局还比较保守地倾向于苏联不会出兵,认为莫斯科似乎听天由命地与阿明合作。① 但在12月7号,美国最早监测到了苏联的空运行动,使情况发生了重要转折,中情局开始倾向于认为苏联会进行大规模军事干预并可能除掉阿明。空运行动被视为苏联在阿富汗的行动"严重升级","可能是由叛军在喀布尔北部山谷发动的大规模进攻引起的",表明局势比目前情报所显示的更为严峻。最重要的是,空运行动使美国相信,"克里姆林宫可能认为美国正全力应对德黑兰事件,因此尽

---

① *FRUS*, 1977-80, Vol. 12, Afghanistan, Document 83.

管存在明显的陷阱,莫斯科仍决心在阿富汗谋求自己的利益"。①12月13日,针对中情局内部仍然较普遍存在的一些保守态度,中情局战略预警办公室主任麦克伊钦(MacEachin)提出警告,苏联为了实现在阿富汗的目标,迫切需要有效的军事力量,苏联已经用行动表明愿意将作战部队部署到外国。美国不能再一厢情愿地对这些行动视而不见。②

12月19日,卡卢奇向布热津斯基、万斯,参谋长联席会议主席戴维·琼斯(David Charles Jones)和国防部长哈罗德·布朗(Harold Brown)汇报:过去12小时内收到的情报显示,苏联进军阿富汗的准备工作已经基本完成,而且很可能已经开始行动。如果是这样,这将标志着二战结束以来苏联地面部队在苏联和东欧以外的首次重大使用。与此同时,中情局正式发布了关于苏联—阿富

---

① *FRUS*,1977-80,Vol. 12, Afghanistan, Document 84.
② *FRUS*,1977-80,Vol. 12, Afghanistan, Document 85.

汗局势的《警报备忘录》(Alert Memorandum)[①]。其中指出,苏联正在苏阿边境附近集结更多部队,表明苏联对阿富汗军事承诺的性质发生了重大改变,更加实质性的大规模增援可能正在进行中。[②] 至此,白宫上下在苏联出兵阿富汗问题上达成高度一致。

12月25日,国防部情报显示,更多的地面部队活动表明,苏联在继续推进军事干预行动。而且有关空降部队、空降设备、燃料补给、机动车队活动的证据显示苏联似乎已接近完成向阿富汗大规模投入新作战部队的准备工作。[③] 驻阿富汗大使馆发回国务院的电报显示,苏联对喀布尔的大规模空中行动始于圣诞节早晨,持续至26日尚未停止。已经观察到大量的An-22运输机、重型

[①] 《警报备忘录》是中央情报局局长代表情报界发布的一份机构间出版物。其目的是确保高级决策者了解即将发生的潜在事态对美国利益的严重影响。它并不是对这些事态发展的预测,而是强调即将发生。本备忘录由中央情报局、国家安全局、国务院、陆军、海军和空军在工作层面进行协调。——著者按
[②] *FRUS*,1977-80,Vol. 12,Afghanistan,Document 89.
[③] *FRUS*,1977-80,Vol. 12,Afghanistan,Document 93.

喷气式飞机并装载有 As-12 防空导弹,总数可能为 150 到 200 架。喀布尔的街道上没有看到任何苏联部队,阿富汗军队在首都的警戒状态也没有任何显著的提高。① 27 日,苏联各地面战斗部队抵达巴格拉姆空军基地,并进一步抵达阿富汗首都喀布尔。阿姆斯图茨和一些使馆人员仍然坚守在喀布尔,并于 27 日晚目睹了发生在这里的激烈战斗。②

四、"极其严峻的考验"

1979 年 12 月以来,面对苏联在阿富汗的步步推进,美国一面严厉要求苏联对其行为做出解释,一面积极商讨各方面的应对策略。苏军最终于平安夜开始进入阿富汗,跳入了美国计划中的战争泥潭。然而,在白宫决策者眼中,这一事件却又在战略上对美国形成了一个"极其严峻的考验"。

---

① *FRUS*, 1977-80, Vol. 12, Afghanistan, Document 94.
② *FRUS*, 1977-80, Vol. 12, Afghanistan, Document 100.

12月中旬,万斯命令舒尔曼和驻苏联大使托马斯·J.沃森(Thomas J. Watson, Jr.)与苏联交涉,寻求对苏联在阿富汗最终目标的解释。万斯认为苏联应"根据1972年《美苏关系基本原则》[①](Basic Principles of U.S.-Soviet Relations)和其中的承诺进行协商,以避免出现冲突,加剧国际局势的紧张"。苏联代办瓦塞夫(Vladillen Vasev)同意向莫斯科转达美国的抗议,但他表示,苏联领导人可能会对这一请求感到"心烦意乱"(disturbed),将其解读为美国的伎俩,目的是转移苏联对美国在伊朗计划采取的行动的注意力。果不其然,克里姆林宫没有回应万斯的要求,其答复"本质上是一种拒绝"。苏联外交部对万斯的要求感到"不解",表示苏阿关系"不受第三国干涉",1972年的基本原则协定与阿富汗的情况没有

---

① 该原则是1972年5月29日由尼克松和勃列日涅夫在莫斯科签署的,其中第二条规定"美国和苏联非常重视防止可能导致两国关系危险恶化的局势的发展","双方都认识到,直接或间接地以牺牲对方的利益为代价取得单方利益的行为是不符合这些目标的"。——著者按

任何关系。① 苏联的恶劣态度促使国务院在阿富汗问题上的态度更快发生了转变,如果说之前万斯还没有完全放弃通过谈判合作的温和处理方式,此后,万斯和布热津斯基的态度又渐趋一致,卡特的智囊团开始以更加团结的强硬姿态对抗苏联。

面对苏联对阿富汗如火如荼的干预,华盛顿的一些官员开始对美国秘密援助的力度和地区政策产生怀疑。12月21日,国安会官员马歇尔·布莱门特(Marshall Brement)提议召开SCC会议商讨阿富汗问题的新变化并调整美国对巴基斯坦的政策。布莱门特认为必须采取公开立场和具体行动来反击苏联,并给出了详细方案。第一,利用一切手段,宣传苏联人在阿富汗的所作所为。宣传主题包括:勃列日涅夫主义的界限是什么;谴责干涉所造成的人员伤亡和严重难民问题,尤其是穆斯林难民问题;谴责苏联无神论(鼓吹苏联出版了大量反宗教和反

---

① *FRUS*, 1977-80, Vol. 12, Afghanistan, Document 87.

伊斯兰的文献,而美国宪法保护宗教自由,三百万穆斯林在美国自由信教);谴责苏联在阿富汗的行动是鲁莽的冒险主义;深切关注阿富汗人民的苦难。第二,向巴基斯坦派出调查团,调查其境内阿富汗难民营的情况。第三,直接或间接地与沙特、利比亚和其他可能同情阿富汗伊斯兰事业的国家和组织探讨加强对叛乱分子的秘密援助和利用巴基斯坦境内的基地和难民营支持叛乱的可能性。第四,召开SCC会议,审查对巴基斯坦和阿富汗的政策。寻求激励和保障措施的正确组合,以增加巴基斯坦人的勇气,来抵御来自莫斯科和喀布尔的压力。总之,美国必须在具体方式、公开立场和秘密行动方面多管齐下,以对抗苏联。

国防部副部长格雷厄姆·克莱托(W. Graham Claytor Jr.)也赞同布莱门特的提议,他援引"保持阿富汗叛乱活动持续下去"的必要性,认为美国应该"挫败苏联",并向巴基斯坦、沙特和该地区的其他国家展示"美国的决心",阿富汗的这种情况不仅仅是抛出更多钱就能解决的问题。①

苏联出兵之后,12月26日,白宫战情室召开关于阿富汗问题的SCC会议,几乎所有与阿富汗问题相关的外交政策顾问都参加了会议。会议指出,苏联政治局直接指挥了这次行动,苏联的速战速决将是美国面临的最大风险,美国的影响力和总统在国内的地位都将被极大损害。美国的目标是使苏联付出"尽可能高昂的代价"。SCC讨论决定先采取一些可立即执行的措施,包括:允许媒体自行获取苏联最新的行动信息,并保持目前的公开姿态;迅速向该区域有关国家和其他有关方面通报新的事态发展;国务院立即向国会领导层通报计划中有关伊朗的情况;让驻苏联大使沃森重申美国的关切,并要求苏联对苏军的调动做出解释。②

随后,布热津斯基在给卡特的备忘录中阐述了他对苏联出兵的思考。布氏指出,美国面临着一场地区危机,

---

① *FRUS*,1977-80,Vol. 12, Afghanistan, Document 91.
② *FRUS*,1977-80,Vol. 12, Afghanistan, Document 95.

伊朗、阿富汗局势动荡，巴基斯坦内忧外患，伊朗危机导致了西南亚力量平衡的崩溃，苏联的存在可能会扩展至阿拉伯湾和阿曼湾边缘。因此，无论在国际还是国内，苏联对阿富汗的干预对美国来说都是一个"极其严峻的挑战"。在分析了国内、国际层面的利弊因素之后，布热津斯基更加明确了把阿富汗变成苏联的越南这一战略意图。

布氏认为，由于以下国内外原因，最初可能对美国不利。国内层面：一、会激起美国国内应立即对伊朗采取更直接军事行动的呼声，政府将面临更大舆论压力；二、地区动荡将使伊朗问题的解决变得更加困难，并使美苏陷入正面对峙；三、SALT 遭到破坏，甚至造成不可挽回的损失；四、白宫处理苏联事务的方式将同时受到右派和左派的攻击。国际层面：一、如果美国无法将足够的信心和力量都投射到该地区，巴基斯坦很可能因受到恐吓和威胁，最终默许某种形式的苏联外部统治；二、随着伊朗的动荡，美国在西南亚地区将没有坚固的堡垒来抵挡苏联向印度洋的进攻;三、无法有效遏制苏联在阿富汗和柬埔寨的扩张将影响到美国对中国的信誉。

而对美国有利的方面在于:一、世界公众舆论会对苏联的干预感到愤怒,美国可以充分利用舆论对伊斯兰国家的关注。二、可以利用难民问题,谴责苏联造成了大规模的人类苦难。三、通过这一事件,美国的盟友将更加意识到需要为自身防御做更多的努力,从而减轻美国的战略负担。

面临苏联制造的极其严峻的考验,美国该怎么应对呢?布热津斯基向卡特提出了他的主张:一、保证阿富汗抵抗运动的继续进行,向叛军提供更多的资金、武器和技术建议。二、重新审视对巴政策,安抚并鼓励巴基斯坦,提供更多保障和武器援助。解除美国不扩散政策对巴基斯坦造成的限制。三、鼓励中国和伊斯兰国家合作帮助叛军。四、严厉警告苏联,美苏关系会受到损害,他们的行动会危及 SALT,会影响到国防部长布朗访华的实质内容。五、将苏联在阿富汗的行动作为对和平的威胁提交给联合国。

尽管布热津斯基相信阿富汗最终可能会成为苏联的越南,但他也认识到前景不容乐观。因为这时美国对阿富汗叛乱分子的情况掌握得并不充分,对游击队的战斗力和组织化程度过于缺乏信心。①

阅读布热津斯基的这份备忘录的时候,卡特正和家人一起在戴维营庆祝圣诞节。整个12月里,直到27日这天,卡特才在日记里第一次正式谈到阿富汗问题,他写道:"晚间,我决定返回华盛顿,因为苏联开始派兵入侵阿富汗,企图颠覆现在的政府。他们在最近24小时内出动了大约215架飞机。派遣了两个团的军队,现在阿富汗境内有8000到10000名苏联人——包括顾问和士兵。我们认为,事态发展极其严峻。"②

---

① FRUS,1977-80,Vol. 12, Afghanistan, Document 97.
② [美]吉米·卡特著:《我不会对你们说谎:吉米·卡特总统的白宫日记》,王海舟等译,桂林:广西师大出版社,2013年,第388页。

五、"尽可能高昂的代价"

尽管有准确、及时,甚至堪称出色的情报信息,但苏联真正出兵之后,华盛顿还是不免陷入一种紧张危急的气氛之中。12月31日,卡特接受了美国广播公司(ABC)的采访,当被问及是否对苏联入侵阿富汗感到意外时,卡特承认,"最近一周我对俄国的看法比此前一年半或两年的时间改变得都要多……直到现在,苏联入侵阿富汗的行动的意义才为世界所知晓"。

虽然,在制造泥潭的构想中,苏联出兵早已是意料之中,或者说是谋划之中的事;而且,差不多半个月前,在白宫内部,苏联调兵遣将的消息就已不再是新闻。然而,美国人在情感上似乎一直难以相信苏联真的会选择出兵阿富汗,也难以相信莫斯科居然真的会做出如此不明智的决策。因此,与其说卡特感到意外,倒不如说是愤怒和震惊更加准确。毕竟,美国曾就此向苏联提出了至少五次警告。卡特后来解释说,苏联的入侵行为将使美苏在

SALT谈判、古巴和其他具有战略重要性的问题上的进展付之东流,并清楚地表明"他们是不可信任的",对苏联人来说,该入侵行径是"徒劳、适得其反和极具危害的"。[①]因此,在某种程度上,对美国而言,苏联的入侵几乎是以同样多的必然性和偶然性成为一个极其严峻的考验。

面对这样一个考验,布热津斯基试图从历史中汲取智慧,他不仅再次认真思索了美国在越南泥潭的经历,也联想到了1968年的捷克斯洛伐克,以及1947年杜鲁门总统曾经面临的相似境况。

尽管阿富汗和越南的情景乍看起来十分相似,但任何想当然和简化的类比都是不可取的。阿富汗叛乱分子组织混乱、领导无力,没有避难所、组织化的军队以及中央政府,而这些都是北越所拥有的。此外,叛乱分子目前能得到的外国支持有限,而苏联和中国当时给北越提供了大量武器和援助。

---

① [美]吉米·卡特著:《我不会对你说谎:吉米·卡特总统的白宫日记》,王海舟等译,桂林:广西师大出版社,2013年,第389页。

作为干涉国的苏联和美国也在政治目标、政治制约、媒体环境以及后勤运输条件等诸多方面存在差异。美国在越南问题上目标混乱，过于纵容和迁就南越盟友，不愿意投入可以在军事上"赢得"战争的足够力量，并且需要将部队和物资远程运输5000英里。此外，越战作为起居室战争①，使美国在国内和国际面临巨大的舆论压力。而苏联限制新闻界的报道，战争的惨烈状况不会在苏联国内引起过多关注，这将极大地减少国内外对苏联的批评。而且苏联可以在短距离和开放边界内快速运输部队和物资。苏联面临的不利因素在于：1. 恶劣的气候和复杂地形；2. 物资运输至阿富汗境内之后困难倍增；3. 缺乏游击战方面的经验；4. 由于阿富汗政府军完全无法击败游击队，苏联需要将战争"苏维埃化"（Sovietize）。

综上，美国预计苏联会速战速决——迅速采取行动，

---

① 20世纪70年代正是美国电视媒体迅速发展时期，越南战争的残酷景象被广泛而频繁地呈现在电视屏幕之中，引起美国民众的关注和不满，越南战争因此也被称作"起居室战争"（Living room war）。——著者按

大规模地实现目标。但苏联优势能否充分发挥,将在很大程度上取决于:1. 阿富汗叛乱分子协调其活动的能力;2. 美国与巴基斯坦和其他国家有效合作援助叛乱分子的能力;3. 美国保持公众对苏联行为认知的能力,以及动员不结盟国家和伊斯兰世界对苏联施加压力的能力。①

至于捷克斯洛伐克,虽然1968年的捷克斯洛伐克与1979年的阿富汗有明显的区别,但美国认为,苏联很可能在评估风险时借鉴了在捷的经验。当时苏联的出兵干预不仅制止了捷克斯洛伐克局势的恶化,而且对整个东欧地区产生了警示作用,使罗马尼亚和南斯拉夫在采取可能会激怒苏联的行动时更加审慎。最重要的是,事实证明,西方国家的民愤难以长久。虽然大多数国家对入侵事件表示震惊,但"正常化"和苏联在捷驻军很快成为事实,入侵一年后,西方国家积极参与缓和外交。莫斯科

---

① *FRUS*, 1977-80, Vol. 12, Afghanistan, Document 97, Document 121.

也迅速回归缓和轨道,入侵事件仅成为"缓和道路上的一次迂回"。这种一举多得的先例对苏联着实具有巨大诱惑。苏联预估出兵阿富汗后国际社会的愤怒情绪也会迅速消减,加之美苏关系处于低潮,SALT陷入僵局,美国大选在即,苏联也不会失去更多筹码。总之,美国认为,根据苏联在入侵捷克斯洛伐克后不久采取的行动推测,莫斯科可能不会因为出兵阿富汗而放弃缓和的努力,而是在风浪渐歇之后再尽力恢复。那么,如果美国迅速果断地采取行动,积极迎战,也许还能够长期保持对苏平衡政策的基础。如果应对不力,莫斯科的胃口很可能会越来越大,造成更多的地区动荡,损害美国的利益,并且影响未来几年内美苏之间实质性合作的开展。①

如果上述历史镜鉴提供了些许线索和提醒,在杜鲁门那里,布氏则获得了全面的、战略意义上的重要指导和启示。在考虑有关西南亚局势的各种选择时,布热津斯

---

① *FRUS*,1977-80,Vol. 12,Afghanistan,Document 131.

基提醒卡特回顾一下导致了杜鲁门主义诞生的一场危机，因为"这场危机与我们目前在阿富汗，在该地区和全球范围内所面临的挑战有惊人的相似之处"。当时整个巴尔干地区都在苏联军队的援助下建立了共产主义政权，处于美国意识形态团体边缘的两个国家希腊和土耳其在苏联的压力下面临崩溃的威胁。这一地区在1947年之前一直是英国的势力范围，对美国几乎没有什么战略利益，而且此时美国国内弥漫着强烈的孤立主义情绪。在这一背景下，美国获知英国打算在六周内停止援助希腊和土耳其。杜鲁门预言性地指出这不仅仅是援助希腊和土耳其的问题，宣布美国的政策是支持那些抵抗少数武装分子或外来压力征服企图的自由人民，要求国会授权向土耳其和希腊提供巨额资金援助和人员培训并允许迅速有效地使用他们批准的任何资金，还决定派遣美国文职和军事人员协助其重建工作。

布热津斯基认为，杜鲁门主义是美国外交政策的一个转折点，标志着一个最具创造性时期的开始，表明美国打算放弃过去的犹豫不决,在国际上承担起更积极的角色。如果当时美国没有迅速果断地行动,苏联会继续加大对土耳其和希腊的压力,南欧和中东地区的演变也将截然不同。而现在美国所面临的局势正像1947年一样,西方国家和美国公众都在期待着美国采取积极行动对抗苏联、保护自身利益。有所不同的是,"目前苏联在南亚的挑战比1947年时更加明目张胆、更加残酷,而当前的海湾地区对西方的利益而言无疑比30年前的希腊和土耳其更加重要"。①

历史学家雅各布·布克哈特曾指出,历史的真正用处不在于使领导者在下一回变得更聪明,而在于使他们永远更明智。② 那么,在借鉴了诸多历史教益之后,卡特和布热津斯基将交出一份怎样的答卷呢?

在布热津斯基的建议和谋划下,卡特几乎没有浪费

---

① *FRUS*,1977-80,Vol. 12, Afghanistan, Document 127.
② [美]亚历山大·乔治、戈登·克雷格:《武力与治国方略:我们时代的外交问题》,时殷弘、周桂银、石斌译,北京:商务印书馆,2004年,第216页。

任何时间,雷厉风行地采取了能想到的一切举措。12月27日下午五点左右,在莫斯科,驻苏联大使沃森再次向苏联重申美国对苏联军队大规模进入阿富汗的关切,并要求立即澄清苏联政府的行动和意图。① 在华盛顿,白宫迅速召开总统审查委员会会议讨论苏联出兵阿富汗和西南亚局势问题,除了总统和副总统之外,其他主要的外交决策人员都参加了会议。② 第二天上午十点,在卡特从戴维营赶回白宫后,又召开了国安会会议。③

根据这两次会议的讨论结果,卡特于1980年1月2日签署了《关于巴基斯坦、阿富汗和印度的总统决定》,其中规定:

关于阿富汗问题:1. 美国的最终目标是使苏联军队撤出阿富汗。即使这一目标无法实现,也应该让苏联付出尽可能高昂的代价,并将阿富汗事件作为美国在该地区的政策的号召点。2. 大力推动这些目标的实现,必要

---

① *FRUS*,1977-80,Vol. 12, Afghanistan, Document 101.
② *FRUS*,1977-80,Vol. 12, Afghanistan, Document 102.
③ *FRUS*,1977-80,Vol. 12, Afghanistan, Document 107.

时诉诸联合国。但最好由其他国家在联合国发挥带头作用。① 3. 向北约盟国、中国和联合国以及不结盟运动的主要领导人发出信息，提请他们关注阿富汗事件，并呼吁他们做出适当的反应。4. 避免将苏联在阿富汗的行动与 SALT 挂钩。但也不要因为对 SALT 的兴趣而阻止有力的言论和行动。5. 向苏联发出公开和私下的信息，指出他们的行为是不可接受的，对和平构成了威胁，违反了美苏 1972 年商定的行为原则。

关于巴基斯坦问题：1. 派遣一个由副国务卿克里斯托弗（Warren M. Christopher）率领的高级代表团前往巴基斯坦，就该地区的新局势进行磋商。2. 恢复和促进军售。3. 请沙特协助资助巴基斯坦的军事采购。4. 尽快向巴基斯坦提供两艘基灵级驱逐舰（GEARING-class destroyers）。5. 迅速采取行动，提供 4000 万美元的 480

---

① 此时，美国正致力于通过联合国解决伊朗问题，万斯强烈要求不要向联合国提交阿富汗问题，以免分散注意力。这一提议在白宫得到普遍支持。——著者按

号公法(PL-480)援助。6. 提供额外援助,帮助巴基斯坦处理阿富汗难民问题。7. 重申美国对巴基斯坦的核政策,并明确立法限制。但在处理苏联—阿富汗问题时,敦促巴基斯坦先搁置核问题,待以后再解决。①

在28日召开的国安会会议上,白宫新闻发言人乔迪·鲍威尔(Jody Powell)问道,美国在阿富汗问题上的最终目标是什么?卡特回答说要让苏联撤军,鲍威尔和特纳表示,让苏联撤出的目标是很难实现的。万斯、布朗和布热津斯基的态度是要让苏联付出尽可能高昂的代价。② 然而,无论要达到其中哪个目标,参会人员一致认为以上措施都是远远不够的,显然还需要针对苏联本身施加外交压力,采取制裁措施,并在此基础上做出长远的战略调整与规划。

12月28日,卡特致电英国、法国、德国、意大利等国的领导人,强调了苏联入侵阿富汗的严重后果,并敦促其

---

① *FRUS*,1977-80,Vol. 12, Afghanistan, Document 128.
② *FRUS*,1977-80,Vol. 12, Afghanistan, Document 107.

采取措施共同抵制苏联。① 同时,致函美国的盟国、主要不结盟国家的领导人,外加所有伊斯兰国家,敦促他们发表强烈反对苏联行径的声明,并对该采取什么措施发表意见。随后,卡特又通过热线向勃列日涅夫直接发出了"从未有过的最严厉信息",指出苏联在阿富汗的行动是对和平的明显威胁,是美苏关系一个根本和持久的转折点;美国政府绝不能接受苏联政府12月27日向沃森大使做出的答复,即苏联军队是应阿富汗领导人的要求而派出的;敦促勃列日涅夫迅速采取建设性行动,撤出部队,停止干涉阿富汗内政,否则,多年来美苏之间稳定和富有成效的关系很可能受到损害。②

1980年1月2日,国安会再次召开会议,讨论制定了近30项抵制苏联的具体举措。主要包括以下几个方面:1. 搁置参议院对SALT的审议和表决。2. 关于各种双边军控谈判,美国的立场是谈判应继续进行,但将不同

---

① *FRUS*,1977-80,Vol. 12,Afghanistan,Document 109.
② *FRUS*,1977-80,Vol. 12,Afghanistan,Document 113.

程度地推迟或暂缓。3.召回美国驻苏联大使沃森,同时也削减苏联驻美国的外交人员并加强对苏联官员在美国公务旅行的限制。4.自由电台、自由欧洲电台和"美国之音"广播将按照国务院12月31日文件中的方针加强宣传。5.加强世界范围的外交行动和国际通讯局的行动,以宣传苏联在阿富汗的作用。6.关于奥运会,美国将采取以下公开立场:"我们的欧洲盟国对是否应该继续参加莫斯科奥运会提出了质疑。我们将评估这一问题,并审查其他国家在做出决定时采取的立场。"7.美国将逐一收紧对苏联的出口管制。8.对苏联在美国的商业扩张进行审查,以便加以限制。9.限制根据美国《捕鱼协定》分配给苏联的资源。10.继续敦促盟友增加对伊斯兰国家和苏联中亚地区的广播,介绍阿富汗的事态发展,与盟国共同编写一份关于苏联入侵和占领阿富汗情况的定期通告,并在联合国分发。11.美国将联合写信给安全理事会主席,敦促将阿富汗局势列入议程。12.美国将根据具体情况,实施"比利时原则"(Belgian Formula),即在多边出口协调管制委员会中,在苏联和中国之间,制造有利于中国的事实上的差别。这项政策不会公开声明。13. 与其他国家协商,敦促他们拒绝向苏联提供进一步的信贷。14. 与美国盟友合作,敦促国际金融机构和对阿富汗有援助计划的国家停止提供援助。15. 对《对外援助法》(Foreign Assistance Act of 1961)进行修正,将巴基斯坦排除在《西明顿修正案》(Symington Amendment)和《格伦修正案》(Glenn Amendment to the Arms Export Control Act)①的限制范围之

---

① 1976年的《西明顿修正案》和1977年的《格伦修正案》都是对1961年《对外援助法》的修正。前者禁止美国向任何进口或出口乏燃料后处理或铀浓缩设备、材料或技术但未能遵守国际原子能机构(IAEA)全面保障监督的国家提供经济和军事援助。后者重申了《西明顿修正案》关于铀浓缩的规定,要求美国切断对任何进口或出口后处理设备、材料或技术的国家的经济和军事援助,无论该国是否遵守国际原子能机构的保障措施,该修正案含蓄地将乏燃料的后处理等同于扩散。两个修正案都赋予总统放弃援助中止的权力,但保留了国会推翻这种放弃的权力。根据《西明顿修正案》,总统需要确定停止援助"将对美国的重大利益产生严重不利影响",并得到有关国家不寻求核武器能力的保证,才能发出豁免。为了预先阻止《格伦修正案》规定的削减援助,总统需要确定,这"将严重损害美国不扩散目标的实现,或者以其他方式损害共同防御和安全"。参见 FRUS,1977-80,Vol. 19, South Asia, Document 6.

外,以便向其提供对外军售和经济援助支持。16. 取消或推迟在苏联举办的或有苏联代表参加的国际会议;取消将要访问苏联的美国代表团。①

1月4日,卡特在白宫椭圆形办公室向全国人民发表了题为"苏联入侵阿富汗"的讲话,谴责苏联的侵略行径,表达了卡特政府的明确立场和坚定决心。卡特指出这种侵略是对和平极其严重的威胁,苏联有可能进一步向西南亚邻国扩张,而且这种侵略性的军事政策让全世界其他国家的人民感到不安,是对国际法和《联合国宪章》的无情违反。"这是一个强大的无神论政府征服一个独立的伊斯兰民族的蓄意行为。我们必须承认阿富汗对和平与稳定的战略重要性。一个被苏联占领的阿富汗对伊朗和巴基斯坦都构成威胁,并可能成为控制世界大部分石油供应的跳板。"②

---

① *FRUS*,1977-80,Vol. 12,Afghanistan,Document 136.
② *FRUS*,1977-80,Vol. 1,Foundations of Foreign Policy,Document 136.

1月23日,卡特在国会发表国情咨文演讲,标志着卡特主义的诞生和美国外交战略的重大转变。卡特表示:苏联入侵阿富汗,利用其强大的军事力量对付一个几乎无防御能力的国家,使美国在该地区面临更广泛和更根本的挑战,其影响可能构成自第二次世界大战以来对世界和平最严重的威胁。这一地区具有的重大战略意义在于:拥有全世界三分之二以上的可出口石油。美国呼吁尽最大努力维护这一关键区域的安全。外部势力控制波斯湾地区的任何企图,都将被视为对美利坚合众国重大利益的威胁,这种威胁将被包括军事力量在内的任何必要手段击退。

要达到卡特主义中所制定的目标,美国需要做出重大战略调整与政策规划:增加国防预算和投入;提高美国军队的远程部署能力,加强与北约和其他盟友之间的关系;促进中东地区和平;改善与第三世界国家的关系,尤其是与中国的关系;增强在印度洋的海军力量;重申美巴1959年的协议,保护巴基斯坦的安全,为其提供额外的军事和经济援助;进一步加强与波斯湾地区其他国家的政治和军事联系,与伊斯兰国家开展广泛合作,建立一个尊重不同价值观和政治信仰的合作安全框架;恢复兵役登记制;界定情报机构的法律权威和责任,在立法层面减少对情报工作的限制。①

1月30日,布热津斯基向卡特描述了"中东战略框架"的宏伟构想,为卡特主义注入了更加实质性的内容。其中指出波斯湾战略的目的是保护美国在那里的切身利益——与欧洲和日本的共同利益。由于苏联向该地区投射的力量和影响力是目前对这些利益的主要威胁,因此,首要战略任务是反击苏联的存在,战略实质是通过以下方式加强美国的存在和能力:1. 为美国部队建立设施。2. 加强友好国家政府之间的安全合作。3. 减少苏联、古巴、东德和南也门的影响力。计划通过共同保护巴基斯坦、支持阿富汗叛乱分子,以及减少南也门对阿曼、北也

---

① *FRUS*,1977-80,Vol. 1,Foundations of Foreign Policy,Document 138.

门和沙特的威胁等途径,加强友好国家政府之间的安全合作。在行动和应急计划方面与欧洲盟友、约旦、埃及进行合作。美国的长期目标是建立一个具有美国海军永久驻军和增援能力的波斯湾/印度洋地区,一个恢复中立的阿富汗,一个更强大的巴基斯坦,一个更加团结合作的伊朗,以及一个不受南也门威胁的阿拉伯半岛。[①]

至此,苏联出兵后不到两个月的时间里,从保卫阿富汗到保卫波斯湾,在美国外交话语的建构之下,苏联出兵阿富汗不再是一场局部冲突,而是苏联全球扩张的一部分;其影响不仅仅是危害地区安全,而且威胁世界和平;美国的对策不再只是政策性的,而是上升至战略高度。自1977年1月执政以来,卡特政府一直在其"新世界秩序战略"理想蓝图的基础上勾画外交政策的轮廓,希望通过谈判和广泛合作继续推动美苏缓和。直到三年后,卡特主义姗姗来迟,取代了新世界秩序战略,预示着美苏关

---

① *FRUS*,1977-80,Vol. 1,Foundations of Foreign Policy,Document 140.

系进入新的阶段,以及缓和的彻底终结。

在战略家加迪斯看来,阿富汗事件令卡特行政当局大为震惊,以致接受了对称性反应所特有的、关于利益和威胁的不加区分的观点。然而,就美国如何能在一个依赖国外能源供给和通货膨胀率高达两位数的时期造就维持此类战略必需的手段,卡特没有做出任何暗示。而且,白宫在为其新的强硬路线集聚支持方面碰到的困难——对兵役登记、谷物和技术禁运,甚至抵制莫斯科奥运会的广泛反对——不仅反映了顶层的领导力危机,也反映了来自下层的对被领导的抗拒。这即使在一个比卡特政府更有规制的政府里,对贯彻一种内在连贯的大战略也非吉兆,更不用说是一种有效的大战略了。[①]

卡特也承认,在一连串惩罚步骤中,"两项最为难办的事情就是粮食销售和参加莫斯科奥运会的问题"。[②]

[①] [美]约翰·刘易斯·加迪斯:《遏制战略:冷战时期美国国家安全政策评析》,时殷弘译,北京:商务印书馆,2019年,第345—346页。
[②] [美]吉米·卡特著:《我不会对你们说谎:吉米·卡特总统的白宫日记》,王海舟等译,桂林:广西师大出版社,2013年,第393页。

卡特认为粮食禁运政策能够给苏联经济造成重大打击，因而支持将其作为首要的经济制裁手段。但事实上粮食禁运政策的效果并不理想，美国并没有得到其他主要粮食出口国的积极配合，苏联得以从其他国家获得粮食，而美国还要承担相应的经济损失，引起国内相关行业的不满。抵制奥运会的努力同样困难重重。1980年莫斯科奥运会是历史上第一次由社会主义国家承办的夏季奥运会，苏联为此投入了大量的人财物力，将其视作扩大国际影响力的重要契机和宣传共产主义的极佳机会。苏联入侵阿富汗后，卡特宣称"莫斯科将不是一个庆祝和平和善意盛会的合适场所"，在国内和国际同时大力呼吁拒绝参加莫斯科奥运会，希望以此为筹码威胁苏联撤军，对莫斯科施加政治和外交压力，在国际社会中孤立苏联。尽管面临巨大压力，但苏联没有按期撤军，奥运会如期举行，最终受到了严重影响，81个国家参加了此次奥运会，以美国、西德、日本、菲律宾、加拿大为首的64个国家和地区拒绝参加，其中包括中国、阿尔巴尼亚、索马里三个社会主义国家。此外，卡特政府还积极呼吁其他国家对与莫斯科奥运会有关的出口进行管制,但没有得到有效回应。总体而言,抵制和制裁加剧了冷战的紧张局势,激怒了苏联政府,后来苏联对1984年洛杉矶奥运会发起了报复性抵制。

然而,正如1968年捷克斯洛伐克事件所预示的那样,在阿富汗问题上,随着时间的流逝,公众对苏联的愤慨会逐渐消散,抵制奥运的风波会逐渐平息,各种制裁和禁运措施也将逐渐成为常态,迫使苏联撤军的各种外交手段和政治压力显得越来越力不从心。但是,苏联的军队仍然驻扎在阿富汗土地上,那么,怎样才能让苏联持续和长久地付出"尽可能高昂的代价"呢?

六、方案升级:从叛乱分子到自由战士

在标志卡特主义出台的演讲中,关于美国重大外交战略规划的慷慨陈词之后,在一处不太显眼的地方,卡特提道:我们还需要明确而迅速地通过一项新规定,以界定

我国情报机构的法律权限和责任。我们将保证不再发生滥用职权的情况，但必须加强对敏感情报信息的控制，因此需要解除对美国情报收集能力不必要的限制。① 这句简单的陈述中所包含的政策意义其实和卡特之前的鸿篇大论同等重要，从某种角度来说甚至更加重要。苏联入侵阿富汗之后，在卡特和他的外交政策团队制定的三管齐下的策略中，除了前述的政治、外交压力和经济制裁之外，还有一项就是加强秘密情报活动。而且不仅是加强针对阿富汗的秘密活动，还包括伊朗、非洲、南亚以及其他地区。

国安会的苏联问题专家弗里茨·埃尔马斯（Fritz Ermarth）指出，美国的政策必须包含系统性的努力，使苏联为其在阿富汗、也门、埃塞俄比亚和印度支那半岛的介入，付出尽可能高昂的代价和痛苦。这需要美国对苏

---

① Address by President Carter on the State of the Union Before a Joint Session of Congress, *FRUS*, 1977-80, Vol. 1, Foundations of Foreign Policy, Document 138.

联的反对派给予广泛的支持,不论何时何地,这种支持不是基于反对派本身的价值或胜利的机会,而是基于他们对苏联实力的杀伤力。同时,美国必须在政治上和心理上做好准备,因为其中一些反对派作为代理人将会失败,而美国的支持可能在事后会被视为导致了他们的灭亡。① 无论白宫的政策制定者们是否真正在意潜在的道德缺陷,秘密行动政策的强化和扩大都必然要求相应的立法支持和法律调整,因此,迫切需要国会取消对秘密行动的各种限制。

经过白宫官员,尤其是国安会官员的不懈努力,《1980年情报监督法》删减了《休斯—瑞安修正案》中关于国会监督秘密行动的规定。虽然向国会通报总统隐蔽行动裁决的规定仍然有效,但新法案减少了总统隐蔽行动裁决需要通报的部门数量——由之前的八个不同的国会委员会缩减至参众两院的两个情报委员会,并明确说

---

① FRUS,1977-80,Vol. 12,Afghanistan,Document 133.

明,这项向委员会"充分和及时通报"的规定并不构成国会批准秘密行动或其他情报活动的要求。此外,新法规还规定,如果总统决定"必须限制事先通知,以应对影响美国重大利益的特殊情况",总统可将事先通知范围限制在两个情报委员会主席和高级委员、众议院议长和少数派领袖以及参议院多数派和少数派领袖——也就是被称为"八人帮"的团体。如果没有事先通知秘密行动,总统必须"及时"向两个情报委员会发出通知,并通过"展望"文件解释说明未提前通报的原因。① 新的规定大大降低了情报泄露的风险,实际上在很大程度上增加了总统在重大隐蔽行动实际操作中的自主性和灵活性。

在卡特和布热津斯基雄心勃勃的隐蔽行动规划中,阿富汗的秘密战争无疑占据着首屈一指的位置。苏联出兵之后,在之前计划的基础上,美国积极推动了行动方案

---

① *FRUS*, 1977 - 80, Vol. 12, Afghanistan, Notes on U. S. Covert Actions. https://history.state.gov/historicaldocuments/frus1977 - 80v12/notes,访问时间:2020 年 1 月 25 日。

的升级。

该计划始于1979年7月3日的两份总统裁决,最初只向叛乱分子提供有限的人道主义援助。11月7日的第三份总统裁决扩大了援助计划,批准了采购咨询和提供通信设备,以及更多的资金投入。特纳在12月底的总统审查委员会会议上首先汇报了行动进展情况:中情局在华盛顿成立了一个心理行动小组,专门为阿富汗的秘密广播提供素材;11月在阿富汗建立了一个秘密电台,阿明政府曾就此向巴基斯坦提出抗议;在国际新闻界发表了150篇文章;在非军事支助领域,通过巴基斯坦或单方面支付了695000美元中的620000美元。针对与沙特合作中遇到的问题,特纳进一步建议采取更快捷有效的方式,即在一周内将适当的物资,如高射炮、反坦克武器、AK-47步枪和82毫米迫击炮运出中情局的仓库并运往沙特,以便进一步运往巴基斯坦。而且必须向叛乱分子提供RPG-7反坦克武器的训练,先由中情局训练巴基斯坦人,再由其训练阿富汗叛军。或者由美国直接提供 SA-7 防空导弹①。未来半年多时间里,中情局预计需要 1000 万美元来落实这些计划,但即使这样,也只能做到勉强维持叛乱活动的进行,远远无法达到让苏联撤军的目的。特纳指出这些计划需要总统裁决的支持,布热津斯基附议,认为新的形势需要新的总统裁决。②

12 月 28 日,白宫首先召开 SCC 会议拟订了一份新的总统裁决,以使美国能够加快经由沙特向阿富汗叛军运送武器的速度。之后,又召开了 NSC 会议,白宫决策者们在升级隐蔽行动问题上,达成了高度一致。他们认

---

① SA-7 于 1966 年进入前苏军部队服役,是最早诞生的肩射导弹。肩射导弹是单兵使用的一种十分有效的低空防空武器,是野战部队非常重要的防空武器。它主要用来对付低空飞行的目标,比如,低空飞行的直升机、俯冲飞行等机动目标。SA-7 首次参战是在 1968—1970 年的中东战争中,当时以色列的许多战斗机遭到 SA-7 的攻击,并被击落。在越南战争中,SA-7 又一次名声大噪,越军用 500 余枚 SA-7 导弹,击落美军飞机 45 架,击伤 6 架,平均每发射 10 枚导弹就击落或击伤 1 架。一架战斗机的价值远远超出了 10 枚 SA-7 导弹的价格。——著者按

② *FRUS*,1977-80,Vol. 12, Afghanistan, Document 102.

为，加大对反政府武装的支持是有意义的，尽管叛军没有任何希望接管阿富汗政府，但苏联镇压叛乱的希望也十分渺茫。万斯表示，如果能保证叛军的活动一直坚持下去，就能让苏联持续付出代价。布热津斯基认为，美国的态度和巴基斯坦的支持是抵抗运动成功与否的两个关键变量。如果美国不采取行动帮助反叛分子，孤立和无助将对阿、巴人民造成非常不利的心理影响，并会直接影响反叛活动的效果。同时，苏联军队可能会驻守城市，释放出阿富汗政府军来追击消灭叛军，叛乱分子将面临更加严峻的形势。

苏联出兵之后，万斯和布热津斯基这对冤家的立场不仅迅即统一起来，而且万斯领导的国务院在阿富汗问题上的态度甚至变得比国安会更加强硬。美国官方特意为两人的团结发表了一份声明，强调政府在阿富汗问题上已经达成了一致。《纽约时报》评论说：过去，万斯比布热津斯基更加热衷于维护缓和，但是现在，由于苏联的侵略行动，万斯已经完全同意了布热津斯基的观点。[①] 对苏联这种明火执仗的入侵行为,万斯一方面感到愤怒和惊讶,另一方面,也心生几分自责和愧疚,大概觉得正是因为自己之前对苏联的态度过于软弱,才导致苏联得寸进尺,希望能用更积极的应战态度进行弥补。因此,国务院在对巴基斯坦的整体政策的重新规划中,尝试解除经济援助和军售方面的限制,采取平衡行动,以满足美国在该地区外交政策中几个相互关联的目标:在阿富汗叛乱可能蔓延到巴基斯坦的情况下,加强巴基斯坦的防御能力;加强巴基斯坦的经济能力,以管理因战争而在巴基斯坦境内不断增加的阿富汗难民人口;找到一个变通的办法,以解决《西明顿修正案》禁止向巴基斯坦提供军事援助的问题;最后,以不会进一步加剧与印度的紧张关系的方式向巴提供军事援助。

总之,此时美国政府达成一致,坚定支持叛乱分子,并且决心扫除与巴基斯坦合作中的最大障碍。12月28

---

① 李琼:《苏联、阿富汗、美国:1979—1989年三国四方在阿富汗的博弈研究》,北京:中国社会科学出版社,2016年,第114页。

日,卡特签署了关于阿富汗隐蔽行动计划的第四份总统裁决,批准"直接或通过第三国,向反对苏联干预阿富汗的阿富汗反对派提供致命性的军事装备。关于如何使用这些装备,由美国直接或通过第三国,在阿富汗境外,有选择性地提供培训"。并表示,希望总统裁决着眼于尽可能大的灵活性和普遍性,强调美国希望以最具建设性的方式实现积极目标。① 这一裁决无疑给之前一直进展缓慢的隐蔽行动注入了"强心剂"。1月8日,布热津斯基给卡特的总备忘录中,最终敲定了对巴基斯坦援助的一揽子计划,为合作开展隐蔽行动建立了相应的整体政策框架。②

美国着力解决的第一个问题是加深对阿富汗反对派情况的了解与把握。苏联入侵时,美国的隐蔽行动虽然已经进行了半年有余,但白宫对阿富汗反对派的了解依然停留在笼统的印象层面。苏联出兵之后,中情局的情

---

① FRUS,1977-80,Vol. 12,Afghanistan,Document 107.
② FRUS,1977-80,Vol. 12,Afghanistan,Document 151.

报分析文件中,迅速且大量增加的首先便是关于阿富汗反对派情况的报告。

反对阿富汗共产主义政府和苏联入侵的反对派主要由三股势力组成。其中最活跃的一股势力即各种叛乱分子团体。他们数量众多,由独立的阿富汗部落组成,除很少一部分是基于意识形态或政治计划外,绝大多数人代表部落或地理区域,驱逐所在地区的外来入侵者是其叛乱的主要动机。1980年8月的数据显示,虽然1500万阿富汗人民中的大多数都憎恨苏联的占领,但实际上只有很小一部分人积极参与战斗,大概为50000至100000人,其中组织化程度较高的叛乱分子大约有28000人。他们处于与苏军直接作战的前线,依托有利的地理环境优势,发动灵活、激烈的游击战,反抗苏军和政府军。第二股势力由王室领导,以流亡罗马的前国王扎希尔·沙阿为首,主要作为一个权力象征存在,并没有实际战斗力。第三股力量,是几十个阿富汗流亡组织。其中大部分设在巴基斯坦,少数设在伊朗,其余的散布在美国、西欧、埃及、印度等世界各地。其中最有潜力、能对叛乱产生最大影响的是数十个在巴基斯坦的流亡组织。

四月革命之后，以白沙瓦为基地的持不同政见者人数迅速增加，边缘化和低效的各种"解放团体"激增。这些流亡领导人在阿富汗有着不同的政治和宗教根基，在同胞中拥有广泛的追随者，相当数量的叛乱分子和巴基斯坦境内的许多阿富汗难民都是他们的支持者。一些流亡的宗教领袖偶尔越过边界进入阿富汗，以鼓舞叛乱部落的士气。但由于缺乏有效的财政支持，流亡组织对叛乱进程的影响仍微不足道。叛乱分子的武器和物资只有很小一部分来源于流亡组织，大部分是从阿富汗军队缴获、由政府军叛逃带出，或向巴基斯坦军火商购买。

苏联入侵以来，美国积极解决的第二个问题是对阿富汗叛乱分子和流亡组织的形象进行有意的塑造与建构，"自由战士"和"圣战者"逐渐取代了"叛乱分子"和"叛军"，不仅越来越频繁地出现在美国内部官僚话语体系中，也出现在不同的外交场合之中。在这一问题上，美国更多受到了巴基斯坦的带动与影响。

布热津斯基访问巴基斯坦期间,齐亚在强调巴基斯坦的重要性时,多次以极其关切的口吻谈到"自由战士":"即使我们的资源十分匮乏,我们也一直在孤零零地帮助自由战士。"他强调叛乱是有前途的,但需要外界的支持和外部基地,由于伊朗的局势仍然动荡,巴基斯坦作为基地必须是安全的,"一个不安全的巴基斯坦将危及自由战士的未来"。① 4月23日,布热津斯基在SCC会议上,提出了这样一个问题,即把支持阿富汗自由战士作为一项公开的、值得尊敬的事业,而不是美国和其他国家必须予以否认的一项秘密活动。② 其后,一份给卡特的备忘录中提到,阿富汗的自由战士表现得出人意料的好,而且很可能会继续这样做。4月30日,卡特在给齐亚的信中写到,阿富汗人民的抗苏斗争是"我们时代最激动人心的事件之一。我非常重视这场斗争,并知道你们和我一样钦

---

① *FRUS*,1977-80,Vol. 12, Afghanistan, Document 193.
② *FRUS*,1977-80,Vol. 12, Afghanistan, Document 257.

佩圣战者组织……这种抵抗既符合伊斯兰世界的利益，也符合西方民主国家的利益"。① 10月份，中情局在一份文件中专门指出，与"叛乱分子"相比，巴基斯坦更喜欢用"自由战士"或"圣战者"的称呼。在巴基斯坦的带动之下，美国在与相关国家讨论援助事宜时，也全部改用自由战士这种具有正面感情色彩的称呼。苏联的入侵使曾经在美国人眼中危险十足的叛乱分子成功转型为为正义和自由事业而奋斗的自由战士，称呼转变的同时，美国秘密援助的力度和方式也发生了重大变化。

美国面临的第三个（也是最为艰巨的）任务依然是提高抵抗活动的组织化程度、促进反叛团体的联合、增强其战斗力。这是美国在隐蔽行动中一直着力解决的问题，但始终收效甚微。1978年4月和1979年8月的统一尝试仅持续了几个星期就失败了。1979年9月，国安会希望将各自为政的阿富汗团体团结起来，成立一个类似于

---

① *FRUS*, 1977-80, Vol. 12, Afghanistan, Document 263.

越南南方民族解放阵线那样的阿富汗解放阵线(Afghan Liberation Front, ALF),目的在于凝聚世界舆论,支持阿富汗自由战士英勇的反苏斗争。美国预期它会得到伊斯兰世界的普遍支持,并将为很多西方人士提供机会来表明他们的一贯立场,即在越南反对美国,同样要在阿富汗反对苏联的傀儡政权。① 但这一构想亦无疾而终,流亡领导人难以抛开个人和意识形态上的深刻分歧,团结起来反对喀布尔的亲共政府。

苏联入侵之后,叛乱分子之间以及叛乱分子和流亡组织之间的合作日益增加。尤其是流亡组织逐渐成为外界援助阿富汗叛乱活动的主要渠道,负责武器和物资分发,代表叛乱分子发声,对叛乱活动的控制力也日益增加。但无数四分五裂、争斗不断的反叛组织中没有出现任何一个公认的领导人。

1月27日至29日,应沙特和巴基斯坦的要求,伊斯

---

① *FRUS*, 1977-80, Vol. 12, Afghanistan, Document 61.

兰外交部长会议(The Conference of Islamic Foreign Ministers)在伊斯兰堡召开紧急会议,讨论苏联干预阿富汗问题。为参加会议,巴基斯坦大力促成流亡组织的第三次团结,解放阿富汗伊斯兰联盟(Islamic Alliance for the Liberation of Afghanistan, IALA)成立。该联盟由六个流亡组织组成,其中包括了四个最重要的流亡组织:由希克马蒂亚尔①领导的伊斯兰党,由盖拉尼领导的阿富汗伊斯兰和民族革命委员会(Jabbah-Azadibakhsh Islami,又称阿富汗伊斯兰民族阵线),拉巴尼领导的阿富汗伊斯兰联盟,穆贾迪迪领导的阿富汗民族解放阵线。在1月28日的伊斯兰会议上,该联盟被允许代表叛乱分子的立场,呼吁财政支持。齐亚强调,会议应该发出明确

---

① 希克马蒂亚尔雄心勃勃,独立自主,心狠手辣,反对君主制,对伊朗的宗教极端主义革命很感兴趣。四月革命之前,他就开始在巴基斯坦的帮助下开展游击战,对三军情报局忠心耿耿。他领导的伊斯兰党在阿富汗有15000名游击队员,在白沙瓦和德黑兰分别设有办事处,而且是组织最好、最活跃的流亡组织之一。在未来10年里,美国对圣战者组织的援助有一半以上都流向他的派系。他的极端残忍被中情局认为是一个可以利用对抗苏联的优点。——著者按

的信息,向苏联转达伊斯兰世界的严重关切,并呼吁其撤军。这次会议引发了各方面强烈的反苏情绪,美国驻苏联大使指出,苏联领导层显然严重误判了伊斯兰世界对其入侵阿富汗的反应,会议"对苏联在伊斯兰世界的外交政策利益造成了严重挫折"。

这次团结的尝试与以往的不同之处在于,它包含了两个重要的流亡领袖:盖拉尼和穆贾迪迪,这两个人因无法放下各自家族的历史性争斗,长期水火不容。同时这次团结也是苏联入侵阿富汗以来流亡组织的第一次团结尝试。因此,IALA受到了来自巴基斯坦、沙特和其他波斯湾国家与日俱增的压力,要求他们保持团结,以作为获得军事和财政援助的先决条件。[①] 然而,希克马蒂亚尔还是在 IALA 成立后不久就脱离了组织。

2月初,还有五个阿富汗政治团体联合起来组成了阿富汗伊斯兰解放联合阵线(United Islamic Liberation

---

① *FRUS*,1977-80,Vol. 12, Afghanistan, Document 250.

Front of Afghanistan, UILFA),被认为标志着促进团结的努力向前迈出了重要一步。但该联盟仍然是一个非常脆弱的组织,其领导人仍然因意识形态分歧和个人分歧而相互抵牾。这些分歧存在于从西式民主到伊斯兰极端主义的取向之间,包括对美苏的态度,阿富汗应该采取的政府形式等具体问题。中情局报告显示,在UILFA成立时,每个团体都从沙特政府得到了约10万美元的援助,并且沙特承诺再向该阵线增加600万美元的援助。在阿富汗境内作战的许多叛乱领导人都知道UILFA在白沙瓦得到这笔资助,但UILFA没有用沙特资金支持任何在阿境内作战的叛乱分子,这使阿富汗人民和流亡政治团体领导人之间产生了比以前更大的信任鸿沟。[1]

总体上看,在苏联入侵阿富汗之后的最初阶段,美国对叛乱活动的前景并不看好,因为叛乱分子的组织化程度和领导能力普遍低下,叛乱活动缺乏协调,可获得的武

---

[1] *FRUS*, 1977-80, Vol. 12, Afghanistan, Document 232.

器和物资也不容乐观,尤其是其对抗的还是苏联这样一个超级大国。1月12日,布莱门特指出,苏军在阿富汗的两种前景:一是在短时间内消灭叛乱分子,并使用足够的武力封锁巴阿边境;但可能性更大的是第二种前景——陷入长期反叛乱战争中,被迫进入巴基斯坦开展跨境行动,以摧毁难民营的军事价值。① 美国认为苏联具体有三种选择:一、苏军用于保障城市地区和主要道路的安全,并重建阿富汗军队,以便在农村发挥平叛作用。二、在最需要的地方,直接使用苏军作为阿富汗军队的补充,参与在农村的平叛。三、以苏军为主要力量,在全国范围内粉碎叛乱分子。

中情局认为,苏军在阿富汗已经有足够的兵力(8万人)来控制城市地区,接下来可能会积极参与农村地区的反叛乱行动。关键问题是,苏联有限的反叛乱行动是否会威慑到叛乱分子。中情局评估指出,叛乱分子了解自

---

① *FRUS*,1977-80,Vol. 12, Afghanistan, Document 164.

己的国家,并且有长期抵抗外国统治的历史传统。其优势在于难以捉摸,有足够的机动性和对抗苏联的决心。而且在阿富汗的中部、北部和东部的高海拔地区,苏军的战斗力受到限制。其劣势为在地形平坦、交通便利的南部和西南部地区,叛乱活动无法阻止苏联在此建立安全基地,并对伊朗或巴基斯坦的俾路支地区进行秘密渗透或军事行动。最后,如果苏军无法在山区农村建立有效控制权,苏联将引进更大规模的地面部队,通过空袭叛军集结地,同时派遣徒步部队进攻偏远的叛军基地的方式,在全国范围内对叛军据点进行打击。这将迫使成千上万的难民,包括叛乱分子,放弃战斗,越过边境进入巴基斯坦和伊朗,并付出极其高昂的代价。然而,就算在这种情况下,中情局还是期待叛乱分子能返回阿富汗,一旦苏联决定停止参与平叛,就立即重新开始战斗。[①]

一份特别助理致特纳的秘密备忘录代表了典型的对

---

① *FRUS*, 1977-80, Vol. 12, Afghanistan, Document 165.

叛乱前景的悲观情绪:"我相信情报部门中没有任何一个负责人会相信,阿富汗游击队能够把苏联人赶出阿富汗,他们甚至无法做到让苏军在阿富汗的驻扎难以维持。游击队充其量只是大象皮上的针孔。然而,这对游击队的影响可能会非常严重。给他们提供更多的武器,只会增加游击队的伤亡人数。我们能为自己辩解吗?"①

七、"低水平和持久的叛乱"

面对苏阿政府军和抵抗组织之间的实力悬殊,美国该如何继续制造泥潭,将阿富汗变成苏联的越南呢?

对此,布热津斯基在1月17日的SCC会议上指示,关于伊斯兰国家在阿富汗共同对抗苏联的问题,"目前大规模的叛乱并不符合美国的最佳利益",相反,"低水平和持久的叛乱"是必不可少的。美国认为鉴于苏联军事上的压倒性优势,叛乱分子可能会继续骚扰,但决不会与之

---

① FRUS,1977-80,Vol. 12,Afghanistan,Document 139.

展开大规模作战。面对游击队的不断骚扰,苏联只能选择投入更多的军队和采取更残酷的军事行动。但是,苏联在一个第三世界的伊斯兰国家进行长期军事干涉,必然提升其政治成本。[1] 因此,要达到让苏联付出尽可能高昂的代价这一目的,美国只需维持低水平和持久的叛乱,并不需要叛乱分子与苏军激烈交战并取得胜利。大规模的叛乱反而容易激怒苏联,引起美苏之间不必要的冲突。[2]

美国认为,阿富汗的抵抗程度将取决于两个因素:第一,抵抗组织通过巴基斯坦秘密获得支持的规模;第二,苏联对巴基斯坦施加压力以阻止这种支持的程度。美国的利益游走在两条界线之间,即利用叛乱分子让苏联在阿富汗付出代价和避免苏联的进一步扩张(最可能的情况就是对巴基斯坦的入侵)。特纳指出,对叛乱分子的支持造成了一个两难的局面,即叛乱越是成功,苏联就

---

[1] *FRUS*,1977-80,Vol. 12,Afghanistan,Document 147.
[2] *FRUS*,1977-80,Vol. 12,Afghanistan,Document 172.

越有可能对巴基斯坦施加压力,威胁其安全;而叛乱分子得到更多的武器,叛乱活动更加活跃,所能期望达到的最好的结果就是造成更多伤亡。从某种意义上说,美国试图把巴基斯坦作为一个控压阀,如果巴基斯坦感到苏联施加了过大压力,就会放慢速度或停止这项活动。反之,如果苏联的安全威胁可以承受,那么则可以适度扩大阿富汗的叛乱规模,美国的援助力度也相应增加。[①]

那么,在实施过程中,卡特政府是如何维持"低水平和持久的叛乱"的呢?美国的举措主要包括以下方面:第一,通过巴基斯坦等国向阿富汗抵抗组织提供苏制武器弹药以及必要的培训,增强其战斗力。第二,多次追加援助金额,1980年最终拨款达到至少3000万美元,并将1981年的财政预算提高至近8000万美元。在美国的资金之外,沙特还将匹配与美国同样数额的援助。第三,建立有效援助机制,继续巩固和扩大援助渠道。秘密援助

---

① FRUS, 1977-80, Vol. 12, Afghanistan, Document 173.

主要由美国—沙特—巴基斯坦—埃及四国共同完成,美国出钱出物,沙特主要出钱,巴基斯坦出人出地出力,埃及出苏式武器。此外,美国还一直试图拉拢更多国家参与秘密援助,如西欧和中国。第四,保障巴基斯坦的安全。

在第四份总统裁决的指导下,秘密援助加速进行。2月15日的NSC会议上,卡特批准在1980年继续实施阿富汗隐蔽行动方案,项目预算共计3000万美元,分为秘密准军事行动、隐蔽行动、情报收集三个项目。[①] 2月27日的SSC-I会议再次追加计划预算,正式批准在阿富汗投入额外的资金用于1980年剩余时间的隐蔽行动。会议还明确指出,反坦克和防空武器仍然是叛乱分子的最大需求。原产于苏联的设备变得非常昂贵,而SA-7防空导弹的供应也非常短缺。会议指示中情局与埃及接触,购买南斯拉夫制造的SA-7,然后将其转交给美国。

---

① *FRUS*, 1977-80, Vol. 12, Afghanistan, Document 214.

还要求约旦、沙特和巴基斯坦代表美国设法从阿尔及利亚以及其他可能拥有大量库存的国家获得 SA‑7。①

美国提供的武器有苏制步枪、冲锋枪、机关枪、弹药、地雷、反坦克发射器和火箭。这些物资最初从中情局后备库存中提取,后来由中情局在国际军火市场上购买,用美国空军的 C‑141 运输机运往沙特阿拉伯,然后由沙特的 C‑130 运往巴基斯坦。驻巴基斯坦的美国人员没有以任何方式参与后勤机制或对阿富汗人的训练。训练职能由巴基斯坦人员执行,也可能有少数埃及专家在场。必要时,巴基斯坦人员在沙特接受美国人的特别训练。驻伊斯兰堡的中情局局长与巴基斯坦情报部门和总统齐亚商讨所有行动细节。②

中情局的仓库里有来自不同国家的武器,但只有可识别的埃及武器才能出现在阿富汗。一份中情局报告反映出几批物资的运送情况。首先,一批 5.6 万磅的货物

---

① *FRUS*,1977 - 80,Vol. 12, Afghanistan, Document 220.
② *FRUS*,1977 - 80,Vol. 12, Afghanistan, Document 267.

正运往沙特,再转运至伊斯兰堡,其中包括50个RPG-7火箭发射器、35个12.7毫米高射炮(HMG)、500支AK-47步枪、64万发AK-47弹药和约2 000磅炸药。其次,另一批从开罗运往沙特东北部城市宰赫兰(Dhahran)的货物中也有5.6万磅物资,其中包括1000发RPG-7弹药和21万发12.7毫米高射炮弹。再次,正在用沙特的资金从埃及购买另一批武器,包括15000发14.5毫米HMG弹药、250枚反坦克手榴弹、1700枚捷克制造的反坦克地雷、4000枚手榴弹、备有2500发弹药的50门82毫米迫击炮、100个RPG-7发射器和500枚火箭弹。此外,埃及愿意出售15架SA-7发射器,并授权巴基斯坦购买。1月29日,巴方向到访的布热津斯基表示:希望美国教官在巴境内军事安全地区训练6至8名讲普什图语和达里语的巴基斯坦人操作SA-7。然后将其派遣至阿富汗,与叛乱分子合作使用,并进一步训练阿富汗人使用SA-7。

1月4日,中情局的第一批物资即抵达伊斯兰堡,由

图3-1 1980年1月29日,布热津斯基访问巴基斯坦军事基地
图片来源：https://www.nytimes.com/2017/05/26/us/zbigniew-brzezinski-dead-national-security-adviser-to-carter.html。

巴基斯坦情报局接收,美国支援的首批致命性军械开始陆续交付到叛乱分子手中。16日,布热津斯基催促特纳尽快推动第二批项目,因为他担心有些人在是否应该继续提供这种支持,以及在多大程度上提供支持的问题上有所顾忌。第二批货物中有价值100万美元的埃及武器,另外还有3.2万磅武器正在从宰赫兰运往开罗的途中,应沙特要求通过(未解密)交付,以掩盖沙特和埃及参与武器运输的事实。①

在美国的积极推动下,一些单方面的零散的证据表明,美国援助的武器正被巴基斯坦分配给各个叛乱团体:1月21日,一个身份不明的叛乱团体已经收到了50支AK-47步枪和5万发子弹;截至2月26日,已有7个流亡组织接收到了物资;2月20日,美国驻喀布尔大使馆报告1月底抵达瓦尔达克省的一支商队,带来了12门肩扛式反坦克炮、90支远程步枪、防空武器和3架可用于对付飞机或坦克的多用途武器;此外,还有一名阿富汗线人报告了过去三个月中盖拉尼定期收到巴基斯坦政府提供的弹药和军事装备的情况。

由于情报信息的不对称,要确认美国援助的物资最终是否能抵达流亡组织和叛乱分子手中并非易事,即使是中情局,也只能通过零散的情报信息拼凑出大致的情况。巴方情报局局长表示,他们在密切监视流亡组织向

---

① *FRUS*,1977-80,Vol. 12,Afghanistan,Document 176.

阿富汗境内叛乱部落输送物资的情况,如果出现输送不力的情况,则立即减缓或停止向该流亡组织分发物资。在目前的条件下,这些武器可以通过陆路渗透到阿富汗大部分地区,包括哈扎拉贾特(Hazarazat)地区,武器供应和分发的承诺有助于迫使叛乱分子至少在表面上建立团结。针对以上情况,特纳评论道:总之,中情局的武器和物资似乎已经抵达叛乱分子手中,同时美国的角色隐藏得很好。①

在这些援助的帮助下,叛乱分子战绩显著。苏联在阿富汗遇到的困难同时超出了美苏两方的预估。2月21日,国安会评估了阿富汗形势的变化。随着政府军的瓦解,阿富汗"民族主义"抵抗组织正在稳步扩大势力范围,控制范围开始向主要城市延伸。统治基础狭窄的卡尔迈勒作为苏联傀儡倍受鄙视和嘲笑,人民派和旗帜派之间日益加剧的冲突造成了政治上的无政府状态。苏军占领

---

① FRUS,1977-80,Vol. 12, Afghanistan, Document 227.

了阿富汗城市、道路和关键设施,期望能够加强政府军的力量,使其解放出来与叛乱分子进行斗争。但是,苏联的入侵加剧了政府军士兵的叛逃,反而使其更加脆弱。不满情绪正蔓延至最高层,阿富汗政权面临彻底瓦解的危险。此外,苏军也表现不佳、损失惨重。①

苏联第一次主要的反叛乱攻势一直持续到 3 月中旬,采用了常规的行军战术和区域扫荡,但未能困住或摧毁任何大规模的叛乱团伙。叛乱分子破坏道路,攻击苏军后方和侧翼以及政府哨所。在苏军撤出作战区后,叛乱分子又重新进入,迫使其不得不分散兵力驻守在许多难以彻底平叛的地区,从而更容易受到伏击,并造成后勤问题。② 3 月份,叛乱分子相对成功地躲过了苏联在阿富汗东部的进攻。虽然伤亡很大,但许多叛乱分子得以越过边界逃入巴基斯坦,或躲进崎岖不平的山地,并在那里成功地开展了针对孤立的苏军或政府军、通信线路和军

---

① *FRUS*,1977 - 80,Vol. 12, Afghanistan, Document 215.
② *FRUS*,1977 - 80,Vol. 12, Afghanistan, Document 300.

队防守不严的地区的游击行动。在阿富汗其他地区,叛乱分子的活动仍在活跃进行,几乎农村地区都已经脱离了政府的控制。①

尽管各方援助都在涌向阿富汗,但中情局的调查显示,到3月份为止,叛乱分子的大部分武器——步枪、迫击炮、机关枪,以及少量坦克和装甲运兵车——都是通过逃兵、政府军撤退或伏击补给车队获得的。此外,叛乱分子还通过巴基斯坦西部的军火市场购买当地制造或进口的武器,以及阿富汗或巴基斯坦军队偷取武器。而各种外部援助的武器其实对叛乱分子的战斗力影响甚微。首先,巴基斯坦是迄今提供援助最多的国家。目前交付的大部分装备是弹药、地雷、步枪、机关枪和手榴弹。其次,沙特为叛军购买武器提供了资金,但叛乱分子称,大部分资金流入了巴基斯坦中间人和白沙瓦流亡领导人的口袋。此外,还有少量来自西欧以及伊朗、埃及等伊斯兰国

---

① FRUS,1977-80,Vol. 12,Afghanistan,Document 247.

家的武器或援助。①

在外界援助如此有限的情况下,叛乱分子的表现超出了所有人的期待,令美国和巴基斯坦信心倍增,认为叛乱组织的战斗力被严重低估,抵抗运动使苏联遭遇了意想不到的困难。巴基斯坦表示,阿富汗自由战士的表现出人意料的好,而且很可能会持续下去,阿富汗的局势正是所谓的经典的"人民战争",如果一个阿富汗人拥有一支步枪和一颗子弹,他就是一名士兵;当他失去了枪,就变成了一名平民。叛乱分子就是阿富汗海里的鱼,他们小心翼翼地避免采取损害人民利益的行动,以免削弱大规模的群众基础。② 虽然巴基斯坦边境巡逻队大量增加,但难民/游击队等人员和贸易货物可以自由通过。阿富汗人进入巴基斯坦成为难民,得到资金和武器支持,当他们返回阿富汗后,就变成了游击队员。③

---

① FRUS,1977-80,Vol. 12, Afghanistan, Document 267.
② FRUS,1977-80,Vol. 12, Afghanistan, Document 269.
③ FRUS,1977-80,Vol. 12, Afghanistan, Document 325.

阿富汗形势的变化迫使苏联进行策略调整。4月初，驻阿富汗的苏联高级军官对他们的处境和短期军事前景感到悲观，进行了战术和组织调整。例如，苏联组织的混合旅结合了空降部队、步兵和直升机部队。他们还建立了团规模的特遣部队，由机动化步枪单位组成，配备充足的火炮，例如多管火箭发射器。此外，他们还组建了小型空降分遣队，能够对机会目标做出快速反应。[1]

这一阶段，虽然美国对阿富汗的隐蔽行动计划在顺利推进，叛乱活动节节胜利，但在宏观层面的美苏博弈中，美国的优势似乎并不明显。布莱门特在给布热津斯基的备忘录中总结道：接下来的9个月，将是自朝鲜战争以来美国面临的最严峻的考验，因为苏联尽管对干预行动最初在全世界范围内引起强烈的负面反应感到惊讶，但很可能会在阿富汗驻军，并在国际上和政治上建立起对干预行动的认可，同时在阿富汗取得战术上的成果。

---

[1] *FRUS*, 1977-80, Vol. 12, Afghanistan, Document 300.

布莱门特指出,自1月以来,美国政策中的一系列失误已经使苏联扭转了不利局面。这些失误包括:美国与欧洲盟友在如何应对阿富汗危机问题上的分歧;巴基斯坦对苏联恐吓的持续敏感;美国用抵制奥运、粮食禁运和阻止技术转让来惩罚苏联的政策存在诸多缺陷。为改善这一局面,布莱门特建议,美国必须在巴基斯坦的帮助下,加强阿富汗的抵抗力量;加大对欧洲盟国的压力,争取建立统一战线;通过隐蔽手段挑战苏联在其他地方的冒险主义;增加美国在世界范围内的军事存在;探索美苏高层沟通的其他渠道。①

八、美巴:合作与承诺

在这样的整体形势下,美国需要首先满足叛乱分子持续的武器和物资需求,其次谋求进一步扩大援助规模。然而,目前援助的主力国家的资源和潜力都是有限的,要

---

① FRUS,1977-80,Vol. 12, Afghanistan, Document 238.

达到加强抵抗力量的目的,美国只能寻求更多国家的参与和支持。但更多国家的参与意味着更多泄密风险,尤其是巴基斯坦需要承担巨大的地缘政治风险。因此,获得美国安全承诺的程度以及在多大范围内保密的问题,从合作之初开始,就一直是美巴共同面临的一个两难困境。如果将隐蔽行动公开,美国必然会受到苏联谴责和一定的反制措施,但对巴基斯坦、沙特等国的影响将是致命的,从而会大大降低其合作意愿;如果不公开,更大规模的联合行动将无法有效开展,美国还会因纵容苏联的扩张而在国际和国内受到指责。最终,在各方利益的博弈下,美国先是在公开化问题上无奈地选择不置可否的含糊态度,随后迅速加强了对巴基斯坦的安全承诺,签署了第五份总统裁决,专门用以保障巴基斯坦的安全。直到 10 月初,卡特和齐亚才终于在联合援助和安全承诺之间找到初步平衡。

美巴之间的分歧首先突出表现在隐蔽行动的公开化问题上。2 月中旬,白宫官员在《华盛顿邮报》和《纽约时报》发表了关于阿富汗隐蔽行动的报道。齐亚对这一做法感到非常愤怒,并明确表示,如果有任何进一步的泄露,巴基斯坦将停止所有的合作。齐亚的外交部部长阿迦·沙希(Agha Shahi)向美国驻巴基斯坦大使胡梅尔(Arthur William Hummel Jr.)转达了齐亚"对这些明显的泄密事件深表关切",并质疑究竟"能否信赖美国官员和领导人,并相信他们的承诺,换取表面上的价值"。27日,巴三军情报局局长阿赫塔尔·卜杜勒·拉赫曼(Akhtar Abdur Rahman)表示"对美国官员泄露对阿富汗部落人员的支持的行为感到非常愤怒。如果今后再发生类似的泄密事件,我们未来的合作将受到损害"。① 对此,美国做出的解释仅仅是希望巴方能理解新闻媒体在美国社会中的独立角色。出于自身安全考虑,巴基斯坦一直强烈反对任何秘密行动计划浮出水面,对阿富汗的援助在巴基斯坦内部保持高度保密状态,甚至在情报机

---

① FRUS,1977-80,Vol.12,Afghanistan,Document 209.

构内部也是如此。① 在公开场合,巴基斯坦政府的立场一向都是正式否认在为阿富汗境内的叛乱分子提供武器或援助,但承认它无法有效控制阿富汗部落成员跨越边界的行动。

不仅是在美巴之间,公开化的问题在华盛顿内部也存在很大分歧。尽管知道巴基斯坦的反对立场,但出于对美国利益的考量,布热津斯基还是一直在思考隐蔽与公开之间的界限与利弊。因为隐蔽状态已经导致美国开始受到关于无所作为和纵容苏联的指控,使美国在国际社会,尤其是"自由世界"的声望受到损害。布氏认为如果一直保持隐蔽状态,正好给了苏联一个有力的理由,辩称美国对叛乱分子的支持是完全非法的,而苏联对其他地方叛乱的支持则是合法的。因此他坚持主张把支持阿富汗自由战士作为一项公开的、值得尊敬的事业,而不是美国和其他国家必须予以否认的一项秘密活动。对此,

① *FRUS*,1977 - 80,Vol. 12,Afghanistan,Document 269.

特纳表示强烈反对,因为参与这项工作的中东国家已经对公开报告越来越警惕,"任何公开、明确承认这种援助或暗示他们在其中作用的做法,都可能对继续提供这种援助造成致命的影响"。[1] 还有观点认为,齐亚在政治上无法承受公开的计划,沙特也会抗议放弃隐蔽模式。而且如果由美国带头公开,其效果将是使该计划去伊斯兰化,目前的支援计划会因此受到危害。

经过协商,美国最终采取了折中方案,决定在公开化问题上采取不置可否的含糊态度。布热津斯基表示,除非巴、沙两国同意,否则不应该公开,但应努力促成其同意,还应鼓励其他伊斯兰国家(如摩洛哥等国)采取行动,并支持埃及已经采取的公开立场。克里斯托弗和布朗建议,美国可以不再否认对叛乱分子的支持,但公开层面最好拒绝就此事发表评论。不做评论、不做回应,也许是最有效的选择。卡特也同意这种折中的方式。[2] 布莱门特

---

[1] *FRUS*, 1977-80, Vol. 12, Afghanistan, Document 247.
[2] *FRUS*, 1977-80, Vol. 12, Afghanistan, Document 257.

还向布热津斯基建议,在不发表公开评论的情况下,增加对叛乱分子的援助。因为苏联已经多次指责美国向叛军提供补给,并以此作为入侵阿富汗的借口。无论美国是否有效地向圣战者组织提供援助,苏联都会制造同样的舆论,产生大致相同的宣传效果。①

布热津斯基采纳了布莱门特的建议,放弃了联合援助的努力,转向致力于高效利用现有渠道和资源,加强援助力度,向叛乱分子提供更有力的武器。在布莱门特看来,只供应苏式武器和只保持巴基斯坦一个援助渠道是不必要和不明智的。合适的武器将帮助圣战者阻滞苏联的机动性和"空中骑兵"战术。考虑到阿富汗的战术需要,以及维护和运载方面的限制,美国应该提供以下轻型、易运输的武器:1. 在85件SA-7的基础上,再提供美国的防空导弹,如红眼导弹或毒刺导弹。2. 可拆卸式反坦克武器(LAW)。3. 标准口径(7.62毫米)步枪(美国

---

① *FRUS*,1977-80,Vol. 12,Afghanistan,Document 258.

有大量的M-14步枪库存,美军已经弃用该武器,它们是抵抗战士的理想选择)。4.轻型迫击炮,容易拆解,可在马背上有效使用。5.简易的短波双向无线电设备(圣战者最大的困难之一是无法协调行动)。6.小型地雷(可以非常有效地封锁通信线路,迫使苏联人在防守这些战区时付出更多代价)。此外,他还建议探索和利用传统的枪支走私路线,并向巴基斯坦边境的53个阿富汗难民营分别派驻美国特工,明为救济难民,实则确保圣战者获得所需武器。[1] 布莱门特的部分建议(如提供美式武器)在当时看来由于过于激进而没有被采纳。

在当时的环境中,向圣战者提供苏制SA-7已经属于风险极大的选择,因为这代表着外界对叛乱分子援助力度的重大升级可能引发苏联的激烈反应。到5月中旬,巴基斯坦终于正式做出使用SA-7的政治决定。阿赫塔尔表示巴基斯坦"充分意识到其影响",预计苏联的反应有三个级别:最轻微的可能是根本没有反应;其次

---

[1] *FRUS*, 1977-80, Vol. 12, Afghanistan, Document 258.

是地面入侵巴基斯坦边境地区；最严重的是对巴基斯坦机场进行空袭。并指出苏联的报复在一定程度上将取决于如何和在哪里使用导弹。两个阿富汗团体已经开始在巴接受武器使用培训，计划于5月17日完成训练。每个团体将携带三枚导弹和一个发射器。目标将是辛大德（Shindand）和巴格拉姆机场。

与此同时，美—巴—沙之间的秘密援助渠道也逐渐完善，援助工作有序推进，叛军战斗力获得极大提升。中情局的报告反映了美国援助的武器的使用情况及效果。大约在3月中旬，苏军和政府军开始注意到反叛分子的地雷和反坦克火箭弹袭击明显增加。这与1月至2月中情局向叛军运送地雷、RPG-7型反坦克火箭弹和RPG-7型火箭弹发射器的情况密切吻合。3月中旬之前，苏军和政府军很少遇到地雷，但在4月上半月，仅苏军就有23辆汽车（包括12辆坦克和8辆装甲车）被毁坏或击毁。这促使苏联加紧安排空运扫雷设备进入阿富汗。国家安全局的一位高级分析员指出，从3月底开始，叛军的作战能力在质和量两方面都有所增强。① 这些现象证明，叛乱分子在战场上使用的武器与中情局提供的武器完全相同，而且与中情局预计武器抵达战场的日期基本吻合。不同来源的独立证据，以及战场上的进展，同时证明了援助渠道的有效性和可靠性。

自从1979年12月28日的总统裁决指示中情局向阿富汗自由战士提供军事装备以来，截至1980年6月11日，半年多时间里，中情局已经订购了价值约3000万美元的苏制装备，其交付速度由巴基斯坦吸收和分发装备的能力决定。约1000万美元的武器已经通过巴基斯坦向阿富汗人分发。剩余的2000万装备将在9月30日之前交付。交付机制涉及五个国家。苏式武器主要来源于埃及，用美国空军的C-141运往沙特的宰赫兰，在那里被转到沙特空军的C-130，然后以大约每周两次的频率运往伊斯兰堡。最后，由巴基斯坦通过总部设在白沙瓦的八个阿富汗流亡组织将武器运至阿富汗境内，交到

---

① FRUS, 1977-80, Vol. 12, Afghanistan, Document 260.

叛乱分子手中。阿赫塔尔单方面负责监督武器的分配情况。① 援助前期，巴基斯坦的分配机制大约每五天才能吸收一架 C-130 的运量。中情局表示，如果巴基斯坦能够提高分发速度，美国将补充现有机制，用 C-141 直飞开罗—伊斯兰堡，这将使物资运送量增加约 40%。②

与美国如火如荼的秘密援助相比，苏联在阿富汗的进展并不顺利。经过六个月的战斗，苏联在打击阿富汗叛乱方面没有取得任何持久的军事胜利，在阿富汗的 8 万苏军并不比 1979 年的阿富汗政府军更有能力控制乡村地区；持续至 3 月中旬的第一次反叛乱战役失败，在叛乱分子的猛烈攻势下，苏军在 4 月开展的战术和组织调整也收效甚微。中情局预测，苏军可能会在夏天继续强调和改进他们的空中机动部队和步兵炮兵特遣部队的战术。③ 苏联需要 20 至 25 万人来镇压主要边境地区的叛

---

① FRUS, 1977-80, Vol. 12, Afghanistan, Document 269.
② FRUS, 1977-80, Vol. 12, Afghanistan, Document 288.
③ FRUS, 1977-80, Vol. 12, Afghanistan, Document 300.

乱,但大概6至12个月后才能达到这种兵力积累,然而,10月至11月是阿富汗恶劣天气的开始,这对苏军是极大的考验。①

时至7月,莫斯科奥运会召开在即,美国抵制奥运会的斗争进入白热化阶段。美国预测,苏联在奥运会结束后会进一步升级和扩大在阿富汗的军事行动,因此,秘密援助的力度也必须随之增加。在这种形势逼迫下,美国对巴基斯坦的承诺终于取得实质性进展。

7月7日,SCC-I开会讨论了中情局关于巴基斯坦和阿富汗的三项建议。第一项提案获得一致通过,批准将对阿富汗叛乱活动的秘密支持增加至2000万美元。巴基斯坦早期的运量瓶颈已经逐渐被突破,巴沙两国都急于提高支持水平。第二项提案得到有限支持,该提案涉及一项新的总统裁决,要求美国与沙特分担苏制或其他手持式反坦克和防空发射器(各100个)的费用,中情局将提供必要的培训。国务院和国安会担心巴基斯坦试

---

① *FRUS*,1977-80,Vol. 12,Afghanistan,Document 303.

图利用这种方法来增加美国对他们的政治承诺,并指出这些武器中一定要排除美国产的设备。第三项提案,与沙特联合向在阿富汗作战的叛乱分子的难民家庭提供援助。会议讨论发现通过其他方式也可以达到同样的效果,因此该提案被撤回。会议还指示,国防部和中情局在下周之前,应提出制造 SA-7 的具体方案。①

7月8日卡特签署了关于阿富汗隐蔽行动的第五份总统裁决,其范围针对巴基斯坦,授权"直接或通过第三国向巴基斯坦政府提供苏联或其他外国制造的致命性军事装备,用于阿富汗边境地区的防御目的。必要时,提供现金、采购咨询和武器培训。鼓励其他国家谨慎地直接向巴基斯坦提供资金或致命军事装备"。② 这一裁决使美国对巴基斯坦的安全承诺得到落实,极大增强了巴方

---

① 因为现有的供应资源已经枯竭,美国决定在美国、埃及或者其他国家仿制 SA-7。后来,国防部的方案是在埃及制造,作为交换,埃及将从美国获得红眼导弹。特纳指出,埃及似乎对这笔交易不感兴趣。在卡特政府结束时,这笔交易仍然没有结果。——著者按

② *FRUS*,1977-80,Vol. 12, Afghanistan, Document 298.

的合作意愿。

随着巴基斯坦在秘密援助中的作用愈益重要,苏联对伊斯兰堡施加的外交和宣传压力也越来越大。勃列日涅夫在讲话中多次指责巴基斯坦成为支持阿富汗"反革命分子"的主要渠道,苏联媒体通过强调对齐亚阿富汗政策的普遍反对,试图增强伊斯兰堡对苏联干涉巴内政的担忧。9月26日,即齐亚前往联合国与卡特会谈的前夕,六架苏联制造的MI-24直升机蓄意攻击了巴基斯坦边境哨所,造成"数人伤亡"。这一行为可能是对齐亚的警告与恐吓,也可能是出于报复的目的,因为叛乱分子在之前对坎大哈机场的袭击中取得了重大成功,十几架苏联飞机在地面上被摧毁,许多苏联人丧生。[①]

但齐亚完全没有因这次轰炸而胆怯,10月初,卡特与齐亚如期会晤,并在很大程度上解决了美巴两国在隐蔽行动公开化问题上的分歧。此前美国一直希望联合更

---

① FRUS,1977-80,Vol. 12, Afghanistan, Document 312、313、320.

多的国家(尤其是西欧盟友)进行援助,但巴基斯坦始终持否定态度。9月29日,在华盛顿举行的会谈中,纽森向沙希提出某国有兴趣向阿富汗叛军提供援助的问题,沙希表示如果欧洲国家想提供帮助,首先应该保证维持公开层面对抗苏联的政治和经济措施,因为一些欧洲国家在公开场合表现出的对苏联入侵阿富汗的回避或纵容态度"已经打破了政治战线"。特纳也一直对欧洲国家的参与表示"真正的质疑",因为这样做会增加泄密的风险,更多的人将会知道这个秘密计划。①

然而,10月3日,在齐亚和卡特、布热津斯基于华盛顿的会谈中,事情突然出现了转机。齐亚主动提出,美国应该更多地鼓励欧洲参与秘密援助,并暗示卡特,希望欧洲国家积极主动地与他联系,"自由战士需要更多的反坦克和防空武器。法国有很好的武器,欧洲人应该给予更多的帮助"。但齐亚并不想将合作关系全都建立在与美

---

① *FRUS*, 1977-80, Vol. 12, Afghanistan, Document 321.

国的联系之上,毕竟把鸡蛋都放在一个篮子里并不安全。国安会官员桑顿提醒布热津斯基,齐亚要求卡特指示欧洲领导人直接与他接触,表明巴基斯坦希望在武器援助问题上与美国保持一定距离,齐亚不希望美国"参与和组织其他国家对叛乱分子的支持"。①

入侵以来的10个月里,苏军和叛军在阿富汗的战斗数量大大增加。中情局评估,即将到来的冬季会影响到双方的活动,苏联部队将以前所未有的持续军事压力来对抗叛乱分子,再加上可能出现的粮食短缺,最终可能影响到叛乱分子在目前水平上继续进行斗争的能力。② 针对即将到来的困难,美国再次追加了援助资金。10月27日,亚伦签署了一份备忘录,授权1981财政年度阿富汗秘密行动计划总额为6000万美元。但11月初,在沙特举行的一次会议上,麦克马洪从阿赫塔尔将军那里得知,巴基斯坦分发武器的能力得到了进一步提升。而且沙特

---

① FRUS,1977-80,Vol. 12,Afghanistan,Document 326.
② FRUS,1977-80,Vol. 12,Afghanistan,Document 317.

情报组织负责人图尔基王子也认为,该计划应得到更多的支持。鉴于以上情况,中情局决定规划更大规模的采购和扩大现有的物流机制。11月25日,特纳向布热津斯基建议应该将1981财政年度的计划总金额由之前的6000万美元增加到8000万美元。这个总额中,包括了7月7日的SCC会议的2000万美元和10月27日的亚伦备忘录的4000万美元,而且援助资金将由美国和沙特平摊。最终,11月26日,管理与预算办公室批准了3500万美元的支出,占新的7000万美元援助总额的一半。[1]

相比入侵阴云笼罩的1979年,1980年的年末,华盛顿气氛安宁了许多。在感恩节前夕,卡特收到了阿富汗民族解放阵线主席穆贾迪迪的来信。穆贾迪迪在信中感谢了卡特对阿富汗人民和阿富汗难民的所有帮助,呼吁美国提供进一步的人道主义援助,以使其"能够为遭受史无前例的种族灭绝的人民提供基本的生存手段",并表示

---

[1] *FRUS*, 1977-80, Vol. 12, Afghanistan, Document 336.

"我和自由战士以及全体阿富汗人民将对你们能够提供的任何进一步援助深表感谢"。① 然而,卡特任期即将结束,进一步的援助要交由里根来指挥了。

转眼之间,又一个圣诞节到来,12月24日的《总统每日简报》里写道,自平安夜入侵以来的一年里,苏联已经实现了他们在阿富汗的核心目标——维持一个共产主义政权。这是以相当大的国际政治代价和克服了诸多军事困难换取的。尽管苏联加大了军事行动的力度,并不断改进反叛乱战术,但阿富汗每个省的叛乱活动都达到了自苏联入侵以来的最高水平。所有迹象都表明苏联做好了长期交战的打算。同一天,卡特发表声明,呼吁苏联撤军并共同寻求政治解决方案。在声明的最后,他说:"阿富汗人民和他们的斗争没有被我们遗忘,世界其他国家也不会忘记。"②

---

① FRUS,1977-80,Vol. 12, Afghanistan, Document 335.
② FRUS,1977-80,Vol. 12, Afghanistan, Document 343.

九、谁的代价？

在读到穆贾迪迪的感谢信时，不知卡特是否感到一丝不安。毕竟，在美国希望通过秘密援助使苏联付出"尽可能高昂的代价"的政策背后，自由战士已经为之付出了真正极为高昂的生命代价，成为美国利益的炮灰，而这些流血牺牲原本就是美国政策的"题中之意"。苏联入侵后，白宫决策者在隐蔽行动问题上迅速达成共识：秘密提供致命性军事援助，让苏联付出尽可能高昂的代价。然而，随着事态发展，华盛顿逐渐意识到"尽可能高昂的代价"似乎只是在一种决策冲动下形成的一个响亮却含糊的目标。在政策实践过程中，众多的技术官僚需要的是更为具体，甚至是教条的基本原则方针作为指导。宏大战略目标感召下，他们虽然对秘密援助本身未存在过多的质疑，但在援助目的和援助程度方面的疑惑与分歧却与日俱增。在决策冲动消退之后，白宫决策者不得不重新回归关于美利坚的良心与利益的发现之旅。

在这场博弈中,美国的对外政策主要游走在苏联、巴基斯坦、阿富汗三者之间,同时在公开和隐蔽两条轨道上展开,分别是——公开通过政治、外交手段与苏联协商解决阿富汗问题,隐蔽行动支持叛乱分子与苏联作战;公开层面与巴基斯坦建立复杂的政治、经济关系,隐蔽行动中的深度合作与安全承诺;公开层面对自由战士表现得"漠不关心",隐蔽行动中对叛乱分子大量援助——在这六条相互交织的线索组成的复杂网络中,华盛顿需要时刻辨别公开层面和隐蔽层面政策目标间的微妙差异,需要建立并维持两套并行不悖、协调统一的运作机制,需要不断地在最大利益和最小利益之间寻找均衡点,需要在确保苏联付出高昂代价和不能激怒苏联之间把握平衡,其复杂与困难程度可想而知。这些操作要求在政策制定和执行的过程中保持高度的严谨、完备和精确。如果没有明确的基本方针和操作细则时时作为指导,就很难有效运行下去。因此,在阿富汗问题上,不仅美国外交面临极其严峻的考验,卡特的官僚系统也面临严峻的考验。

苏联出兵之后,美国决策者们面临的第一个问题是对苏联行为动机和目标的判断——阿富汗事件究竟是苏联战略中的一个反常和例外,还是克里姆林宫冒险政策新阶段的一个预兆——这直接决定了美国的政策方向与力度。

公开谴责中,美国一直声称苏联的入侵是蓄意的扩张行为,是对波斯湾地区以及"世界和平极其严重的威胁"。但私下里,大多数官员其实更倾向于认为苏联在阿富汗的战争目标是明确的、有限的、偶然的。因为阿富汗政府正在失去治理能力,苏联政治局的动机可能只是替换阿富汗领导人。在与沙特王子的会谈中,布热津斯基明确表示他准备接受苏联的动机仅限于阿富汗本身这一事实。然而,布氏强调,苏联入侵阿富汗的理由无关紧要,其后果是制造出了一种不仅限于阿富汗的战略动态,无论其眼前利益如何,侵略的影响都具有全球意义,代表一种战略挑战。"他们将缓和变成了进攻的楔子,这些行为非常严重。历史表明,目标有限的行为有时也会导致普遍的结果。毕竟在一战中,各方一开始的目标都非常有限。"①阿富汗不仅是阿富汗,更是1975年以来依靠苏联上台的第七个共产主义政权(越南、安哥拉、老挝、南也门、柬埔寨、埃塞俄比亚、阿富汗)。布热津斯基认为,这种扩张是美国软弱、退让与纵容的后果,它使苏联从过往经验中得出结论,美国的谴责无足轻重,因而在阿富汗问题上明显低估了美国可能的反应以及对苏联采取真正惩罚性措施的可能性。②

围绕苏联入侵的严重性问题,白宫进行了一场激烈的辩论,并且至少持续至4月中旬。4月10日,中情局题为《苏联入侵阿富汗:反常还是征兆?》的报告总结了这一争论:苏联既不致力于在入侵后恢复缓和、回归之前的轨道,也不致力于在全球范围内推行更进一步的侵略政策。苏联未来的行为将更加偶然,由苏联领导人对入侵的成本和收益的衡量所决定。苏联是否会审慎地使用军

---

① *FRUS*,1977-80,Vol. 12, Afghanistan, Document 194.
② *FRUS*,1977-80,Vol. 12, Afghanistan, Document 134.

事力量将在很大程度上取决于"阿富汗的教训":包括阿富汗局势的最终结果、对该地区和美国盟友的影响,但最重要的是,取决于苏联对美国反应的看法。也就是说,苏联未来的态度取决于苏联领导人认为他们对阿富汗的干预在多大程度上是"成功"的。①

因此,美国认为,当务之急不仅是要采取行动反击苏联在阿富汗的所作所为,更重要的是让苏联和其他国家感受到美国反击的意志与决心。布热津斯基表示,这些都是痛苦而棘手的问题,无论美国在该地区采取什么对策,都将付出代价。"我们永远无法知道这一切是否可以避免,但我们明确知道的是,如果不及时做出反应,如果反应不够充分,其后果将更加可怕,因为我们在中东的重大利益很快就会受到直接影响。"②

明确了苏联入侵的性质与定位之后,美国决策者面临的第二个问题是界定美国在阿富汗的目标与利益。

---

① *FRUS*,1977-80,Vol. 12,Afghanistan,Document 252.
② *FRUS*,1977-80,Vol. 12,Afghanistan,Document 152.

苏联出兵后不久,1979年12月26日的SCC会议即指出美国的目标是使苏联付出"尽可能高昂的代价"。12月28日的NSC会议上,美国在阿富汗问题上的最终目标再次引起讨论:卡特说是让苏联撤军;鲍威尔和特纳表示,让苏联撤出的目标很难实现;万斯、布朗和布热津斯基的态度是要让苏联付出尽可能高昂的代价。国务院12月31日发表的题为《阿富汗:美苏关系框架中的步骤》的文件中指出,美国希望在阿富汗对苏联直接施加三种影响。第一种是惩罚性的:希望苏联为违反国际行为的基本原则付出代价。第二种是胁迫性的:希望苏联撤军,允许阿富汗恢复表面上的主权和中立。第三种是威慑性的:防止苏联打破更多界限,比如越过国际边境追击反对派,或者大规模升级与叛军的战斗。[1] 档案显示此时卡特已经改变了想法,确信美国不可能让苏联撤出阿富汗,但是认为苏联在未来十年至二十年间的行动都

---

[1] *FRUS*,1977-80,Vol. 12,Afghanistan,Document 135.

将受到美国在这场危机中的政策的影响。

1980年1月底,在布热津斯基和克里斯托弗访问巴沙两国之前,卡特特意叮嘱,"我们的最大目标是维持一个没有苏联军队存在的中立的阿富汗,最小目标是长期的抵抗,增加苏联的代价,激励世界舆论反对他们的侵略"。在与齐亚的会谈中,布热津斯基表示美国对苏联在阿富汗的侵略有四个方面的应对措施:第一,保持广泛、有力、持续的国际反应。第二,保持苏联在阿富汗境内的继续占领并防止其迅速巩固作战基础,这一点非常重要,这样才能提高其代价。第三,在美国的参与下进行多边努力,以加强巴基斯坦防御能力,特别是抵御苏联低级别侵略的能力。第四,警告苏联,如果苏联对巴基斯坦的挑战超出巴方能力范围,美国绝不会袖手旁观。以上四项考虑确定了阿富汗问题本身的最低和最高目标:最高目标是建立一个没有任何苏联存在的中立的阿富汗政府,最低目标是让苏联长期卷入对阿富汗人民的镇压。其中前者较难实现,因此,应该让苏联的行动继续下去,并在政治上和军事上付出高昂的代价。①

最终,在2月26日的SCC会议上,关于美国在阿富汗的目标,卡特内阁初步达成了共识:第一,让苏联为阿富汗付出代价,并防止他们在美国与盟国之间挑拨离间;第二,保持施加压力,使苏联从阿富汗撤军,并提出一个可以接受的政治方案。② 然而,卡特的主要幕僚成员中,几乎所有人都承认让苏联撤军是一个难以实现的目标,因此撤军的目标只是作为一个幌子而存在,美国并不会为这一目标做出实质性的努力。事实证明,由于以上两个目标过于宽泛和空洞,且无法给官僚体系提供有效的和切实可行的指导,界定美国的目标与利益的任务还远未完成。

政策目标的含糊直接派生出了美国决策者不得不面对的第三个问题——究竟要让苏联在阿富汗付出什么代价?

---

① *FRUS*,1977-80,Vol. 12,Afghanistan,Document 193.
② *FRUS*,1977-80,Vol. 12,Afghanistan,Document 256.

在布热津斯基看来,随着美国政策的实施,苏联将付出两个巨大的代价。首先,莫斯科将失去它在整个70年代所享有的来自西方和第三世界的外交关注和对他们的吸引力。其次,美国的制裁会加剧苏联和苏联阵营内部的经济困难。因此美国应该郑重声明要使苏联为其行为付出明确代价的决心,以加强苏联政治局中那些认为对外军事冒险的代价远远超过其价值的人的势力,从而改变苏联政策的走向。① 然而,上述两个代价是否"尽可能高昂"不得不令人感到怀疑。如果布热津斯基对此确定无疑并真正洞悉了这两个代价的内涵与实质的话,那么他的失误就在于没有将全部的想法准确地、成功地传达给他的同事或者下级官员。"尽可能高昂的代价"的政策目标因为没有明确的内涵与外延,甚至也没有最大代价和最小代价的范围界定,在官僚体系内部的实际执行过程中不免遇到各种问题。

---

① *FRUS*,1977-80,Vol. 12,Afghanistan,Document 134.

桑顿对此表达的悲观态度代表了一种普遍存在的观点：让苏联撤军并不是一个期待中令人真正满意的结果，让苏联为其行动付出代价——作为一个次要目标虽然具有相当大的价值，但也无法成为一个长期的政策目标。而且出于以下担心，桑顿认为美国可能无法使苏联付出尽可能高昂的代价：其一，巴基斯坦不愿与美国保持密切联系；其二，新闻界的泄密事件会使巴基斯坦的合作意愿更低，从而在总体上削弱美国的地位；其三，苏联会不惜一切代价确保边界安全，而桑顿毫不怀疑苏联最终会成功。①

虽然美国的政策目标及其相关问题并没有得到清晰的答案，但随着美国对阿富汗隐蔽行动的逐步推进和扩大，极为现实的第四个问题又摆在了美国决策者的面前——应该如何认识和界定伊斯兰抵抗组织的角色与性质？以及如何在美国利益与伊斯兰合作者利益之间寻找

---

① *FRUS*, 1977-80, Vol. 12, Afghanistan, Document 212.

平衡？在这一问题上，卡特政府大概分成了两派：一是以布热津斯基为首的理性派，信奉美国利益至上，将抵抗组织的利益置之度外；二是以特纳为首的温和派，重视道德因素，将抵抗组织的利益纳入美国的利弊衡量体系之中。

2月26日，桑顿提醒布热津斯基，美国应该谨慎地暗示对阿富汗境内的伊斯兰势力的支持空间，因为他们蒙昧、反动、丑陋，存在严重的人权问题，而且非常反美，并不值得信赖。但除了伊斯兰势力，美国在阿富汗并没有别的选择。归根结底，美国既不得不利用伊斯兰势力进行反苏斗争，又不希望阿富汗最终建立一个伊斯兰政权。桑顿表示"如果这块不幸的土地要想重新获得任何形式的秩序，那么最好是来自半世俗主义者，如王室和任何仍然活着的所谓的现代主义者"。①

但对布热津斯基来说，为了达到打败苏联这一最终目的，其他的所有威胁和牺牲似乎都不足挂齿。在他"伊

---

① FRUS,1977-80,Vol. 12, Afghanistan, Document 219.

斯兰之弧"的构想中,与美国相比,伊斯兰国家对苏联来说是更大的挑战,因为他们代表的是一个正在兴起的宗教复兴运动,世界上其他地区对苏联入侵阿富汗的愤怒将被苏联五六千万穆斯林默默地分担。事实证明,布热津斯基的这一策略正切中了苏联的要害。苏联在入侵后一直在为自己辩解,试图将侵略行为合理化,将之视为对正当利益的捍卫。其中一个主要的正当利益就是需要保持对苏联境内穆斯林人口的控制,防止伊斯兰好战分子蔓延到中亚地区,威胁苏联在中亚的影响力。苏联媒体努力地试图"推销"对阿富汗的干预,将阿富汗的反对派力量与"巴斯马契"(Basmachi)运动①相提并论。5月24日,苏联海军上尉瓦伦丁·谢尔科夫(Valentin Serkov)在一次招待会上向美方表示,美国人必须了解苏联历史,才能理解苏联在阿富汗的行动。苏联曾花费二十年时间镇压中亚的伊斯兰抵抗运动,在血腥而代价高昂的斗争

---

① 1917—1926年,穆斯林在中亚地区进行的反对苏联统治的起义活动。——著者按

之后最终取得了胜利,因此苏联"不会袖手旁观,眼睁睁看着边界上由苏联支持的政府被我们之前在苏联征服的伊斯兰极端主义势力推翻。这就是我们向阿富汗派兵的主要原因"。①

穆斯林对苏联入侵的反应使得美国更容易在伊斯兰世界发动攻势,莫斯科的决定导致许多民族主义政权转而反对它,而且还导致左派的合法性受到伤害,使得伊斯兰主义的煽动在中东、北非乃至东南亚的穆斯林中更容易得到响应。1980年1月,35个伊斯兰国家在伊斯兰堡召开会议谴责苏联的入侵。在很多伊斯兰主义者眼中,苏联和共产主义变成了最主要的敌人,而美国则在实际上成为策略性同盟。

针对苏联的这一软肋,布热津斯基顺势而为,将对伊斯兰的利用发挥到了极致。在政治方面,他主张巴基斯坦和其他伊斯兰国家应该提议由国际伊斯兰势力来促成

---

① *FRUS*,1977-80,Vol. 12,Afghanistan,Document 275.

阿富汗的中立化。这将使苏联人处于守势,并掩盖外界对美巴勾结的猜测。同时,在秘密援助中,努力促进巴基斯坦、沙特、埃及、伊朗等伊斯兰国家的参与,充当美国的"马前卒",而阿富汗的伊斯兰抵抗组织则更直接地成为美国利益的"炮灰"。

这种对伊斯兰赤裸裸的利用不免引起温和派官员的疑虑。正如在苏联入侵后不久,一位中情局官员的发问:"我相信情报部门中没有任何一个负责人会相信,阿富汗游击队能够把苏联人赶出阿富汗,更无法做到让苏军在阿富汗的驻扎难以维持……给他们提供更多的武器,只会增加游击队的伤亡人数。我们能为自己辩解吗?"[1]这种疑虑在1980年7月引发了政府内部对阿富汗问题的重新审视。因为当时国内政治环境悄然发生了变化,比起潜在的苏联对巴基斯坦安全的威胁,此时华盛顿更多地担心美国在第三世界国家的再次卷入,毕竟当年正是

---

[1] FRUS, 1977-80, Vol. 12, Afghanistan, Document 139.

"温和的步骤"逐渐将美国困在了越南。

国务卿马斯基(Edmund Sixtus Muskie)主持召开会议审查对巴基斯坦政策,对美国的秘密援助提出了诸多质疑:"正是我们向叛乱分子提供的援助帮助制造了我们所面临的问题。如果我们提供更多的帮助,就会导致更多的紧张。因此,我们自己的行动正在推动我们走向终极问题。我想知道巴基斯坦的立场是否坚定到了值得我们采取这样行动的程度?"特纳在会上表示,虽然苏联对巴基斯坦发动大规模地面部队袭击的可能性不大,但施加强大压力的可能性非常高,必须深刻反思挫败苏联在阿富汗的所作所为对美国究竟有多重要。[1]

会后,桑顿给布热津斯基的备忘录中的一系列疑问代表了很多高级别温和派官员的反思:对于叛乱分子,美国的花言巧语和秘密援助究竟到了什么程度,才会鼓励他们进行无谓的自我牺牲?是否应该更公开地与叛乱分

---

[1] *FRUS*,1977-80,Vol. 12, Afghanistan, Document 303.

子打交道？可以采取哪些措施向苏联表达美国的关切，并鼓励巴基斯坦支持叛乱分子？（目前武器销售是唯一的支持项目）对于巴基斯坦，美国想做出多少承诺？是否在虚张声势？是否冒着极大的危险误导巴基斯坦人民？何时（以及如何）知道苏联对巴基斯坦的威胁超越了可接受的界限？如何才能确保伊斯兰处于突出位置？如何将其维持在东南关系之中，而不是东西关系之中？桑顿还明确表示，"我不相信美国人民和国会已经崇高到认为我们会真正支持巴基斯坦。无论我们做出什么承诺，都有太多'充分的理由'来背信弃义"。①

美国驻巴基斯坦大使胡梅尔指出，除了债务减免之外，美国未能兑现支持巴基斯坦的言论。在巴基斯坦独自承担起对抗苏联的真正代价的时候，美国却在足够安全的地方欢呼雀跃。诚然，美国向阿富汗难民提供了慷慨的人道主义援助，但这对于巴基斯坦的决策者来说并

---

① *FRUS*, 1977-80, Vol. 12, Afghanistan, Document 304.

没有太大意义,因为他们面临的是命运攸关的问题。

尽管温和派和理性派之间并没有明确的对立、争辩与斗争,但正如在对阿富汗政策目标上的含混不清一样,卡特幕僚在美国利益与伊斯兰叛乱分子的安全问题上的诸多不确定,共同体现出苏联出兵之后美国在阿富汗问题上的迷茫与纠结。而且这种状态贯穿了整个1980年,直到卡特任期结束,上至国务卿,下至驻外大使,很多官员心中关于阿富汗问题的种种疑问仍然没有得到很好的解答。

1980年3月,驻印度大使罗伯特·戈欣(Robert F. Goheen)在电报中直言,"我们认识到,美国的政策必然在演变,特别是在苏联入侵该地区后的两个月里。然而,坦率地说,我们对没有及时收到华盛顿的政策指导和意见感到失望。这种缺陷不仅出现在华盛顿的项目方案决定中,而且在广泛的政策和战略领域中也很明显"。[1]

---

[1] *FRUS*, 1977-80, Vol. 19, South Asia, Document 17.

4月30日,国安会官员布莱门特在研究了美国对阿富汗援助的有效性问题之后指出,迄今为止,美国的努力都是试探性的、零碎的和不充分的。布热津斯基以及埃尔马斯和韦尔奇等国安会成员都对这一判断表示赞同,认为美国应该做得更多。桑顿建议布热津斯基举行更多会议展开深入讨论,以确定美国对阿富汗政策的未来走向。①

12月,胡梅尔大使发回国务院的电报中指出,三十年来,美国在无关紧要的关系中的政策路线让美国早已习惯了这样一个事实:"我们无法同时满足自己和南亚其他国家的需要。"他认为在对巴基斯坦提供最低限度和最大限度的支持之间存在着一个中间地带,这将决定美国的立场与利益究竟存在于哪里。那么,美国的政策将走向何方?是否准备任由局势飘忽不定,或以某种方式支持抵抗势力发展壮大?还是采取一些积极的举措,帮助

---

① FRUS,1977-80,Vol. 12,Afghanistan,Document 258.

缓解该地区的紧张局势，或增强巴基斯坦面对巨大压力挺身而出的决心？如果能缓解该地区的紧张局势，这样的发展是否符合美国的利益？①

然而，胡梅尔的这些问题，以及其他官员的诸多疑问，都留待卡特的继任者里根来回答了。

---

① FRUS,1977-80,Vol. 12, Afghanistan, Document 338.

IV

第四章

里根的战争，1981—1989

一、卡特主义的里根推论

相比卡特政府一系列黯淡无光的外交成绩，以对苏强硬著称的里根在外交方面获得了足够多的褒扬。但实际上，卡特任期的最后两年已经直接预示了新一届政府必须优先考虑的关键事项，即向激进政权施加更大的压力，并在地方性反共运动中赢取新同盟。很多在卡特时期已经提上日程或开始实施的政策方针，终因各种原因而踟蹰不前、争论不休，在里根手中却得到了不同程度的扩大和发扬。里根以其特有的魄力将卡特任期最后两年铺展开来的反共攻势推向了纵深和高潮。

发生在伊朗和阿富汗的危机催生了卡特主义——明确承诺美国将保卫波斯湾地区不受外部威胁，里根以这一战略为基础，提出了一个本质上应该被视为"卡特主义的里根推论"（Reagan Corollary to the Carter Doctrine）的观点，即华盛顿也致力于捍卫海湾石油的自由出口，抵御来自中东内部的威胁。在对第三世界的政策方面，里根同样没有偏离卡特时期的基本方向与轨道,尤其是在其第一任期内,大体上仍在卡特奠定的框架中进行。但美苏都明白,苏联对东欧或者阿富汗的控制靠核战争的威胁是解决不了的,向苏联施加压力需要的是更为直接和非军事的策略。① 因此,从第二任期开始,里根在第三世界实施政策的方式而非目的开始发生重要变化。事实证明,即使目的相同,仅方式的变化也将产生截然不同的政策效果,里根推论以其独特风格远远超越了卡特主义的光芒。

1985年2月6日的国情咨文中,里根指出:"我们绝不能对那些在从阿富汗到尼加拉瓜的每一块陆地上……冒着生命危险……藐视苏联的侵略和捍卫我们从一出生就拥有的权利的人背信弃义。支持自由战士就是自卫。"1986年3月14日发表的题为《自由、地区安全和全球和平》的咨文中,里根首次提出针对第三世界的施政方针,

---

① [美]沃尔特·拉费伯尔:《美国、俄国和冷战(修订第10版)》,牛可等译,北京:世界图书出版公司,2014年,第249页。

后被称为里根主义(Reagan Doctrine)。主要内容是与苏联争夺第三世界,认为苏联在20世纪70年代势力伸展过长,内外交困,难以巩固已经取得的进展;美国应准备以"低烈度战争"(low-intensity conflicts)阻止和反击苏联在第三世界对美国利益的威胁,遏制它的扩张主义,把它取得的政治和军事进展推回去;鼓励第三世界亲美右翼政府的活动,加强对其他第三世界国家和抗苏武装的经济、军事援助,稳定局势。① 这是里根政府在冷战后期为了压倒苏联的全球影响力而实施的一项战略。从20世纪80年代初到1991年冷战结束,这一原则一直是美国外交政策的核心。

根据里根主义,美国应向反共游击队和抵抗运动提供公开和隐蔽的援助,以击退苏联支持的非洲、亚洲和拉丁美洲的亲苏政府。在里根及其幕僚看来,苏联直接或通过代理使用武力的最大危险出现在第三世界。美国必

---

① Chester Pach, "The Reagan Doctrine: Principle, Pragmatism, and Policy", *Presidential Studies Quarterly*, March 2006, p.75.

须打破其后越战时期的被动状态,采取反击战略,尽可能在美国所选择的时间和地点,通过反对苏联及其代理人来夺取主动权。反击战略将寻求通过提高莫斯科参与第三世界的风险和成本、利用苏联代理人的弱点,以及通过适当使用奖励和抑制措施,削弱他们与苏联的联系,阻止代理网络的进一步发展。在意识形态层面,美国把注意力集中在苏联代理人的侵略活动和内部缺陷上,让他们处于守势。美国认为,必须提供一个积极的替代办法,取代苏联向第三世界提供的武器和采取的镇压活动。此外,美国对某些类型的政治和经济改革的支持可能造成不稳定局势,并被莫斯科所利用。因此,美国需要在诸多利益中确定优先顺序,必须能够捍卫西方国家在波斯湾和近东地区的战略利益,保护西方获取石油的渠道免受直接挑战,并应对苏联势力投下的具有政治破坏性的影响。必须扩大与该地区以外的盟友以及有能力反击苏联代理人的地区盟友之间的合作。[1]

---

[1] *FRUS*, 1981-1983, Vol. 3, Soviet Union, Document 62.

已至暮年的里根（70岁）选择了同样年迈的威廉·凯西（William Joseph Casey, 68岁）作为他的中情局局长，负责实施在第三世界对苏联的反击战略。美国在阿富汗的秘密战争也由卡特和布热津斯基的战争变成了里根和凯西的战争。凯西作风强硬、精力充沛、极其反感官僚作风、敌视国会和媒体，最重要的是他的目标非常明确和单一——对苏联发动全面挑战。此时，充满官僚作风、深受国会调查和内部清洗之苦的中情局似乎正需要这样一位救星，更何况，凯西还得到了里根足够的信赖和支持。里根和凯西将隐蔽行动作为其进攻性外交政策的一个基本组成部分，而非可有可无的努力。不仅扩大了卡特时期所有的总统裁决，还签发了许多新的裁决。在卡特后期争取国会对隐蔽行动立法支持的基础上，里根制定了许多相关政策文件，开展了针对波兰、东欧、阿富汗、安哥拉、中美洲、缅甸、也门、埃塞俄比亚、黎巴嫩等国家和地区的隐蔽行动，将其上任时依然处于低谷的隐蔽行动再次推向高峰，彻底扭转了中情局和隐蔽行动政策持续了近十年的颓势。[1]

1981年12月,里根签署了关于隐蔽行动的第一份重要政策文件"12333号行政命令"(Executive Order 12333),规定国安会为对隐蔽行动进行审议、指导的最高行政机构,再次确认美国情报机构的任务之一是从事"特别活动",并明确授权中情局局长确保"特别活动"的实施。不久,里根成立了"国家安全规划组"(National Security Planning Group,NSPG)以取代卡特的特别协调委员会,其成员包括总统、副总统、国务卿、国防部部长、国家安全顾问、中情局局长,以及白宫总管、副总管和总统私人顾问。但里根有时绕开国安会和国家安全规划组,仅和凯西或其密友克拉克私下协商隐蔽行动决定,如秘密支持波兰团结工会和阿富汗抵抗运动。[2]

---

[1] William J. Daugherty, *Executive Secrets: Covert Action and The Presidency*, Lexington: The University Press of Kentucky, 2004, pp. 193-194.
[2] 白建才:《"第三种选择"——冷战期间美国对外隐蔽行动战略研究》,北京:人民出版社,2012年,第101—102页。

1982年6月,里根签署了《1982年情报身份保护法案》(Intelligence Identities Protection Act of 1982)。该法案自1980年以来就在国会辩论,它规定泄露中情局秘密特工的身份是违法的,从而在法律层面为中情局的活动提供了更多保障。

1984年1月23日,《中情局信息法案》(The CIA Information Act of 1984)获得通过,该法规定,"在中情局收到的搜查请求中,某些业务文件可免于按照《信息自由法》中的规定进行搜查。行动档案包括中情局科技处、行动处及人事安全办公室的档案"。①

1985年1月18日,里根签署了第159号国家安全决定指令(NSDD159)②。文件详细规定了隐蔽行动的批准、审议协调、监督、保密等程序及相关责任人和机构。"美国需要各种国家安全工具以保护和促进其利益……

---

① http://www.foia.cia.gov/CIAinfoact1984.asp.访问时间:2020年5月15日。
② https://www.reaganlibrary.gov/sites/default/files/archives/reference/scanned-nsdds/nsdd159.pdf.访问时间:2020年5月15日。

这些工具包括公开和秘密的外交信息管道，政治行动，以及包括准军事行动和情报支持计划在内的隐蔽行动。"

关于隐蔽行动的批准实施程序，NSDD159 文件规定，所有隐蔽行动须由总统通过签署总统裁决予以批准实施。国家安全规划组作为国安会的一个分委员会，将就每一项拟议中的隐蔽行动或就正在进行的隐蔽行动进行调整的计划向总统提出意见。NSPG 的具体职责，即审议、评估、指导和指示隐蔽行动的实施，确保与其他美国国家安全政策工具协调隐蔽行动，并将提议的总统裁决和通知备忘录连同 NSPG 的意见，包括其他任何成员的不同意见，经由总统国家安全顾问报告总统；定期审议实施隐蔽行动的政策，评估隐蔽行动计划和活动的妥适性与功效，对资源分配提出建议；对所有正在实施的隐蔽行动计划进行年度审议，就每项计划的继续实施获请总统批准。为了保证隐蔽行动政策的实施和功效，NSDD159 号文件又设立了一个"计划协调组"（Planning and Coordination Group, PCG）作为 NSPG 的辅助机构。

1987年10月15日,鉴于伊朗门丑闻暴露出的问题,里根总统又签发了国家安全决定指令第286号文件(NSDD286)①,对NSDD159号文件进行修正。NSDD286号文件特别强调除非总统通过一个裁决授权,认为这项活动事关美国的国家安全,否则不能采取隐蔽行动;中情局在国外的所有隐蔽行动都必须在总统签署裁决后才能实施;如果情况紧迫,总统来不及签发裁决,也需要有总统口谕,并当即将其记录在案,书面决定则必须最迟在两天之内提交总统签署;任何总统裁决都不能在事后授权或批准一项隐蔽行动。在就伊朗门事件向全国发表讲话时,里根总统宣称,他正在采取新的、更严格的程序,就未来秘密行动的裁决与国会进行磋商并通知国会。"我们仍将在适当的时候开展秘密行动,但每项行动都必须合法,而且必须符合具体的政策目标。"②

---

① https://www.reaganlibrary.gov/sites/default/files/archives/reference/scanned-nsdds/nsdd286.pdf.访问时间:2020年5月15日。
② 白建才:《"第三种选择"——冷战期间美国对外隐蔽行动战略研究》,北京:人民出版社,2012年,第104页。

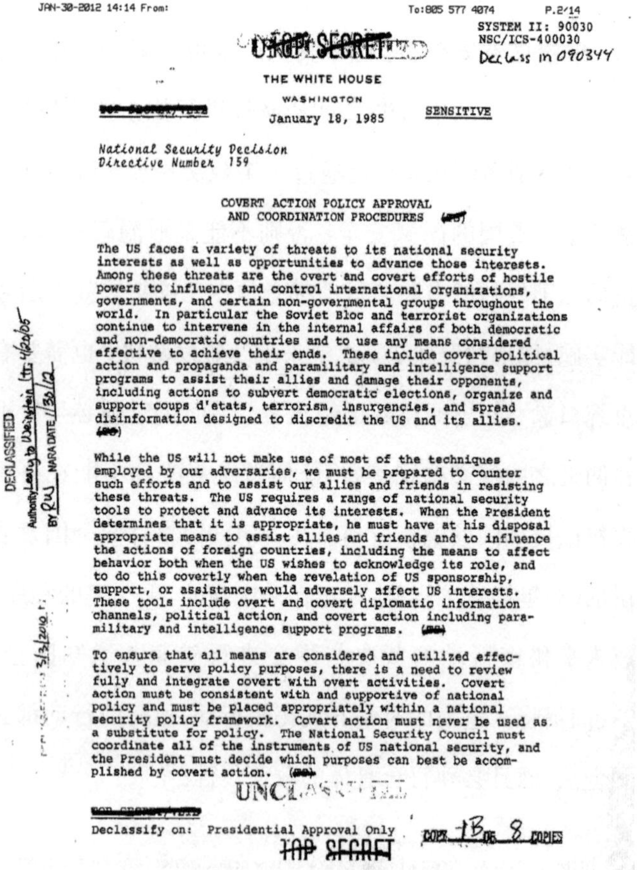

```
JAN-30-2012 14:14 From:                          To:805 577 4074    P.2/14
                                                    SYSTEM II: 90030
                                                    NSC/ICS-400030
                    TOP SECRET                      Declass in 090344
                     THE WHITE HOUSE
                      WASHINGTON
                     January 18, 1985         SENSITIVE

National Security Decision
Directive Number 159

              COVERT ACTION POLICY APPROVAL
              AND COORDINATION PROCEDURES
```

The US faces a variety of threats to its national security interests as well as opportunities to advance those interests. Among these threats are the overt and covert efforts of hostile powers to influence and control international organizations, governments, and certain non-governmental groups throughout the world. In particular the Soviet Bloc and terrorist organizations continue to intervene in the internal affairs of both democratic and non-democratic countries and to use any means considered effective to achieve their ends. These include covert political action and propaganda and paramilitary and intelligence support programs to assist their allies and damage their opponents, including actions to subvert democratic elections, organize and support coups d'etats, terrorism, insurgencies, and spread disinformation designed to discredit the US and its allies.

While the US will not make use of most of the techniques employed by our adversaries, we must be prepared to counter such efforts and to assist our allies and friends in resisting these threats. The US requires a range of national security tools to protect and advance its interests. When the President determines that it is appropriate, he must have at his disposal appropriate means to assist allies and friends and to influence the actions of foreign countries, including the means to affect behavior both when the US wishes to acknowledge its role, and to do this covertly when the revelation of US sponsorship, support, or assistance would adversely affect US interests. These tools include overt and covert diplomatic information channels, political action, and covert action including paramilitary and intelligence support programs.

To ensure that all means are considered and utilized effectively to serve policy purposes, there is a need to review fully and integrate covert with overt activities. Covert action must be consistent with and supportive of national policy and must be placed appropriately within a national security policy framework. Covert action must never be used as a substitute for policy. The National Security Council must coordinate all of the instruments of US national security, and the President must decide which purposes can best be accomplished by covert action.

Declassify on: Presidential Approval Only
                                          TOP SECRET

图 4-1 NSDD159 文件的第一页

二、美巴:貌合神离的伙伴

面对驻巴基斯坦大使胡梅尔在卡特离任时对美巴关系提出的诸多困惑,里根上台后首先大刀阔斧地改善了停滞不前的美巴关系。在对外援助方面,里根曾指责卡特政府把所有的行为都建立在假设的基础之上,即美国必须反复证明它对世界的善意。里根认为,"在一个通常不怎么文明——而且对此还毫无歉意——的世界里证明我们是文明的其实根本没有必要"。① 的确,卡特之所以在对巴援助问题上一直举步不前,不仅受制于美巴关系薄弱的基础,很大程度上也受制于其理想主义情怀和人权外交观念。

冷战开始后,巴基斯坦先后加入了东南亚条约组织和中央条约组织,美巴成为密切合作的盟友。但肯尼迪政府上台后,美国逐渐将南亚战略的重心转向印度,尤其

---

① [挪威]文安立:《全球冷战:美苏对第三世界的干涉与当代世界的形成》,牛可等译,北京:世界图书出版公司,2012年,第372页。

是在1962年中印边界战争和1965年第二次印巴战争中,美国的立场和举措严重损害了巴基斯坦的安全利益,直接导致美巴关系的破裂。四月革命尤其是伊朗革命之后,巴基斯坦的战略地位显著提升,卡特政府开始与之改善关系,但由于以下因素始终无法取得实质性进展:其一,1977年齐亚推翻了布托的民主世俗政权,建立军人独裁统治,美国要求妥善处置布托并建立文职政府,但1979年4月齐亚绞死了布托,有关文职政府的要求也没有得到回应。其二,尽管美国一直在谴责和反对巴基斯坦的拥核努力,但还是于1979年4月掌握了巴方秘密建造铀浓缩设施的证据,并根据《西明顿修正案》切断了除人道主义粮食援助外的其他美国援助。其三,印度因素。为了维持南亚地区关系的平衡,美国有意加强了与印度政府的交流合作。此外,一起意外的乌龙事件也损害了美巴关系。1979年11月,一群巴基斯坦激进主义者误以为是美国轰炸了圣地麦加的一座清真寺,一怒之下放火焚烧了美国驻巴大使馆,造成四人死亡。这无疑又使美巴关系雪上加霜。由于得不到美国足够的援助承诺与安全保障,巴基斯坦在阿富汗问题上的合作意愿极低,极大阻碍了隐蔽行动的推进。

里根并不愿意在这些问题上瞻前顾后,他上任后果决地推进与巴基斯坦的援助与合作关系,打破了国会的核制裁,向巴提供了巨额的经济和军事援助,并以此为基础进行了更加密切和高效的合作,全面升级了秘密战争。然而,尽管美国与巴基斯坦的合作旷日持久,但他们始终没有成为齐心协力的亲密盟友,这种合作状态直接影响了对阿富汗隐蔽行动的进程。

1980年3月27日,国务院宣布,美国在改善与巴基斯坦的关系方面正在取得"有节制的进展"(measured progress)。国务卿亚历山大·黑格(Alexander Haig)表示,尽管不会出现重大突破,但两国关系已有所改善。作为关系改善的一个表现,里根政府正在考虑恢复对巴武装部队的训练计划,并增加对阿富汗抵抗组织的援助,这同时也是对一段时间以来伊斯兰堡各种敦促的积极回应。

4月,应巴政府要求,黑格和国防部长卡斯帕·温伯格(Caspar Weinberger)会见了巴外交部部长沙希和其他高级官员,讨论"美国如何帮助巴基斯坦应对该地区事态发展对其独立和主权造成的前所未有的威胁"。沙希表示不希望巴基斯坦成为超级大国斗争中的一枚棋子,故之前拒绝了卡特政府的援助提议,因为这一提议最终会迫使伊斯兰堡向美国让渡基本权利,使其成为美国孤立伊朗的企图的一部分。沙希反对通过巴基斯坦建立一条美国向圣战者组织提供武器的渠道,因为此举可能会给苏—印—巴关系带来麻烦。虽然圣战者应该得到支持,但必须由巴基斯坦自己来做。如果美国卷入其中,这场危机将转化成一场超级大国之间的斗争。黑格安抚沙希称,这是前任政府带给他的担忧,而这届政府将坚定地支持巴基斯坦。

6月,黑格给齐亚写信讨论对巴一揽子军事援助计划和美国对阿富汗政策,双方都承认一个独立、强大的巴基斯坦符合美、巴以及世界其他国家的利益。6月15

日,美国负责安全援助和科技事务的副国务卿詹姆斯·L.巴克利(James L. Buckley)宣布向巴提供一个为期五年的军事和经济援助计划,价值超过30亿美元,由沙特补贴的商业军事销售几乎使援助计划额翻了一番。

这一巨额援助终于换来了巴基斯坦的信任和热情。沙希认为与卡特政府提出的援助方案相比,里根的援助方案是可以接受的,因为里根政府"愿意作出更长期和更实质性的承诺"。[①] 在巴基斯坦的坚持下,9月15日,里根政府同意加快F-16战斗机的交付,其中40架将在12个月内交付,而非原计划的26个月之后。巴基斯坦正式接受了美国为期六年的武器和经济援助计划,价值高达32亿美元。巴基斯坦从此正式成为美国对外援助第三大接受国。后来美国又制定了高达42亿美元的第二个六年援助方案(1987—1993年)。最终美国向巴提供的用于训练和武装阿富汗抵抗组织的资金总额超过

---

① Joint U.S.-Pakistan Statement, 6/15/81, *DNSA*.

200亿美元。①

与此同时,里根成功地说服国会和国务院暂时解除了对巴基斯坦核问题的限制。国务院发言人戴维·帕希奇(David Passage)在回答有关美国对核不扩散承诺的问题时说:"本届政府认为,通过解决那些促使巴基斯坦开展核计划的安全问题,并与之重建信任关系,从长远来看,为有效处理巴基斯坦的核计划提供了最佳机会。"时任国务院政策规划委员会工作人员的弗朗西斯·福山(Francis Fukuyama)将美国对巴政策定义为旨在与巴重建信任关系,希望在波斯湾地区实现各种形式的战略合作,包括美国快速部署部队进入巴基斯坦的港口和机场。

12月,美国签署了第97—113号公法(Public Law 97-113),允许总统推迟到1987年9月30日再对巴基斯坦实施《西明顿修正案》。《对外援助法》第620E条的

---

① Timothy J. Lynch, *The Oxford Encyclopedia of American Military and Diplomatic History*, Oxford University Press, 2013, p. 219.

适用表明,国会是在总统的敦促下,在阿富汗境内的苏联部队对巴基斯坦构成威胁的情况下,采取这一行动的,里根总统被要求批准加强"苏联在阿富汗的压力"。[①] 至此,美国对巴关系中长期悬而未决的核问题暂时被搁置。

1982年11月的美国国家安全评估报告略带遮掩地指出:"美巴关于经济援助和武器出售的交易无疑强化了巴基斯坦的国际地位,并使它的自信在一定程度上得以修复。"一个月后齐亚访问华盛顿,提出了更多要求,包括要求美国默认巴基斯坦的核武器计划。尽管里根和国务卿乔治·舒尔茨(George Shultz)都警告巴基斯坦不要发展核武器,但是美国自知"必须认识到,我们如何处理核问题,将会给我们与巴基斯坦在支持阿富汗自由战士问题上继续合作的能力带来深远的影响"。

美国卡内基国际和平基金会的高级助理塞里格·哈里森(Selig Harrison)对此提出警告:齐亚政权是狭隘

---

① Memorandum, National Security Council, Richard V. Allen to the Ronald Reagan, August 4, 1981, *DNSA*.

的、专制的、不稳定的,美国在与巴军事关系中应避免对齐亚"过度认同",军事援助应限于最适合在阿富汗边境使用的装备,而不是"主要用于改善与印度军事平衡的装备"。哈里森补充说,美国仅仅将巴基斯坦视为其波斯湾政策的"附属品",希望在巴获得军事基地、驻扎快速部署部队,因此里根政府准备"让目前的伊斯兰堡政权主宰其与美国的军事援助关系的条款,而不考虑此举对美国在巴基斯坦或印度的长期利益影响"。这种政策可能导致印巴两国反美主义的加剧,引起巴基斯坦的国家分裂、印巴之间的军备竞赛,最终可能导致印巴核战争,而美国也难逃干系。①

尽管里根大刀阔斧地增强了美巴关系,但事实上,直到 1983 年,美国对圣战者的援助一直停留在卡特时期所建立的框架之内。这意味着华盛顿只通过第三国给阿富汗反叛力量输送少量武器和其他供给品。冲突最初两年

---

① United States Policy in South Asia,9/23/81,*DNSA*.

里，经由巴基斯坦分配的美国援助在总量上远远少于沙特等阿拉伯国家提供的援助额。这在很大程度上是因为国务院和中情局仍然认为美巴关系过于冷淡，以致根本不可能指望通过这个国家采取重大努力。在官僚机构特别是国务院里，有相当多的人反对过于直接地对抗苏联，特别是因为似乎没有人能够拿出一套方案以供美国更广泛地介入。最重要的是中情局乃至整个西方情报机构都坚持认为，随着时间的推移，圣战者不可能给苏联造成严重的伤亡。因此，对阿富汗反对派的投资将会是一个注定失败的做法。不如花更多的钱和精力来重建与巴基斯坦的关系，以此来支持那些反抗苏联在该地区进一步渗透的斗争。[1] 即使是在后来日益密切的合作中，对巴基斯坦不信任的声音也从未在华盛顿消失过，自始至终美巴充其量都只是貌合神离的伙伴。

---

[1] [挪威]文安立：《全球冷战：美苏对第三世界的干涉与当代世界的形成》，牛可等译，北京：世界图书出版公司，2012年，第364—365页。

三、 并不隐蔽的秘密行动

在努力扫除美巴关系中的诸多障碍,积极安抚巴基斯坦,并为其安全做出保障的同时,对阿富汗秘密援助的公开化趋势已经势不可挡。尽管这一隐蔽行动从一开始就没有做到足够保密,也曾因是否公开的问题给卡特政府带来困扰。从 1979 年年初美国的隐蔽行动计划尚在酝酿时开始,美苏之间的宣传战和舆论战就导致行动处于被动泄露的状态;直到 1980 年 4 月,布热津斯基明确提出公开化问题,但鉴于齐亚的反对立场,白宫最终采取了不置可否的态度;1981 年里根上台之后,逐渐在公开层面对秘密援助进行了主动承认。总体而言,不论是出于主动还是被动、有心还是无意,美国对阿富汗的秘密援助自始至终都是一场并不隐蔽的秘密行动。

在被动泄露阶段,美国的援助计划和进展多次见诸报端。1979 年 12 月 19 日,苏联官方媒体《消息报》(*Izvestiya*)指控说,美国正在加紧干涉阿富汗的内政,支持叛乱分子与阿富汗合法政府进行武装斗争。12月28日的第四份总统裁决签署后,《消息报》进一步指控,中情局直接参与了在巴基斯坦难民营中训练阿富汗叛军,并与阿富汗境内的反革命分子和反动派保持着联系。《消息报》称其信息均来源于《反间谍》(*Counterspy*)杂志,而该杂志与美国政策研究所(Institute for Policy Studies)有关联,美国国务院拒绝对此做出评论。1980年1月5日,《波士顿环球报》(*Boston Globe*)报道说,卡特政府已经做出了一项未经宣布的秘密决定,即美国将不惜一切代价向阿富汗的伊斯兰叛乱分子提供武器,以确保苏联的入侵将是漫长的、血腥的、昂贵的。2月15日《华盛顿邮报》报道说:美国正在向与苏军作战的反叛部队提供武器,中情局已被指派执行这项秘密任务。这篇报道被认为具有可靠消息来源。《纽约时报》2月16日报道,白宫官员今天表示,美国在1月中旬开始了向阿富汗叛乱组织提供轻型步兵武器的行动。2月17日,《纽约时报》从莫斯科发来的报道称,苏联媒体今天突出地展示了美国报纸的报道,证实了苏联关于美国向阿富汗叛军提供武器的指控。1979年12月28日签署的总统裁决于1980年1月9日被提交给了参议院情报特别委员会。4月6日,《纽约时报》准确报道了这次会议的日期和主题。

这些接二连三的披露,尤其是2月份的集中报道引起了齐亚的强烈不满。他一方面私下向美国表示抗议,另一方面,为了掩盖事实,齐亚采取了欲盖弥彰的做法,在一些场合故意谴责美国没有向他提供支持。4月17日,齐亚在索尔兹伯里(Salisbury)庆祝罗得西亚独立,他在新闻发布会上呼吁美国对苏联干预阿富汗的行为采取更有力的军事对策。6月1日,莱斯特·沃尔夫(Lester Wolff)议员率领国会代表团访问巴基斯坦,齐亚在会晤中直言:"我们无法说服美国将阿富汗作为头等大事",而且"从超级大国的角度看,我们已经被美国拱手相让给了对方"。这一表态给美国招来了公共关系方面的麻烦,卡特因为"未能"用武器支持伊斯兰圣战这一莫须有的指控而在新闻界和国外(尤其是法国)陆续遭到抨击。5月28

日的《基督教科学箴言报》(Christian Science Monitor)，刊登了题为《法国暗示美国应该为援助装备不良的阿富汗叛军做出更多努力》的文章。

在1980年4月之后的不置可否阶段，由于无形中受到白宫的鼓励，阿富汗的隐蔽行动计划越来越多地被曝光，甚至是在"美国之音"这种官方媒体中。5月30日至6月1日，理查德·本·克拉默(Richard Ben Cramer)在《费城问询报》(Philadelphia Inquirer)上发表了关于阿富汗抵抗运动的一系列文章，并在1981年因该系列文章而获得普利策国际报道奖。[1] 6月中旬，"美国之音"播出了《费城问询报》一篇文章的摘要，指控中情局秘密支持阿富汗自由战士。它指出，中情局"一直在秘密向阿富汗叛军提供少量外国制造的武器，这些武器来自德国、比利时和以色列，通过巴基斯坦输送至阿富汗；卡特政府拒绝了向阿富汗叛军提供更先进武器的计划，因为这些武器

---

[1] FRUS, 1977-80, Vol. 12, Afghanistan, Document 283.

可能被追溯到来源于美国"。对此,白宫一些官员表示感到不安。卡卢奇指出:美国政府对阿富汗自由战士的支持是一个极其敏感的话题,巴沙两国已经明确表示,他们的继续参与取决于该计划的保密性;美国媒体对阿富汗秘密行动计划的周期性泄露,必然会引起巴基斯坦和沙特人的质疑;"美国之音"作为政府官方广播,它的指控无疑将问题提升到了一个新的高度;巴沙两国很可能会得出结论,认为美国的政策是要让阿富汗的支援计划浮出水面;任何新的有关中情局在阿富汗活动的官方广播,都可能导致该计划被终止。① 其后,布热津斯基和桑顿也与有关媒体进行了沟通,对此事表示关切。7月21日的《纽约时报》第2版报道说,主管公共事务的助理国务卿和国务院发言人霍丁·卡特三世(Hodding Carter Ⅲ)指责国安会的工作人员向《纽约时报》泄密,这无疑令白宫感到不安。② 8月1日,参议院情报委员会成员莫尼汉

---

① *FRUS*,1977-80,Vol. 12, Afghanistan, Document 289.
② *FRUS*,1977-80,Vol. 12, Afghanistan, Document 308.

(Daniel Patrick Moynihan)向国务卿马斯基谈到在外交事务中保持情报安全问题,控诉了阿富汗事件在媒体中曝光的具体情况。但卡特政府并没有因为这些困扰而改变立场,总体上依然对阿富汗的隐蔽行动保持模棱两可的含糊态度。

里根上台之后,阿富汗的隐蔽行动计划终于被揭开了最后一层面纱,越来越多地展现在世人面前。1981年3月8日,国防部长温伯格在一次电视采访中表示,如果阿富汗叛军提出要求,美国将考虑提供军事援助。第二天,里根也发表了类似的声明。3月10日,里根"特别满意地"签署了第142号联合决议授权的宣言,并在白宫东厅举行的签字仪式上发表了讲话,呼吁美国各地将3月21日作为"阿富汗日"(Afghanistan Day),希望以此表达对阿富汗人民深切和持续的钦佩。里根在演讲中赞扬阿富汗是一个由无名英雄组成的国家,将其英勇斗争称为这个时代的史诗之一,指责苏联对阿富汗人民的持续苦难、大规模侵犯人权行为以及其无端攻击造成的国际紧张局势负有严重责任。因此,美国"不能也不会放弃这场斗争"。此外,里根还强调了美国和联合国对难民的援助,以及美国的不干涉立场和政治解决阿富汗问题的决心。他最后指出:阿富汗日的意义在于使苏联明白,世界不会忘记从东欧到西南亚等其他"被俘国家"的人民所遭受的苏联"侵略";阿富汗人民将最终获胜。

值得注意的是,阿富汗叛乱分子在卡特时期完成了向"自由战士"的升级之后,在里根时期又实现了向公开化和崇高化的转变。里根在这次演讲中开始集中使用美国外交中惯用的自由话语来建构阿富汗问题,比如他"呼吁所有美国人在他们的思想、祈祷和活动中纪念阿富汗日,并以他们自己对自由的新的献身精神纪念这一天……相信这一天将标志着一个真正的庆典,不仅仅是为了阿富汗的自由,更是为了世界各地受到威胁或压迫的人的自由!"[1]此后,对自由战士的褒扬越来越多地出

---

[1] Ronald Reagan, Remarks on Signing the Afghanistan Day Proclamation, March 10, 1982, https://www.reaganlibrary.gov/research/speeches/31082b,访问时间:2020年5月1日。

现在美国官方话语体系之中,为对阿富汗隐蔽行动的开展奠定了坚实的道德和舆论基础。1982年,里根甚至将哥伦比亚号航天飞机献给了阿富汗的伊斯兰自由战士,并声称,"正如我们认为哥伦比亚代表了人类在科学和技术领域的最美好愿望,阿富汗人民的斗争也代表了人类对自由的最高愿望"。1985年,里根在会见抵抗组织领导人时,对他们大加称赞,甚至将"这些先生们在道义上等同于美国的开国元勋"。①

同时,更多关于秘密援助过程的详细报道见诸报端。1981年7月23日,《芝加哥论坛报》(Chicago Tribune)报道,埃及武器被空运至巴基斯坦,或者被运至阿曼,然后海运至卡拉奇,转交到叛乱分子手中。8月7日,据《纽约时报》记者莱斯利·盖尔布(Leslie Gelb)报道,苏联最近拒绝了里根政府提出的就阿富汗危机可能的政治解决方案进行秘密会谈的私人外交倡议,并补充说,美国

---

① http://www.globalresearch.ca/from-afghanistan-to-syria-womens-rights-war-propaganda-and-the-cia/5329665.访问时间:2020年6月12日。

政府正在向阿富汗叛军提供武器,但武器主要来自埃及,资金则由沙特阿拉伯提供。9月25日,《华盛顿邮报》声称埃及的武器库得到了美国新武器的补充。

最终,9月末,埃及总统萨达特的表态使隐蔽行动的公开化取得了重要进展。23日,萨达特在开罗接受美国国家广播公司采访时说:"让我来揭开这个秘密吧",21个月前,美国已经开始秘密从埃及购买苏联制造的旧武器,然后运给在阿富汗与苏联军队作战的反政府武装。"阿富汗事件发生的第一刻,美国就联系了我,用美国飞机开始从开罗向阿富汗运送武器。"并表示美国在支付武器方面非常慷慨。[1] 美国驻埃及大使阿尔弗雷德·阿瑟顿(Alfred Atherton)表示,萨达特决定公布美国购买和向阿富汗叛军运送埃及武器的消息"几乎是可以预见的",因为萨达特认为如果埃及"在一个具有直接和真正的战略意义的问题上与美国进行具体合作"并能够引起

---

[1] "Sadat Interview on Arms to Afghan Freedom Fighters", *Washington Post*, 9/24/81, 9/25/81.

人们关注,将使埃及受益。此外,萨达特的声明还向阿拉伯国家表明,可以指望埃及"为反抗苏联侵略的穆斯林同胞提供有效的援助"。①

苏联抓住萨达特向阿富汗反政府武装运送武器的事实不放,认为这表明美国正在阿富汗对苏联不宣而战。苏联《消息报》将萨达特的声明描述为揭露中情局在阿富汗活动的"政治脱衣舞"。苏联塔斯社宣称,"这一新证据应该足以说服联合国大会,如果有人干涉阿富汗内政,那就是美国"。② 对此,巴基斯坦外交部发言人声称,"巴基斯坦对所报道的美国和埃及的所有行动安排都没有直接或间接的了解"。巴基斯坦将继续"奉行不干涉阿富汗内政的政策,不会成为阿富汗圣战者的武器渠道"。

1983年5月,众议院议员查理·威尔逊(Charlie Wilson)在访问了阿巴两国之后和众议院拨款委员会主

---

① Egyptian Arms for Afghan Rebels, 9/23/81, *DNSA*.
② "Soviet Media on Sadat's Statement of U.S. Arms Supply to Afghan Guerrillas", *Washington Post*, 9/25/81.

席克拉伦斯·朗(Clarence Long)一起向媒体表示,应该增加对阿富汗反政府武装的援助,而且援助应该公开进行,而不是秘密进行。5月4日,《纽约时报》报道,里根总统命令中情局增加阿富汗自由战士受援武器的数量并提高质量。随后,白宫终于向媒体公开承认,美国一直在秘密援助阿富汗的抵抗运动,以对抗苏联,并将继续下去,直到抵抗运动的目标得以实现。

四、升级前奏:另一个缓慢的开始

尽管美巴合作中的障碍已经基本扫除,隐蔽行动公开化的问题也得到彻底解决,为联合更多国家、开展更大规模的援助奠定了坚实基础,然而,从1981年年初里根就任总统到1985年年初阿富汗秘密战争全面升级,经历了一个缓慢的开始。华盛顿的官员们花费了四年多时间,才在不断的冲突与分歧、温和与激进的博弈中摸索出了在第三世界反击苏联的具体方针以及升级阿富汗秘密战争的具体做法。

里根总统就职时,他任命的官员被告知,支持阿富汗游击队是中情局最重要的隐蔽行动。里根认为,美国在第三世界针对苏联的反击战略应该立即应用到阿富汗。美国应该和其他国家一起施加强大的政治压力,要求苏联全面撤军,适当地鼓励阿富汗自由战士,向巴基斯坦提供重大安全援助,并通过协调一致的政治方案来揭露苏联在第三世界的侵略行为。1981年3月,里根签署了一项总统裁决,授权在阿富汗继续对苏联采取秘密行动,并继续支持阿富汗圣战者。① 4月24日,里根取消了卡特时期的对苏粮食禁运政策,因为他认为"美国农民被不公平地单独挑出来,承担这种无效的国家政策的负担"。②

然而,除了一些政策上的修修补补和美巴关系方面取得的突破性成果外,在第一任期前两年中,里根对圣战

---

① John Prados, *Safe for Democracy: The Secret Wars of the CIA*, Chicago: Ivan R. Dee, 2006, p. 475.

② Statement by the President, 4/24/81, *DNSA*.

者的援助政策似乎并无重大改变,基本上都是沿着卡特时期的既定轨道向前推进。实际上,阿富汗问题正是里根总统生涯的一个真实写照:一些激进派把1981年和1982年称为"失去的两年",因为当时几乎没有采取任何具体的行动与苏联支持的第三世界政权作战。文安立指出,为什么仍需要花费第一届总统任期的大部分时间,才能为更具干涉主义性质的美国第三世界政策制定出一些基本原则呢?主要原因包括,激进派缺乏政策制定经验、里根的高级顾问之间的意见分歧以及体制内根基深厚的官员的抵制。① "失去的两年"的影响一直持续至1983年上半年,国防部副部长弗雷德·伊克尔(Fred c. Ikle)后来表示,在里根政府的前三四年里,"普遍存在羞怯和犹豫,不愿意做出更协调一致的努力,为阿富汗自由战士提供更多的武器和战术"。②

---

① [挪威]文安立:《全球冷战:美苏对第三世界的干涉与当代世界的形成》,牛可等译,北京:世界图书出版公司,2012年,第348页。
② Robert Pear, "Arming Afghan Guerrillas: A Huge Effort Led by U.S.", Special to the *New York Times*, April 18, 1988.

但与此同时,转机也在逐渐酝酿之中。到1982年年底,里根政府针对苏联的秘密攻势开始浮出水面。在中美洲、阿富汗、乍得等地方,在卡特开创的众多隐蔽行动的基础之上,美国提供资金和武器支持的反抗力量与苏联扶持的政权展开了针锋相对的斗争。在波兰、柬埔寨、加勒比地区、利比亚、中东、非洲、中美洲等地方,苏联及其代理人正在遭受美国支持力量越来越猛烈的抵抗。1982年11月,当安德罗波夫接替勃列日涅夫掌控最高权力时,克里姆林宫已经深深意识到,苏联帝国在70年代获得的利益,在80年代正在成为他们日益沉重的负担。

1983年1月17日,里根签署了第75号国家安全决定指令,重新明确了美国对苏联的全面对抗,其中指出美国将致力于三个方面:1. 对苏联帝国主义的外部抵抗;2. 对苏联的内部压力,以削弱苏联帝国主义的根源;3. 在严格互惠的基础上进行谈判,以消除突出的分歧。文件特别强调,对第三世界,美国必须重建其承诺的信誉,抵制苏联侵犯美国及其盟友的利益,并有效地支持那些愿意抵制苏联压力或反对苏联的举措的第三世界国家。要达到这一目标,美国必须在安全援助和对外军售方面发挥重要作用,以及在必要时使用军事力量来保护重要利益和支持处于危险的盟友。此外,还应加强外交举措,为第三世界国家提供援助,避免苏联利用地区危机进行扩张,以及适当结合经济援助方案和私营部门举措。文件还指出,美国在阿富汗的目标是对莫斯科保持最大的撤军压力,并确保在占领期间,使苏联付出的政治、军事和其他代价居高不下。①

在美国国内,政府中的激进派和国会的行动派之间也开始在阿富汗问题上结成一个政治同盟,两者都推动美国扩大介入,向阿富汗游击队提供装备和给养。政府激进派包括国防部一些重要的顾问,如副部长伊克尔、珀尔(Perle),以及两位助理国务卿埃利奥特·艾布拉姆斯

---

① *FRUS*,1981–1983,Vol. 3,Soviet Union,Document 260.

(Elliot Abrams)和保罗·沃尔福威茨(Paul Wolfowitz)。国会的行动派包括参议员保罗·聪格斯(Paul Tsongas)和戈登·汉弗莱(Gordon Humphrey)以及众议院议员查理·威尔逊和唐·里特尔(Don Ritter),他们呼吁向自由战士提供更先进的武器和更充分的美式训练。美国驻伊斯兰堡的外交人员也曾对增加援助疑虑重重,但现在他们也开始改变看法。美国驻巴基斯坦大使认为,美国现在的政策可能不会带来理想的结果,美国必须表明能够增加苏联所必须付出的代价,从长远来看,决定性的因素将会是苏联人的战争持久性和圣战者所拥有的资源。文安立指出,苏联对巴基斯坦威胁的减弱以及格林纳达行动所激起的干涉主义热情,都有助于美国政府内部的激进派在1983年秋关于阿富汗政策的辩论中获胜。尽管如此,新政策路线得以出现,最主要的原因一是圣战者的战斗力,二是在白宫和五角大楼人员以及中情局的推动下,一个关于如何为游击队增加资金、运输武器和征募新兵的计划被制订出来。到1983年,即战争打响后的第三年,情况已然明了:圣战者不仅仅是存活了下来,而且在一些地区正在对苏联人及其盟友构成压力。①

1983年6月10日,聪格斯和里特尔向第98届国会提交了第74号联合决议,着重强调了实现苏联从阿富汗撤军的重要性,试图在事实层面达成对阿富汗人全面和果断地"为自由而战"的完全支持。参议院以97票对0票通过了该项决议。根据该决议,美国对阿富汗的政策是:1. 支持阿富汗人民继续为摆脱外国统治而斗争;2. 支持阿富汗人民争取自由的斗争;3. 在苏联军队全部撤出和承认阿富汗人民拥有选择自己命运的权利的基础上,通过谈判解决阿富汗战争问题。在阿富汗问题上,聪格斯和里特尔能够摈弃政见分歧,坚定地达成一致,充分体现出立法部门内部在该问题上的团结意识。这使得威尔逊和汉弗莱促进增加对巴基斯坦和圣战者的资助工作成为可能,威尔逊也由此成就了他的政治明星地位。从

---

① [挪威]文安立:《全球冷战:美苏对第三世界的干涉与当代世界的形成》,牛可等译,北京:世界图书出版公司,2012年,第365—366页。

图4-2 查理·威尔逊(1933—2010),美国"冷战英雄",任得克萨斯州国会众议员长达24年。因在担任议员期间说服国会暗中提供经费、武器与人员,支持援助阿富汗圣战者对抗苏联而声名大噪。其真人实事在2008年被改编成电影《查理·威尔逊的战争》(*Charlie Wilson's War*)
图片来源:wikipedia。

1983年起,在两人的持续努力下,美国对阿富汗圣战者的援助资金大幅增加。这个在两党之间、参众两院之间形成的共同联盟后来在1985年发展成为国会阿富汗问题工作组(Task Force on Afghanistan)。国会的支持是如此强大,以至于连一向观点激进的凯西都因为没有进一步推进中情局的行动而受到批评。里根政府对圣战者的支援在华盛顿得到了全面支持。①

与此同时,阿富汗叛乱武装也试图抓住有利时机,积极求援。1983年11月23日,伊斯兰团结组织负责人、叛军代表穆贾迪迪,要求美国国会用公开援助的方式取代此前向圣战者运送秘密武器的计划,因为"阿富汗人抱怨说,现在通过巴基斯坦到达他们手中的武器是缴获的苏联武器,不堪使用"。一位叛军领导人表示,他收到的20枚苏制迫击炮弹中,有11枚未能引爆,一枚未能击中目标。叛军使用的大多数步枪都还是一战时期的恩菲尔德式步枪(Enfield Models)。穆贾迪迪强调,"我们赤手

---

① Tsongas, P. E. and Ritter, D. L. (June 10, 1983) S. Con. Res. 74-A Concurrent Resolution to Encourage and Support the People of Afghanistan in their Struggle to be Free from Foreign Domination, Washington D.C.: The Library of Congress, https://www.congress.gov/bill/98th-congress/senate-concurrent-resolution/74. 访问时间:2020年6月6日。

空拳无法阻挡这个世界上最强大的陆地力量"。① 12月4日,穆贾迪迪在接受《纽约时报》采访时再次表示,"西方承诺向叛军提供价值2500万美元的武器,但叛军只得到了价值600万美元的武器,而且仍然需要美国制造的红眼导弹等地对空武器"。②

五、全面升级:更多更快更强

时至1983—1984年,似乎各种蛰伏力量都开始萌动,预示着一个全新局面的到来。威尔逊与凯西的联合为已持续了近五年的秘密战争注入了新的活力。1985年,援助计划终于摆脱了各种限制,进入更多更快更强的全面升级阶段。

凯西一直坚信,必须在阿富汗"让苏联人流血"。但出乎意料的是,他从不曾想到对阿富汗的隐蔽行动会在

---

① *Newsweek*, November 28, 1983.
② *New York Times*, December 4, 1983.

国会持续获得如此广泛且有力的支持,这极大地增强了凯西的信心与斗志。1983年年末,他开始认为苏联人在阿富汗不仅可以被遏制,而且实际上还能被击败。凯西认为美国在阿富汗的战略优势在于,"通常总好像是大个儿的坏家伙——美国人——在毒打当地人。阿富汗的情形完全不同,俄国人正在欺负弱小的家伙。我们不会把它变成我们的战争。圣战者拥有他们所需要的一切动机。需要我们去做的,只是给予他们更多帮助而已"。1984年1月的一天,成立于1982年年末的中情局阿富汗特别行动小组接到任务:制定一个新的、更具攻击性的战略,包括给阿富汗反抗力量增加武器供应、训练并提供更多的金钱。①

和凯西一样,威尔逊也是一位强硬的冷战斗士,在罗伯特·盖茨看来,威尔逊的动机非常简单——无论在什么地方,只要美国具有自己的态度和足够的利益诉求,就

---

① [挪威]文安立:《全球冷战:美苏对第三世界的干涉与当代世界的形成》,牛可等译,北京:世界图书出版公司,2012年,第366—367页。

要击败苏联人。从政治角度来说,威尔逊是被安排的,目的是极大推动美国在阿富汗的隐蔽行动——他是众议院国防拨款委员会的一名老资格民主党议员。威尔逊清楚地知道,如果一位众议院民主党议员对某一问题特别关注并被巧妙安插在拨款委员会,就意味着他可以做任何想要做的事情。威尔逊想为圣战者组织提供4000万美元资金援助,在他看来,中情局的谨慎策略只能让阿富汗人流血,并最终导致抵抗武装的彻底失败;而打破僵局的第一步,是向圣战者提供更多武器和更强的防空装备。①

1983年5月,威尔逊和克拉伦斯·朗向媒体表示,应该增加对阿反政府武装的援助,而且援助应该公开进行而非秘密进行,为此他们打算与里根讨论增加50%的援助资金并公开提供援助的可能性。8月,威尔逊和朗再次前往阿巴边境,调查抵抗运动和难民情况。在访问中,齐亚明确建议美国购买一种新的防空武器供给圣战

---

① [美]罗伯特·M.盖茨:《亲历者:五任美国总统赢得冷战的内幕》,刘海青、吴春玲译,南京:江苏凤凰文艺出版社,2014年,第264页。

者,但是又不希望因此惹怒苏联。威尔逊返回华盛顿后与凯西一起讨论自由战士的需求,他们"花了两个星期"寻找一种"易于使用"的能击落苏联直升机的火箭弹,但没有成功。威尔逊因此致力于向中情局1984财政年度拨款中增加1000万美元,专门"用于研究、开发和盘点,只是为了找出可用于低强度战争的武器"。①

在威尔逊和凯西的推动下,隐蔽行动的第一个显著变化是援助金额的巨幅增加。1984年2月,齐亚向凯西建议,可以考虑向圣战者"大幅增加"武器装备的供应。随后,凯西在沙特访问时,东道主同意在1984财年将援助规模增加到7500万美元,1985财年进一步提升到1亿美元。这迫使美国将自己的援助规模提高5000万美元——不包括威尔逊从国防预算拨款4000万美元的计划。1984年4月15日,一项由聪格斯发起、55名参议员共同倡议的参议院决议建议国会采取行动,帮助圣战者

---

① *Washington Post*, 13 January 1985 and 12 February 1989.

对抗苏联。7月,众议院拨款委员会向圣战者组织提供了5000万美元的新援助,将1984年的秘密援助总额提高到8500万美元。10月,国会通过了一项决议,称"仅向自由战士提供用来战斗和死亡所需的援助,而不是足以推进他们的自由事业的援助,这是站不住脚的"。由此,美国的援助规模再次大幅增加。10月11日,凯西向沙特建议,两国明年分别提供2.5亿美元,以应对明年春天苏联可能实施的大规模进攻,同时加大对苏联的压力——也就是说,在1984年的基础上,再增加1.5亿美元。两周以后,凯西通报巴基斯坦和沙特,美国计划在1985财年投入2.5亿美元,并马上准备拨付1.75亿美元。1984年年底,当中情局还在努力争取2.5亿美元的目标时,威尔逊已经要求美国为1985年拨款3亿美元。[①]而且此时参议院又通过了一项决议,敦促政府为圣战者提供更好的装备。1985年1月,国会专门成立阿富汗问

---

① [美]罗伯特·M.盖茨:《亲历者:五任美国总统赢得冷战的内幕》,刘海青、吴春玲译,南京:江苏凤凰文艺出版社,2014年,第264—266页。

题工作组,调查游击队的需求,不断举行听证会,向政府施加压力,呼吁对处于困境之中的圣战者提供帮助;还负责开展公共外交活动,每月举行两次会议,讨论如何增加媒体对战争的报道,试图引发舆论对圣战者广泛的同情与支持。

至此,对阿富汗的隐蔽行动得到了国会的一致支持,而且几乎是历史上唯一在国会受到如此优待的行动,因为许多国会议员都认为美国在阿富汗的隐蔽战争是一场"好"战争,援助自由战士是一项正义的事业。[1]

虽然自苏联干涉以来,美国的秘密援助一直在不断地增加投入、提供更多更好的武器,然而,实际上在这场"好"战争的前五年时间里,美国向游击队提供的武器装备一直都是苏联或东欧集团国家设计和制造的武器,以便可以坚称游击队的武器都是从阿富汗政府军或苏军那里缴获的,从而辩称自己的清白。但是这种策略极大影

---

[1] Bob Woodward, *Veil: The Secret Wars of the CIA, 1981-1987*, New York: Simon & Schuster, 2005, p.309.

图4-3 1983年2月2日,里根在白宫椭圆形办公室会见阿富汗自由战士,讨论苏联在阿富汗的暴行。里根宣称,"勇敢的阿富汗自由战士用简单的手持武器与现代武器库作战,对那些热爱自由的人来说是一种鼓舞。"
图片来源:Ronald Reagan presidential Library。

响了抵抗力度。五角大楼的苏联事务专家亚历山大·阿列克谢(Alexander Alexiev)指出,战争前五年中圣战者缺乏有效的防空武器或远程武器,尽管西方军火库中有大量优势武器,但抵抗力量主要依靠20世纪30年代的老式高射机枪,根本无法与苏联重装甲和致命的武装直升机相匹敌。在地面上,反对派的主要远程武器是苏制82毫米迫击炮,射程和精确度都很低。因此,苏联在空中"几乎享有无可挑战的优势地位"。

尽管1982年秋里根就决定提高援助武器的质量和数量,但是,游击队称没有看到武器的明显改善。美国阿富汗行动联合会(Federation for American Afghan Action)是一个专门游说向自由战士提供军事援助的私人组织。其主席安德鲁·艾瓦(Andrew Eiva)指出,直到1984年,游击队仍然只得到质量较差的武器,比如82毫米迫击炮和苏联的SAM-7防空导弹。即使有较好的武器,比如12.7毫米的苏联重机枪,也没有足够的弹药来抵抗苏联的直升机。①

1984年年末,依然手持老旧的苏式武器在战场上厮杀的阿富汗自由战士不会想到,他们的命运和战争形势都即将发生巨大变化。1985年,苏联在阿富汗的战争已

---

① Robert Pear, "Arming Afghan Guerrillas: A Huge Effort Led by U.S.", Special to the *New York Times*, April 18, 1988.

经进入第六个年头,年轻的戈尔巴乔夫上台,大幅提升了阿富汗战争级别,准备破釜沉舟、在一两年之内赢得战争。阿富汗抵抗组织承受住了不断增长的压力,还结成了七党同盟统一战线,同时强烈呼吁美国提供更多武器装备。阿富汗的冲突也在美国国内引起了前所未有的关注,尤其是国会和媒体。身穿长袍、满面长须的圣战者政治领导人频频出入美国各政府机构呼吁援助。阿富汗的冲突逐渐被华盛顿当作一个打击过度扩张、内在脆弱的苏维埃的绝佳机会,里根团队决定放弃对苏军进行低水平骚扰的政策,在阿富汗战场上释放美国的高科技和军事专长,挫败苏联的士气。在各种机缘的促进之下,美国对阿富汗的秘密援助在不温不火地进行了五年之后,终于迎来了更多更快更强的全面升级。

1985年3月27日,里根签署了国家安全决定指令第166号文件(NSDD166)《美国在阿富汗的政策、计划和战略》(U.S. Policy, Programs and Strategy in Afghanistan),确定了美国对阿富汗战略的中期目标和最终目标,定义了美国在阿富汗的利益,并制定了具体的方针以实现美国的利益。其中指出,美国阿富汗战略的两个主要内容:一是向阿富汗抵抗力量提供秘密行动支持的方案,二是通过美国的外交、政治战略,向苏联施加压力使其从阿富汗撤军,以及增加国际社会对阿富汗抵抗力量的支持。美国政策的最终目标是使苏联撤军并恢复阿富汗的独立地位。1985—1990年,美国将首先追求中期目标:1.向苏联证明其征服阿富汗的长期战略行不通。2.拒绝使阿富汗成为苏联的基地。3.在阿富汗问题上推动苏联在第三世界和伊斯兰世界的孤立。4.防止抵抗苏联侵略的本土运动失败。5.坚定不移地阻止苏联对第三世界的侵略。6.尽可能地把战况传达给苏联人民,以打击他们对苏联军队和苏联对外政策的信心。

为了实现上述目标,美国需要:1.加强对隐蔽行动计划的情报支持。及时获取战争进程详细信息,使美国能够确定是否正在实施打败苏联的长期战略,并调整计划,以增加其有效性。2.利用情报,集中力量加强对苏联占领中的阿富汗所产生的敏感和脆弱环节的系统性打击。3. 提高阿富汗抵抗力量的军事效能，制定绩效目标和有效措施以保持战争对苏联的不利趋势。4. 继续加强对进入阿富汗物资的管理，跟踪物资运输路线，确保阿富汗境内的抵抗组织接收到更多的物资并将其用于作战，遏制腐败问题。5. 与巴基斯坦保持良好的合作关系，回应巴基斯坦因支持抵抗运动所产生的安全需求。6. 鼓励出于人道主义在阿富汗境内发展的由抵抗组织提供的社会服务，以减少巴基斯坦境内的难民问题，并维持对阿富汗抵抗运动的民事后勤支助。7. 通过公共外交、双边努力以及支持联合国主导的要求苏联全面撤军的谈判，增加国际社会对苏联的政治压力。8. 鼓励阿富汗抵抗组织之间加强政治协调。①

这一文件的签署表明美国在阿富汗的目标不再仅限于使苏联付出"尽可能高昂的代价"，而是赢得战争胜利

---

① https://www.reaganlibrary.gov/sites/default/files/archives/reference/scanned-nsdds/nsdd166.pdf.访问时间：2020 年 5 月 15 号。

NSC DECLASSIFICATION REVIEW [E.O. 12958 as amended]
DECLASSIFIED IN FULL ON 9/8/2008
by M.Ronan
607-355

SYSTEM II
90338

THE WHITE HOUSE
WASHINGTON
March 27, 1985

DECLASSIFIED
NLRR M07-062 #1
BY KML NARA DATE 4/22/10

National Security Decision
Directive Number 166

U.S. POLICY, PROGRAMS AND STRATEGY IN AFGHANISTAN

The Soviet war in Afghanistan is now well into its sixth year. The two principal elements in our Afghanistan strategy are a program of covert action support to the Afghan resistance, and our diplomatic/political strategy to pressure the Soviet Union to withdraw its forces from Afghanistan and to increase international support for the Afghan resistance forces. This directive establishes the goals and objectives to be served by these programs.

1. Policy Goals and Major U.S. Interests

The ultimate goal of our policy is the removal of Soviet forces from Afghanistan and the restoration of its independent status. In the mid term (1985-1990), the U.S. will pursue interim objectives which will, if achieved, bring us closer to our ultimate goal. Achieving these interim objectives will be in the U.S. national interest, regardless of the ultimate outcome of the struggle in Afghanistan. These interim objectives are:

-- Demonstrate to the Soviet Union that its long-term strategy for subjugating Afghanistan is not working. If the war in Afghanistan grows steadily worse, from the Soviet perspective, the Soviet leadership can have little confidence that it will finally achieve its purposes, no matter how long term the Soviet perspective. Achieving this objective is the best way to build pressure on the Soviet Union to adjust its policies in ways favorable to us and to the Afghan people.

-- Deny Afghanistan to the Soviets as a base: Our covert program will deny Afghanistan to the Soviets as a secure base from which to project power and influence in the region. Were the Soviets to consolidate their position in Afghanistan, they would be better able to exploit possible post-Khomeini turmoil in Iran and to create difficulties for the Government of Pakistan.

-- Promote Soviet isolation in the Third and Islamic worlds on the Afghanistan issue. The Soviets have paid a price in the Third World for their continuing occupation of Afghanistan.

COPY 1B OF 6 COPIES

图 4-4 NSDD166 文件的第一页

和阿富汗独立,将苏联赶出阿富汗——这在卡特政府时期被视为几乎不可能实现的目标。更重要的是,国家安全顾问罗伯特·麦克法兰(Robert McFarlane)还签署了NSDD166附件,授权加强对圣战者的秘密军事援助。新的一揽子秘密支援计划主要包括三大部分——加强组织和后勤、提供军事技术,以及鼓励和加强阿富汗抵抗意识形态,如宗教灌输和教化等。附件规定,中情局在援助抵抗组织时应采取特别措施,向圣战者提供卫星勘测装置以及其他情报,以便确定对苏阿军队实施进攻的目标,破坏其安全通信系统。[1]

NSDD166文件及其附件共同赋予中情局在阿富汗扩大行动的合法性基础,也为向圣战者提供西方制造的先进武器扫除了障碍。在文件指示下,为达到使苏联撤军的目标,美国为隐蔽行动计划投入了更多的资金,建立了更加复杂高效的援助网络,提供了真正更有力的武器,

---

[1] 李琼:《苏联、阿富汗、美国:1979—1989年三国四方在阿富汗的博弈研究》,北京:中国社会科学出版社,2016年,第156页。

并将战乱向北引入了苏联境内,在阿巴地区推行"海洛因政治",同时还加强了意识形态攻势,对圣战者进行好战主义教育,用伊斯兰主义对抗共产主义。

1985年,援助预算经费从1981年的1亿美元、1983年的1.22亿美元、1984年的2.5亿美元猛增到7亿美元左右。同时,一个援助圣战者的极其复杂的国外网络搭建起来了。通过这个网络,美国和保守的阿拉伯国家政府以及志愿组织得以紧密合作,共同资助和运作了诸多重大行动。阿富汗圣战者得到的资金总量迅猛增长,不仅有来自阿拉伯人的大笔捐助,国会也向其拨出额外的资金,到1985年年底伊朗门的款项也被打入阿富汗的账户。①

除了继续输送更多武器装备之外,中情局还开始向圣战者提供有力的通信情报支持并改进了补养运输水平。首先,运往阿富汗的武器装备在数量和质量上都显

---

① [挪威]文安立:《全球冷战:美苏对第三世界的干涉与当代世界的形成》,牛可等译,北京:世界图书出版公司,2012年,第367—368页。

著提升:为阿反政府武装配备了用于进行城市破坏和复杂游击战的数吨C-4塑性炸弹的延时定时装置、远程狙击步枪、重机枪、SA-7、瑞士欧瑞康(Oerlikon)高射炮,与美国海军卫星相连的迫击炮瞄准装置、线导反坦克导弹以及其他设备。[1] 游击队在1985年还首次获得了有效的地对地武器——107毫米多管火箭发射器,射程约为5英里,使游击队可以在安全距离内向目标开火。随着可缴获的苏联装备以及从埃及等苏联前盟友处获得的武器越来越少,中情局开始通过第三世界国家的"稻草人公司"(straw companies)直接向东方阵营的国家购买武器(特别是保加利亚)。1985年年底,中情局在埃及协助设立了一个工厂专门生产苏式武器。其次,美国对圣战者的通信情报支持包括大量关于阿富汗战场上苏联目标

---

[1] Steve Coll, "Anatomy of a Victory: CIA's Covert Afghan War", *The Washington Post*, July 19, 1992. https://www.washingtonpost.com/archive/politics/1992/07/19/anatomy-of-a-victory-cias-covert-afghan-war/1bd10b14-a0cc-441c-99cc-d2b5d1ba6e2d/. 访问时间:2020年8月28日。

的卫星侦察数据、基于卫星情报获得的苏军军事行动计划、截获的苏联通信情报以及维护叛军的秘密通信网络。再次,美国还改进了补养基地和运输条件,提高了向阿富汗境内运送武器、弹药、食品、服装等物资的能力(包括提供数千匹骡子执行武器运输工作),为抵抗组织在1986—1987年获得巨大胜利奠定了后勤基础。这些举措使美国向圣战者提供的武器和弹药从1983年的1万吨逐渐增加至1987年的6.5万吨,并给苏军造成了日益惨重的损失。

1986年2月,里根在国情咨文中明确加强了对第三世界叛乱势力的承诺。他引用1984年国会通过的聪格斯决议中的一句话:"自由斗士们,你们并不孤单。美国将向你们提供道义和物质支持,你们不仅有权为自由而战斗牺牲,更有权为自由战斗并赢得自由。"里根很快兑现了他的承诺,不仅为阿富汗,也为安哥拉的自由战士送去了更加强大的武器。

在华盛顿一些激进人士看来,NSDD166文件指导下的大规模升级似乎仍不足够。到1985年年底,秘密援助面临一个重大问题——是否应该向圣战者提供美国生产的先进武器——毒刺导弹。其实,从苏联干涉开始,提供何种强度的武器就成为华盛顿的一个重要议题。1980年,布莱门特曾提出过援助毒刺的建议,结果不了了之。1984年,中情局的克莱尔·乔治(Clair George)等一些官员也提出,应该给抵抗力量提供轻型地对空毒刺导弹(尽管还没有经过实战检验,但它被认为能在圣战者遭遇空袭时给予他们更有效的还击机会)。然而,直到1985年,大部分中情局顾问依然反对提供明确来自美国的武器。国防部出于技术泄露的担心也反对提供毒刺:一方面,如果苏联缴获一两枚发射架,极有可能借此研制出反制武器;另一方面,如果苏联成功仿制,可能会在发展中国家甚至欧洲投入使用,产生安全威胁。行政部门的大多数人也反对援助毒刺,主要是考虑到苏联的反应以及对一旦落入"不当之人手中"所产生后果的担心。在1985年的大部分时间里,这一议题只限于政府内部讨论，还未发展为一场激烈争论。

然而，1985年年底情况发生了变化。12月中旬，凯西、麦克马洪，及国防部政治事务副部长迈克·阿马科斯特（Mike Armacost）等人在国务院的一次会议上强烈要求向阿富汗提供毒刺。原本态度保守的国务卿舒尔茨在读了一份关于戈尔巴乔夫掌权之后可能大规模升级战争的报告之后，也出人意料地站在了激进派一边，加入了支持提供毒刺的队伍。他后来回忆道："在国务院，有人担心，以任何美国制造的武器去扭转战场形势，都会引起苏联人的敌视，这将使我们为改善两国关系所做的所有努力付诸东流。我不同意这样的意见。"

1986年1月，凯西访问巴基斯坦时，齐亚呼吁应进一步向苏联施压。凯西表示，美国可能批准向阿富汗提供毒刺。2月中旬，美国政府原则上同意国防部向中情局提供400枚毒刺导弹，供圣战者使用。4月，里根做出最终决定，给圣战者和争取安哥拉彻底独立全国同盟（UNITA）送去毒刺。1986年9月26日的袭击中，阿富汗圣战者首次使用毒刺，击落了三架飞抵贾拉拉巴德机场的苏联直升机。不久之后，圣战者在毒刺助攻下发动了一场毁灭性防空战役，战况的不利迫使苏联开始进入夜间飞行作战。五个月以后，美国为毒刺开发出一种新型瞄准系统，进一步增强了它的夜间作战效率。为避免被导弹击中，苏联飞机被迫提升飞行高度，但其轰炸作用和地面支持效果相应大幅减弱。

1986年，圣战者还得到了另外两种便携式防空导弹，英国的吹管导弹（Blowpipe）和美国的红眼导弹，但作战效果均远不及毒刺。由于战斗力极佳，关于毒刺的神话与推崇开始在阿富汗尤其是游击队内部流传开来，以致各个游击队都渴望得到。而拥有毒刺的圣战者将它视为一种可以保护其不受苏联伤害的"神奇护身符"，作战时变得更加勇敢。毒刺的介入是阿富汗战争的一个重要转折点，它极大地增加了苏联飞机（和飞行员）的损失程度，和莫斯科的战争成本；迫使苏联改变战术，进而帮助了地面作战的圣战者；此外，反抗武装的士气也得到了大幅提升。

至此,大幅增加的援助资金使圣战者获得了充足物资,美国先进的卫星信息帮助其更精确锁定目标位置,加之大批毒刺导弹的运用,战争形势开始逆转,圣战者得以在戈尔巴乔夫上台后的猛烈攻势下存活并逐渐取得优势地位。①

在送去毒刺导弹的同时,凯西还酝酿着一个更加大胆的想法,即"祸水北引",将阿富汗战争引入苏联领土,既包括无形的心理战,也有实际的游击战。这一构想也许是受到了二战时期英法曾将"祸水东引"至苏联的启发。1984年10月,凯西秘密访问阿富汗边境的秘密训练营,首次提出骚扰苏联领土的想法,这让巴基斯坦大为吃惊。在与阿赫塔尔和三军情报局阿富汗局长穆罕默德·尤素福(Mohammad Yousaf)的会谈中,凯西表示,苏联的民族紧张关系不堪一击,"它是最后一个多民族帝

---

① [美]罗伯特·M.盖茨:《亲历者:五任美国总统赢得冷战的内幕》,刘海青、吴春玲译,南京:江苏凤凰文艺出版社,2014年,第292—293页。

国,终究会面临民族紧张关系的挑战",并明确指出,阿富汗北部是通向苏联中亚地区的一个跳板,是"苏联柔软的下腹部",美国应该首先偷运印刷品,鼓动当地人民对苏联的不满情绪,然后输送武器,鼓励其发动起义。巴基斯坦同意了这个计划,中情局很快就提供了数以千计的《古兰经》、关于苏联对乌兹别克斯坦实施暴行的书籍以及民族主义历史英雄的小册子等颠覆性文学作品向苏联南部穆斯林占主导地位的共和国投放。[①]

1985年,中情局、英国军情六处和三军情报局同意从阿富汗向当时被苏联控制的塔吉克斯坦和乌兹别克斯坦发动游击战争,攻击苏联境内的军事设施、工厂和仓库。这项任务交由与三军情报局关系密切的阿富汗军阀希克马蒂亚尔负责。中情局购买了几百艘橡皮艇,用来运送游击队员和印刷宣传品渡过阿姆河潜入苏联。根据尤素福的说法,对阿富汗人跨境袭击的训练实际上在1984年已经开始,"在此期间,我们专门训练和派遣了数

---

① Steve Coll, "Anatomy of a Victory: CIA's Covert Afghan War", *The Washington Post*, July 19, 1992.

百名圣战者,深入苏联境内25公里的地方。他们的行动可能是这场战争中最机密、最敏感的行动"。

美国鼓动的跨境袭击从1985年正式开始,到1986年达到顶峰。巴基斯坦情报部门组织了15个阿富汗突击队执行各种破坏任务,其中包括:1. 在夜间从阿姆河南岸向对岸苏联境内发射火箭炮;2. 越过阿姆河攻击苏联的边境哨所;3. 埋设地雷,拆毁铁路、桥梁、公路,破坏输电线路,袭击机场、水电站等基础设施;4. 袭击军事设备、工厂和燃料库。1986年12月初,大约30名游击队员乘坐橡皮艇渡过阿姆河,对塔吉克斯坦的两座水电站进行攻击,使设施遭到严重破坏,沿途还捣毁了两个苏联哨所,导致部分地区断电了好几周。他们还对苏联边境地区的一个机场进行反复的攻击。1987年4月,一支34人的游击队深入乌兹别克地区,用火箭弹袭击了一家工厂,造成8人死亡和40多人受伤。①

---

① 白建才:《"第三种选择"——冷战期间美国对外隐蔽行动战略研究》,北京:人民出版社,2012年,第357—358页。

许多进入苏联境内的游击队充分发挥了地理优势，一面传播《古兰经》等宣传印刷品，争夺人心，一面煽动乌兹别克人和塔吉克人加入圣战事业，发起破坏和伏击行动。尤素福回忆，阿姆河附近发动的数十次袭击中，有时一些苏联公民也参与了袭击行动，或者跟随游击队一起返回阿富汗加入圣战组织，而且几乎每一次攻击都引发了苏联对该河以南所有村庄的大规模空袭，"苏联的激烈反应证实我们正在打击一个痛点"。盛怒之下，戈尔巴乔夫威胁巴基斯坦说，如果这种袭击继续，"巴基斯坦的安全和领土完整将会面临严重的后果"。[1]

这种极为冒险的军事行动在华盛顿内部引发了争议。美国高级情报官员格雷厄姆·富勒（Graham Fuller）表示，多数美国官员认为此类军事袭击是一种"令人难以置信的升级"，担心跨境袭击会引发苏联的大规模反击，

---

[1] Peter Schweizer, *Victory: The Reagan Administration's Secret Strategy that Hastened the Collapse of the Soviet Union*, p.177, p.271.

建议停止任何此类袭击。出于这一担心，里根政府决定停止向巴基斯坦提供苏联境内军事目标的详细卫星照片，以避免授人以柄。但是，在凯西的大力推动下，秘密跨境袭击仍然持续进行了三年多的时间。尤素福表示"中情局和其他机构给予我们一切非正式的鼓励，将战争引向苏联"。1987年凯西去世后，祸水北引的冒险行动随之逐渐结束。①

六、尾声：戛然而止

1985年是阿富汗战争的转折点。当里根、凯西和威尔逊共同致力于全面升级隐蔽行动的时候，苏联政治局也开始考虑如何结束阿富汗这个"流血的伤口"。其后，苏联的撤军进程尽管步履维艰却义无反顾，而美国在阿

---

① Mohammed Youssaf and Mark Adkin, *Afghanistan: The Bear Trap. The Defeat of a Superpower*. Havertown, PA: Casemate Publishers, 2001. http://afghanwarbooks.com/category/bear-trap-book-english-version/.访问时间：2020年4月20日。

富汗问题上与苏联的对抗却丝毫没有停歇的趋势,直到最后一刻戛然而止。

很多苏联官员清醒地认识到,阿富汗战争是使苏联与第三世界关系走入死胡同的首要原因。戈尔巴乔夫上台后推行"新思维"(Perestroika)改革,在阿富汗问题上,谋求体面撤军。1985年10月,政治局制定了对阿富汗的新政策,内容同1965年尼克松的越南化计划极其相似:撤军为根本目标,而在短期内则要"更有力地实施战争",同时扩大阿富汗政府的政治基础。此后,苏联大力加强了对阿富汗伊斯兰抵抗力量的打击力度;用作风强悍的阿富汗领导人穆罕默德·纳吉布拉(Muhammad Najibullah)取代了孱弱无能的卡尔迈勒;还开始积极与相关各方接触,多次进行日内瓦会谈,为政治解决阿富汗问题做出有限度妥协。然而,这种破釜沉舟式的尝试的失败和美国攻势的显著加强,最终促使戈尔巴乔夫决心尽快撤军。1986年11月13日的政治局会议上,戈尔巴乔夫决定,无论发生什么情况,苏军都必须在1988年年底之前回国,"必须尽快完成这一过程"。①

然而,苏联体面撤军、全身而退显然不是美国想要的结果。美国的目标是让苏联全面撤军,铩羽而归。达到这一目标之前,在阿富汗惩罚苏联军队比外交解决更可取,如此能够使苏联的代价更加高昂。为此,美国一面持续不断地用各种手段阻止通过外交途径促成苏联撤军;一面继续援助抵抗组织,提高苏联占领的政治和军事代价。

关于苏联撤军的非正式谈判自1982年以来一直在推进,而华盛顿似乎从未真正表现出谈判的诚意,始终坚持从中作梗,阻挠撤军方案的达成。1982年,联合国试图在厄瓜多尔外交部部长、联合国秘书长私人代表迭戈·科多韦斯(Diego Cordovez)的主导下斡旋和解谈

---

① Svetlana Savranskaya and Tom Blanton, *The Soviet Withdrawal from Afghanistan 1989*, https://nsarchive.gwu.edu/briefing-book/afghanistan-russia-programs/2019 - 02 - 27/soviet-withdrawal-afghanistan-1989.访问时间:2020年4月20日。

判。据科多韦斯的说法,美巴在阿富汗问题上都采取了欺骗的态度,公开层面摆出谈判解决的姿态,但私下里却认为军事升级是最好的办法。"在试图签订有利于我方利益的协议时,我们应该继续养精蓄锐。"舒尔茨这样对里根说。① 随着战事的发展,在撤军问题上,美国显然越来越掌握谈判主动权,里根政府更加坚定地用"养精蓄锐"来争取更多的筹码。

1985年11月,戈尔巴乔夫在与里根的第一次面对面会谈中强调他想调停第三世界的争端并抱怨了美国在撤军问题上的虚伪,"你们本可伸出援手,但没有。你们说苏联应该从阿富汗撤军,但事实上却想让他们留在那儿,时间越长越好"。戈氏深知美国并不希望在阿富汗问题上达成协议,并且巴不得看到苏军在阿富汗受到重创,像美国在越南那样大伤元气。美国秘密战争的升级使莫斯科在撤军问题上愈发为难,"华盛顿给自己设定了千方

---

① [美]梅尔文·P.莱弗勒:《人心之争:美国、苏联与冷战》,孙闵欣等译,上海:华东师范大学出版社,2012年,第397页。

图4-5 1985年11月19日,里根和戈尔巴乔夫在日内瓦的弗勒德奥(Fleur d'eau)会议室内进行了第一次面对面会谈,会谈时间从原定的15分钟延长至整整一个小时。
图片来源:Ronald Reagan Presidential Library, C31983-14A。

百计阻止和解这一目标",戈氏如是说。①

尽管戈氏看穿了美国的伎俩却也无可奈何,美国依然毫无诚意。1986年,拉巴尼率领阿富汗代表团访问华

---

① [美]梅尔文·P.莱弗勒:《人心之争:美国、苏联与冷战》,孙闵欣等译,上海:华东师范大学出版社,2012年,第391—392页。

盛顿,试图获得更多的支援。查理·威尔逊对他们表示欢迎,并呼吁建立一个国际公认的抵抗联盟"流亡政府"(government-in-exile)与阿富汗共产主义政权抗衡。里根和舒尔茨还向他们保证,如果不能实现苏联军队的迅速、完全撤出,以及自决组织的自由行动的话,"美国不会参与这样的解决方案"。

面对撤军阶段的形势变化,1987年5月1日,里根签署了第270号国家安全决定指令(NSDD270)。文件指出,美国正在进入一个关键时期,如果想要通过谈判达成适当的解决方案,就必须对苏联保持强大的压力。该阶段美国政策的目标是:首先,提高苏联占领阿富汗的军事和政治代价,迫使他们达成全面的政治解决方案,从而使苏联军队迅速、完全、不可逆转地撤出阿富汗,并实现阿富汗真正的自决。其次,继续向巴基斯坦提供经济和安全援助,继续支持以巴为主导的谈判轨道,以确保美国后续计划的实现。再次,鼓励建立更有效的抵抗政治阵线,鼓励国际社会更积极地支持巴基斯坦和阿富汗抵抗力量,提高国际公众对战争的认识,支持建立一个自由的阿富汗。

为实现以上目标,美国决定在援助、公共外交和政治策略三个方面采取行动。

首先,在援助方面:制定全面的国会战略,确保为巴基斯坦后续援助方案提供充足资金;增强巴基斯坦的军事能力,增加美国人道主义援助项目资源,促进其他国家政府、国际组织和援助机构在农业、医疗、教育和公共行政等领域对跨境人道主义援助方案的支持;帮助其他国家制订长期计划来满足巴基斯坦的军事和经济需求。

其次,在公共外交方面:成立阿富汗公共外交跨部门工作组,强调公共外交的政治重点和一致性,在外国媒体上最大限度地宣传有利于抵抗运动的内容;发起总统倡议,强调美国对巴基斯坦和阿富汗事业的承诺,促进其他国家政府的共同参与;审查美国新闻署的全球项目,集中和增加专门针对阿富汗抵抗力量和难民的公共事务和文化资源,提高阿富汗的形象;增加阿富汗媒体项目,制订应急计划,以便在没有巴基斯坦干预的情况下实现目标。

最后,在政治策略方面:增加对苏联和阿富汗政府的政治和外交压力,通过谈判实现迅速完全撤军;加强与友好国家政府的磋商,以具体的政策压力或外交战略,促进抵抗联盟的政治发展;向美国政府各机构提出具体行动建议以及与巴、沙等国进行行动协商,制定关于阿富汗联盟机构发展的概念文件;制订计划鼓励抵抗力量的和平建议和其他政治活动,以对抗苏联和阿富汗政府的政治努力;在巴基斯坦核问题上,研究国会、巴基斯坦和其他有关政府可能提出的新方法。[1]

这一文件阐明了撤军阶段美国对阿富汗政策的目标和具体措施,即争取在撤军过程中,继续使苏联付出尽可能高昂的代价。为了达到这一目标,美国在苏联公布撤军计划之后,依然全面推进秘密战争,援助金额不降反增,并在核问题上继续装聋作哑,对巴基斯坦做出大幅妥

---

[1] https://fas.org/irp/offdocs/nsdd/nsdd—270.pdf. 访问时间:2020年5月2日。

协、提供巨额援助。

到1987年秋,白宫已经明确知晓了苏联的撤军计划,并认为"一个深刻的、历史性的转变正在发生"[1]。然而,在之后的华盛顿峰会期间,里根有意忽视了这一变化并强调美国在峰会上的行为及其结果决不能将维持强大国防预算的努力复杂化,不能阻碍对反政府武装和伊斯兰圣战组织的支持。强大的国防预算与里根主义齐头并进,而里根主义与第三世界热点地区的政治解决方案并不一致。因此,里根决定选择乘胜追击,而非偃旗息鼓。[2]

1988年2月,戈尔巴乔夫公开宣布苏联将从阿富汗撤军时,美国的秘密援助依然如火如荼,甚至在与苏联签订撤军协议后依然如此。4月14日,苏联、美国、巴基斯坦和阿富汗签订了日内瓦一揽子协议:苏联撤军,巴基斯

---

[1] George Shultz, *Turmoil and Triumph: My Years as Secretary of State*, New York: Scribner, 1993, p.1003.

[2] Andrew Hartman, "The Red Template: US Policy in Soviet-Occupied Afghanistan", *Third World Quarterly*, Vol. 23, No. 3 (Jun. 2002), pp. 476-477.

图4-6 1987年，美巴情报人员在巴基斯坦西北边境圣战训练营。前排左起依次为：三军情报局局长哈密的·古尔（Hamid Gul）将军、中情局局长威廉·韦伯斯特（Willian Webster）少将、负责行动的副局长克莱尔·乔治、三军情报局的一位上校、中情局驻伊斯兰堡站站长米尔顿·比尔登（Milton Bearden）。
图片来源：RAWA。

坦停止干涉，阿富汗允许难民重返家园，同时美苏保证不再加以干涉。但与会各方中只有戈尔巴乔夫真正言行一致。齐亚表示并不打算停止对抵抗组织的支持，"我们会说些谎话的。这就是我们八年来所做的事……穆斯林有权为一项伟大的事业撒谎"。美国也无意停止援助，舒尔茨公开声称："向反抗力量提供军事援助是我们的权利。

我们已经做好充分准备来执行这一权利,但我们也准备好了对策。"①

国务院和国会对于苏联的撤军承诺极不信任,国会强硬派力主在战争最后关头加强对抵抗组织的援助。国会单独拨出的援助金额从1986年的150万增加到1987年的300万,再到1988年的450万美元。1988年6月,汉弗莱号召在1989年加倍实施跨国援助计划,因为他认为"日内瓦协议签署之后,正是帮助阿富汗人民获得彻底胜利和巩固这些胜利的时候",而且他不希望造成一种美国只对削弱苏联感兴趣而对阿富汗重建计划漠不关心的印象。11月,布什总统还向来访的拉巴尼等反对派代表承诺,新政府对抵抗联盟的援助将超过里根政府。②

戈尔巴乔夫对此深感失望,认为美国对苏联"合作解决问题的真挚愿望"视而不见,并由此得出结论:美国人

---

① [美]梅尔文·P.莱弗勒:《人心之争:美国、苏联与冷战》,孙闵欣等译,上海:华东师范大学出版社,2012年,第397页。
② 李琼:《苏联、阿富汗、美国:1979—1989年三国四方在阿富汗的博弈研究》,北京:中国社会科学出版社,2016年,第202—203页。

是靠不住的。他解释说,尽管美国也意识到了伊斯兰宗教极端主义的潜在威胁,但他们绝不会放过任何推翻纳吉布拉统治和煽动苏联上千万穆斯林的机会,美国的真正意图是削弱苏联,希望利用苏联的危机获取更多利益。①

最终,美国如愿以偿。1989年2月15日,一个寒冷的冬日早晨,苏军在阿富汗的最后一位指挥官鲍里斯·格罗莫夫(Boris Gromov)带领最后一支部队通过苏阿友谊桥泰尔梅兹桥(Termez)回到苏联境内,苏联以26000名士兵死亡、50000人受伤、600亿卢布(约1000亿美元)的高昂代价结束了战争。

此后圣战者投入了与纳吉布拉政权的战斗,美国的援助仍在继续。直到1991年,威尔逊还说服众议院情报委员会在1992财政年度为圣战者提供2亿美元援助,加上沙特的配套资金,援助总额达4亿美元。然而,1991年年末苏联轰然解体,莫斯科终止了对纳吉布拉政权的

---

① [美]梅尔文·P.莱弗勒:《人心之争:美国、苏联与冷战》,孙闵欣等译,上海:华东师范大学出版社,2012年,第396、399页。

所有援助,美国在阿富汗的秘密战争也随之戛然而止。之前的日内瓦系列协定并未充分解决后占领时期和未来阿富汗的治理问题。作为阿富汗重建的潜在支持者和主要力量,美国对阿富汗的未来并不关心,几乎没有做出任何规划和安排。美国认为阿富汗将依然在巴基斯坦和沙特的掌控之下发展,不太可能对美国利益造成较大威胁。四个月后,纳吉布拉政权倒台,阿富汗人重整旗鼓再次投入内战之中。但是,已经没有人再关心他们的命运。四年之后,一支之前由巴基斯坦支持的圣战武装塔利班

图 4-7　由苏联武器弹药拼出的文字,"再见,阿富汗"
图片来源:https://nsarchive.gwu.edu/briefing-book/afghanistan-russia-programs/2019-02-27/soviet-withdrawal-afghanistan-1989。

(Taliban)组织占领了喀布尔,其后在其统治下,阿富汗的命运再次被改写。

图4-8 1989年2月,苏军从苏阿友谊桥撤退
图片来源:同上。

V

第五章

谁的胜利?

1989年2月,中情局驻伊斯兰堡站站长给总部发了一封著名的电报:"我们赢了。"这是美国历史上"最成功的"秘密情报行动的低调结尾。

在阿富汗的这场美苏博弈中,美国不仅实现了削弱苏联的最终目标,几乎也实现了所有的阶段性目标。更何况,接下来美国还迎来了苏联的解体和冷战的胜利。大概也只有大肆宣扬"历史的终结"①才能充分表达西方世界的狂喜之情与绝对优越。

然而,如果没有发生以下两件在当时看来并不那么引人注目的事情,美国的胜利原本应该可以"更彻底"和"更持久"。这两个不容忽视的插曲就是——"海洛因政治"和圣战教育,毒品和圣战最终成为冷战期间美国在阿富汗制造出的弗兰肯斯坦,冷战结束之后,它们在美国所忽略或未知的轨道上继续疯狂生长、不受控制,直接导向

---

① 1992年,弗朗西斯·福山在《历史的终结及最后之人》(*The End of History and the Last Man*)一书中提出,西方国家自由民主制的到来可能是人类社会演化的终点,是人类政府的最终形式。此论点被称为"历史终结论"。——著者按

暴力犯罪与国际恐怖主义的深渊,并在一些因素的共同作用下,最终促成了从全球冷战向全球圣战的转变。正如马哈茂德·马姆达尼(Mahmood Mamdani)在书中提出的发人深省的质疑,"如果说9·11中断了(美国冷战)胜利的庆典,它也提出了一个问题:冷战的胜利付出了什么代价?"①

一、制造弗兰肯斯坦

1990年5月,随着中情局在阿富汗行动的逐渐结束,《华盛顿邮报》在头版刊登文章,指控中情局所青睐和资助的圣战领导人希克马蒂亚尔是制毒贩毒的大毒枭,并指出美国官员拒绝调查对其阿富汗盟友贩卖海洛因的指控,是"因为美国在阿富汗的毒品政策完全让位于反苏战争"。那么,反苏战争期间美国对阿富汗毒品的态度究

---

① Mahmood Mamdani, *Good Muslim, Bad Muslim: America, The Cold War, and the Roots of Terror*, New York: Three Leaves Press, 2004, p.120.

竟是怎样的呢？

首先，美国对阿巴地区的毒品活动持纵容和支持态度。在美国的支持下，圣战游击队控制了阿富汗境内越来越多的领土，为了获得维持战斗所需的巨额资金，圣战领导者命令占领区的农民种植鸦片并缴纳革命税。在1986年接受《纽约时报》采访时，数十名阿富汗叛军领导人承认种植和销售罂粟。在巴基斯坦境内，阿富汗流亡组织领导人和受巴基斯坦情报部门保护的当地犯罪集团还共同经营着数百个海洛因加工厂。在战争造成的经济混乱中，阿富汗的罂粟种植量急剧增加。根据美国国务院1988年关于全球毒品贸易的报告，仅1987年，阿富汗鸦片产量就比前一年增加了至少20%，而且种植面积可能增加了一倍多。大部分罂粟种植在游击队控制的地区或者有影响力的地区。美国情报部门怀疑，运送援助物资而进入阿富汗的飞机、卡车和骡子带着毒品返回巴基斯坦。美国从1980年左右开始支持毒贩圣战者希克马蒂亚尔，当年，其占领地区内鸦片产量仅为200吨，然而到了1991年,当美苏终止援助的时候,其产量已经飙升至1980吨。在美巴两国的帮助下,希克马蒂亚尔很快从阿富汗地区势力最大的毒品走私犯变身为全球头号毒品走私犯。

尽管美国对这些情况心知肚明,但在该地区持续十多年之久的公开且猖獗的毒品交易过程中,驻伊斯兰堡的美国缉毒署(Drug Enforcement Administration, DEA)从未开展过任何大规模的缉获或逮捕行动。美国国务院和情报分析人士称,里根政府在迫使游击队遏制毒品交易方面几乎没有采取任何行动,毒品问题一直从属于里根政府支持反共叛乱的政策。1995年,负责阿富汗行动的前中情局官员查尔斯·科根(Charles Cogan)承认,中情局确实为了冷战对抗而有意忽略了毒品战,因为中情局的主要任务是尽可能地削弱苏联,所以没有足够的资源和时间去调查毒品交易。他并不认为需要为此道歉,因为"每种情况都有它的后果……毒品问题确实产生了严重后果,但主要目标已经实现,苏联离开了阿富汗"。① 美国前副助理国务卿弗朗西斯·麦克尼尔(Francis J. McNeil)说:"你必须权衡轻重缓急,但事实是,我们从没有轻重缓急:我们总是把毒品问题放在最底层。"②

其次,美国默许中情局工作人员参与毒品活动,并授予其法律上的豁免权。1982年2月11日,美国司法部长威廉·史密斯(William Smith)在一份秘密备忘录中给予中情局豁免权,免除了中情局对于中情局官员、特工参与毒品走私或相关资产进行汇报的要求。3月2日,凯西对史密斯的豁免表示感谢,称这将有助于保护情报来源和进行情报操作。美国国务院国际麻醉品管制项目负责人马西亚·法尔科(Mathea Falco)后来指责"一些

---

① Alfred W. McCoy, "Drug Fallout: The CIA's Forty-Year Complicity in the Narcotics Trade", in *The Progressive* (August 1997), pp. 24 - 27.

② Elaine Sciolino and Stephen Engelberg, "Fighting Narcotics: U.S. Is Urged to Shift Tactics", Special To *The New York Times*, April 10, 1988.https://www.nytimes.com/1988/04/10/world/fighting-narcotics-us-is-urged-to-shift-tactics.html.访问时间:2020年5月19日。

美国情报人员在战争期间深深卷入了毒品交易之中";中情局和三军情报局共同勾结,怂恿圣战者让苏联士兵吸毒上瘾。直到1995年,克林顿总统才废除了这项豁免权。①

最后,美国将毒品作为武器,试图以此削弱和侵蚀苏军。里根就职后不久,法国情报部门头目、秘密情报机构"狩猎俱乐部"(Safari Club)领导人亚历山大·马伦什(Alexandre de Marenches)向里根提出了一项法国—美国—三军情报局联合进行的"蚊子行动"(Operation Mosquito),以在阿富汗对抗苏联。马伦什建议制作假的苏联报纸,刊登旨在挫伤苏军士气的文章和其他宣传。此外,他还建议美国不要将缉毒署和其他机构缴获的毒品按惯例销毁,而是秘密提供给在阿作战的苏军,试图通过让苏联士兵吸食非法毒品来削弱其战斗力。马伦什在

---

① Peter Dale Scott, *The Road to 9/11: Wealth, Empire, and the Future of America*, Berkeley: University of California Press, 2007, pp.124-125.

回忆录中说，因为担心媒体泄密，这个想法最终遭到否决。但事实上，刊登虚假报道的苏军报纸后来确实出现在喀布尔，这些黑色宣传材料刊登令人泄气的文章，传播逃避厌世的情绪，宣扬和传播基督教精神。

除了精神鸦片之外，真正的鸦片、大量的大麻和海洛因也被广泛提供给苏联士兵，他们能够轻易地以极低的价格买到毒品，甚至很容易"发现"作为赠品的毒品，这导致苏军大规模的毒品上瘾。据参加过阿富汗战争的苏联老兵米哈依尔中校回忆，当地的年轻人可以淡定地用麻醉剂来换取饼干或青霉素，不少苏联高级军官一心一意地从事毒品转运工作，量少时就缝在肩章下，量大时就装在锌制棺材里。那些带着武器、汽油和伏特加上战场的士兵，回国后就变成了百万富翁。[①] 十年间共有近60万苏联公民曾在阿富汗服役，这些人几乎都是在阿富汗第一次接触或了解了毒品，回国的士兵将毒品带回苏联之

---

① 蜀蒙编译：《战争让士兵成为吸毒鬼》，《当代世界》，1997年第8期，第34页。

后加剧毒品传播。据官方统计,1987年苏联有4.6万名吸毒成瘾者,1990年达到6万名。

鉴于阿富汗境内毒品泛滥,在一定程度上,一些苏联士兵对毒品的接触和上瘾原本属于正常现象,但耐人寻味的是,一直只在南美种植的毒品可卡因,此时也开始出现在阿富汗。一些俄罗斯军事历史学家认为,"一定有一些间接证据表明存在某种系统性的计划"导致苏联士兵吸毒成瘾。① 毫无疑问,毒品的侵蚀和战斗的不利严重削弱了苏军的士气。

此外,阿富汗毒品产量对美国在该地区活动的灵敏反应也在某种程度上说明美国对毒品的掌控。反苏战争之前,阿巴两国的鸦片生产都是流向较小的区域市场,而且当地没有生产海洛因。1979年,美国开始进行秘密援助,阿富汗的鸦片和海洛因也在这一年首次打进国际市场。两年后,阿巴边境地区一跃成为世界上最大的海洛

---

① John Cooley, *Unholy Wars: Afghanistan, America and International Terrorism*, London: Pluto Press, 2002, pp. 106-111.

因产地,满足了美国60%的需求。1989年,作为中情局秘密操纵了十年的主要据点,阿巴分别为世界第一和第二大非法海洛因生产国。阿富汗是鸦片主要生产国,巴基斯坦为加工国和出口国。在巴基斯坦,海洛因成瘾者人数从1979年的几乎为零增加到1981年的5000人,再到1985年的120万人,增幅比任何国家都大得多。而在中情局撤出之后的1992年,吸毒者反而降至80万人。[1]

其实,美国对毒品活动的纵容或者说鼓励和利用,并不只出现在20世纪80年代的阿富汗,中情局和全球毒品贸易之间的勾连与共谋早已不是新鲜事。从20世纪50年代的泰国开始,美国已经习惯于利用中情局和毒品贩子,以及与其有资金往来的银行的结盟来建立和维持右翼政府。这种模式不断出现在尼加拉瓜、墨西哥、老挝、缅甸、巴拿马、越南、意大利等地,最终形成全球毒品

---

[1] Alfred W. McCoy, "Drug Fallout: The CIA's Forty-Year Complicity in the Narcotics Trade", in *The Progressive* (August 1997), pp. 24-27.

网络。而毒品贸易的巨额利润经常被用来为非法暴力活动提供资金,助长世界政治中的不稳定因素。① 反苏战争期间,中情局只不过是再次轻车熟路地将其毒品政策运用在了阿富汗地区。

阿尔弗雷德·麦考伊(Alfred W. McCoy)最早揭露了这种现象,其著作《海洛因政治:中情局与全球毒品交易的共谋》详细记录了冷战至今美国的不诚实和肮脏交易,介绍了美国在亚洲、欧洲、南美洲和中美洲进行非法毒品贸易的运作机制,证实了中情局和美国政府对全球非法毒品贸易的参与和促进。② 尽管中情局的秘密行动并非毒品泛滥的唯一原因,但是它对毒品贸易实质性的庇护和利用,无疑是毒品这一威胁当今全球非传统安全问题的主要历史因素。1840 年的鸦片战争打开了中国

---

① [加]彼得·戴尔·斯科特:《美国战争机器:深度政治、中情局全球毒品网络和阿富汗之路》,蒋小虎等译,北京:社会科学文献出版社,2016 年,第 22—24 页。

② Alfred W. McCoy, *The Politics of Heroin: CIA Complicity in the Global Drug Trade*, New York: Lawrence Hill Books, 2003.

市场的大门，一百多年后，美国仍然在用全新模式的"鸦片战争"谋求政治和经济利益，且愈发地不择手段。

海洛因政治网络中，资金运转是不可或缺的重要环节，在阿富汗的运作也同样如此。在里根和凯西搭建起的援助圣战者的极其复杂的外国网络中，美国和保守的阿拉伯国家政府以及志愿组织进行了紧密合作，共同资助和运作了诸多重大隐蔽行动。到援助后期每年大约有50亿美元被用于维持阿富汗游击战，仅巴基斯坦情报部门每月就可获得150万美元，用于监督和分配武器。当时，源源不断的对阿富汗的捐助被用于不止一个目的，比如文莱苏丹（Sultan of Brunei）捐出的钱，可能同时用于尼加拉瓜、柬埔寨和阿富汗。同越战时期一样，这笔资金同样来源于地下基金会和毒品公司——这在当时已经成为公开的秘密。在这一网络中，中情局所偏爱的国际商业信贷银行（Bank of Credit and Commerce International, BCCI）负责了大量巨额资金的运转。该银行臭名昭著，因长期从事毒品、军火、洗钱等非法交易，又被称为"国际骗子和罪犯银行"(Bank of Crooks and Criminals International)。

图 5-1 美国《时代周刊》关于 BCCI 的封面故事:"世界上最肮脏的银行"

70 年代初,新成立的狩猎俱乐部需要一个银行网络来资助其情报行动,沙特情报头目卡迈勒·阿德汉姆(Kamal Adham)接受了这项任务。在时任中情局局长老布什的支持下,阿德汉姆将巴基斯坦一家小型商业银行

BCCI转变为一个全球性的洗钱机器,收购世界各地的银行,创造了历史上最大的秘密货币网络。BCCI最初由阿德汉姆的合伙人、巴基斯坦人阿贾·哈桑·阿贝迪(Agha Hasan Abedi)于1972年创立,由一些显要的沙特人担任股东。老布什担任中情局局长时曾在其中设立账户,沙特王室成员以及本·拉登家族成员也曾是其忠实客户。

1985年,中情局曾向其他美国政府部门发送了一份关于BCCI及其毒品相关活动的报告,并指控BCCI与臭名昭著的恐怖分子有联系,比如当时全球头号通缉犯阿布·尼达尔(Abu Nidal)。1986年中情局再次发送了类似的报告。然而,司法部、财政部和其他部门一直对此保持沉默,没有对该银行采取任何行动。直到1992年,参议员约翰·克里(John Kerry)和汉克·布朗(Hank Brown)发表了关于BCCI丑闻的报告《BCCI事件》(The BCCI Affair),其中指出:即使中情局知道BCCI作为一个机构,从根本上说是一个腐败的犯罪企业,但它还是利用BCCI及其秘密控制的美国子公司First American来进行中情局的行动。除了中情局之外，报告还抨击了司法部、财政部、海关署、联邦储备银行。BCCI最终于1991年倒闭。①

海洛因政治之外，美国在阿富汗秘密战争中另一个影响深远的举措是推行广泛而全面的圣战教育——以阿巴两国为基地，面向整个伊斯兰世界，将圣战思想教育和暴力实践教育并举。这一举措与布热津斯基"伊斯兰之弧"的构想一脉相承，共同致力于煽动宗教极端主义情绪，并鼓励将其诉诸武力与暴力手段。圣战教育主要通过一些分工明确、各有所专的训练营实施和推广。由美巴支持的训练营主要分为三种：设在美国的训练营，主要培训高级别指挥人员；设在巴基斯坦等伊斯兰国家的训练营，针对大部分参与战斗人员，偏重圣战实践和作战训练；以及侧重圣战思想教育的"麦德莱塞"(Madrasa)，主要

---

① Senator John Kerry and Senator Hank Brown, "The BCCI Affair: A Report to the Committee on Foreign Relations United States Senate", 102d Congress 2d Session Senate Print 102-140, December 1992, http://fas.org/irp/congress/1992_rpt/bcci/.访问时间：2020年3月21日。

面向基础教育阶段,针对难民等潜在的圣战者目标群体。

1981年秘密访问巴基斯坦期间,凯西做出承诺,中情局将支持三军情报局从世界其他伊斯兰国家招募激进穆斯林进行组织培训并参加阿富汗战争的计划。除海湾国家外,还包括土耳其、菲律宾。在美国的支持下,三军情报局从1982年开始从其他国家招募激进分子,并试图将圣战扩大到阿富汗以外的国家。由中情局资金秘密支付的招募广告被刊登在世界各地的报刊上,鼓吹和诱惑加入伊斯兰圣战事业。实际上,阿赫塔尔很早就组建了训练营,不过主要针对希克马蒂亚尔的伊斯兰党招募的人员予以重点培训。这些训练营主要教授游击战战术、安全通讯、城市破坏以及定点暗杀和汽车炸弹袭击等破坏技术,由中情局和英国军情六处监督,教官多为巴基斯坦人,美国和英国人员也随时在场,向巴基斯坦军官传授最新武器的使用方法。为了培训招募来的人数众多的穆斯林志愿者,美巴又建立了更多圣战训练营。1986年至1992年,超过10万名穆斯林激进分子在巴基斯坦接受训练，学习掌握了制造炸弹和其他破坏技术。

1984年，中情局在弗吉尼亚的两个美国陆军特别训练营（皮尔里营Camp Peary和皮克特要塞Fort Pickett）组织运作了一个特别训练项目，对象是三军情报局人员和阿富汗圣战领导等高级别指挥人员。此时中情局还开始向给圣战者提供援助的伊斯兰教慈善组织注入资金，至少两个这样的组织在为阿富汗战争征募穆斯林志愿者，主要从北非招募。此后中情局一直在支援为阿富汗和外国圣战者设立的位于埃及和某些海湾国家的训练中心的运作。时任中情局驻伊斯兰堡站站长米尔顿·比尔登估计，1986年总共有2000—3000名外籍穆斯林在阿富汗战斗。至今仍旧很难判断这个网络的总体范围有多大。英国也参与了圣战训练，撒切尔政府试图将阿富汗军事援助"私有化"，通过使用公共资金收买雇佣兵来训练三军情报局的特工。① 1982—1992年，来自中东、东非、北

---

① ［挪威］文安立：《全球冷战：美苏对第三世界的干涉与当代世界的形成》，牛可等译，北京：世界图书出版公司，2012年，第367—368页。

非、中亚和远东43个伊斯兰国家的大约35000名伊斯兰激进分子加入了阿富汗圣战者的行列。

除了提供作战技术训练,圣战教育的另一个重要方面是圣战思想的培养与传播,主要通过侵入阿富汗基础教育体系、资助建立"麦德莱塞"和广泛推广圣战教科书等形式进行,旨在宣传极端主义思想,并为他们建立战术和意识形态联系提供场所。

在阿拉伯语中,"麦德莱塞"这个词原本是指所有类型的教育机构,无论是世俗的还是宗教的(任何宗教),无论是初级教育还是高等教育。正如英语中的学校(School)一样,并不包含特定的政治或信仰色彩。然而,耶鲁大学全球化研究中心的调查表明,"9·11"以来西方语境中的麦德莱塞包含了负面的政治意义:当提到"宗教学校"时,读者自然会推断,这种学校都是反美、反西方、支持恐怖主义的中心,更多与政治灌输和暴力有关,而非进行知识文化教育的场所。实际上麦德莱塞的这种所谓的政治暴力倾向正肇始于苏阿战争期间,美国恰恰是最重要的幕后推手。当时,美国资助阿富汗教育的最终目标不是促进阿富汗的和平与发展,而是促进暴力,鼓励和煽动反苏斗争。阿富汗的教育原本基本上是世俗主义的,美国的秘密援助彻底摧毁了阿富汗的世俗教育。数量众多的麦德莱塞从20世纪80年代开始逐渐由极端主义党派"伊斯兰神学者协会"主持,旨在建立以更激进和更极端的伊斯兰教法为基础的政权,除了伊斯兰教之外,他们不认同任何其他事物。苏联占领期间,成千上万的人(包括很多难民)在中情局和沙特共同资助的数千所新建的伊斯兰学校麦德莱塞学习。最终,这些宗教学校从1980年的2500所增加到2001年的近4万所。①

作为反苏秘密战争的一部分,80年代早期,美国内

---

① Michel Chossudovsky, "9/11 ANALYSIS: From Ronald Reagan and the Soviet-Afghan War to George · W. Bush and September 11, 2001," *Global Research*, September 09, 2010, https://www.globalresearch.ca/9-11-analysis-from-ronald-reagan-and-the-soviet-afghan-war-to-george-w-bush-and-september-11‐2001/20958? fbclid＝IwAR1A16eK4wQ8Ck9BrukTjY2JvSLaK-ZcN9Ucrs3c-jf2uQdlsLT8CC8iA9A. 访问时间:2020年6月21日。

布拉斯加大学奥马哈分校(University of Nebraska at O-maha,UNO)的阿富汗研究中心用普什图语和达里语编写并出版了一系列充满暴力色彩和极端教义的教科书,用以促进政治宣传和灌输好战主义的价值观。这些书通过中情局和三军情报局建立的网络走私到阿富汗,并成为阿富汗学校系统的核心课程,同时也在巴基斯坦境内的难民营中被广为分发和传播。① 这些初级读本里充满圣战话题,以枪支、子弹、地雷和战斗内容的素描作为插图。一本仅100页的书中有至少43页包含了暴力图像和文字。②

到1990年年初,阿巴边境地区大约有4000所麦德

---

① Dana Burde, *School for Conflict or for Peace in Afghanistan*, New York: Columbia University Press, 2014, pp. 56 – 58.
② Joe Stephens and David B. Ottaway , " From U.S., the ABC's of Jihad", *Washington Post*, 23 March, 2002. https://www.washingtonpost.com/archive/politics/2002/03/23/from-us-the-abcs-of-jihad/d079075a-3ed3-4030-9a96-0d48f6355e54/.访问时间:2020年6月20日。

莱塞。① 苏联占领期间,仅内布拉斯加大学奥马哈分校的阿富汗研究中心就组织了1300多个教育场所,向13万阿富汗难民提供了课本和基础教育服务。这些活动主要由美国国际开发署资助,从1984年到1994年,该中心共花费了5100万美元用于在阿富汗的教育项目。苏联撤出后,该中心继续在阿富汗分发教科书,最终印刷了1400多万册。② 1994年,美国国际开发署放弃了对阿富汗项目的资助。但即使在1996年塔利班夺取政权之后,这些充满暴力色彩的教科书仍以各种版本继续流传,如今在阿巴地区的学校和商店里仍然随处可见。2002年,联合国儿童基金会销毁了至少50万本这种"军事化"的教科书,美国也重新编写出版了阿富汗教科书。二十多

---

① [巴西]班代拉:《美帝国的形成》(第三版),舒建平译,北京:中国人民大学出版社,2015年,第205页。
② https://www.unomaha.edu/international-studies-and-programs/center-for-afghanistan-studies/about-us/mission-and-history.php. 访问时间:2020年6月20日。

年间,一代又一代的人已读着这样的课本,在无孔不入的暴力环境中成长起来,战争已经成为其生活方式。研究阿富汗教育问题的学者达娜·伯德(Dana Burde)指出,由于教育从定义上讲是形成性的,否定的、有偏见的教科书会对那些接触过它的人们产生持久的影响。美国对阿富汗教育充满偏见的援助不仅在20世纪80年代末和90年代初的内战期间产生负面影响,而且在今天,几十年前的学生仍在与美国对抗,造成了持续的无意义和破坏。① 美国支持下的圣战教育制造出了无数极端主义的圣战者,极大地促进了恐怖主义势力的发展,冷战后的西方世界最终遭到这股力量的反噬。

在这股强大的反噬力量中,一位极其关键的人物——本·拉登,正是于20世纪80年代初,在美巴的大力召唤下,前来阿富汗参加圣战的众多志愿者之一。作

---

① Dana Burde, *School for Conflict or for Peace in Afghanistan*, New York: Columbia University Press, 2014, p. 59.

为沙特的百万富翁,本·拉登理所当然扮演了组织领导的重要角色,他召集了一万名穆斯林到阿富汗抵抗苏军,也参与了麦德莱塞的组织招募工作。1985年左右,他与他的导师阿卜杜拉·阿扎姆(Abdullah Azzam)[①]在白沙瓦建立了"圣战服务中心"(Maktab al-Khidamat,MAK),接待和服务了来自也门、巴基斯坦、阿尔及利亚、埃及和苏丹等多个国家的伊斯兰战士。1986年,MAK还在纽约布鲁克林成立了分支机构,负责招募阿拉伯移民和阿拉伯裔美国人前往阿富汗作战。[②] 有多达200人从布鲁克林被送到阿富汗。布鲁克林办公室事先安排使用步枪、突击武器和手枪的培训,帮助办理签证和机票,

---

① 为抵抗苏联入侵,巴基斯坦宗教学者阿扎姆于1979年签发了名为"保卫穆斯林土地"(In Defense of Muslim Lands)的教令,呼吁发动"圣战"以恢复穆斯林对阿富汗的统治。阿扎姆全身心投入阿富汗圣战,不仅致力于发展圣战理论,而且设法筹集资金、招募国际圣战分子,发动跨国圣战运动,被称为"全球圣战之父"。——著者按

② Robert O. Collins and J. Millard Burr, *Alms for Jihad: Charity and Terrorism in the Islamic World*, Cambridge: Cambridge University Press, 2006, pp.269-270.

再将志愿者送到白沙瓦的 MAK,与希克马蒂亚尔或萨亚夫领导的反对派团体联系加入圣战队伍。①

甚至在苏阿战争结束之后,仍有成千上万名来自世界各地的极端主义分子来阿富汗接受训练,目的是把圣战斗争带回祖国。作为整个 80 年代中情局支持的自由战士的唯一胜利之地,阿富汗已然成为训练和灌输恐怖主义的国际中心,几乎整个国家都变成了一所圣战大学。自从苏联离开,内战持续肆虐,鸦片猖狂蔓延,阿富汗"基本上成为一个无法无天的国家"。没有法律、政府和秩序,只有枪支、毒品和愤怒。政治温和派军阀阿卜杜拉·哈克(Abdul Haq)控诉道,阿富汗已经被摧毁,变成了世界上所有人的毒药,任何恐怖分子都可以在这里得到庇护。"也许有一天美国不得不出动数十万军队来处理这个问题。但如果介入,也将被困住。在阿富汗有一座英

---

① Alison Mitchell," After Blast, New Interest in Holy-War Recruits in Brooklyn", *New York Times*, April 11, 1993. https://www.nytimes.com/1993/04/11/nyregion/after-blast-new-interest-in-holy-war-recruits-in-brooklyn.html. 访问时间:2020 年 5 月 21 日。

国人的坟墓,有一座苏联人的坟墓。然后,我们也会有一个美国人的坟墓。"①

由圣战教育培育出的恐怖与暴力的种子被广泛播撒至世界各地:阿尔及利亚、阿塞拜疆、孟加拉国、波斯尼亚、缅甸、埃及、印度、摩洛哥、苏丹、突尼斯、也门、塔吉克斯坦、乌兹别克斯坦以及美国。② 成千上万的圣战者返回祖国后,依然从事各种暴力活动,很多人甚至对自己的政府倒戈相向:回到埃及的圣战者成为攻击穆巴拉克政权的主力;回到克什米尔的圣战者成为激化印巴边界矛盾的新主角;回到阿尔及利亚的极端分子成立了"伊斯兰武装组织",不仅攻击政府,也袭击平民……而留存在阿

---

① Tim Weiner, "Blowback from the Afghan Battlefield", *New York Times*, March 13, 1994. https://www.nytimes.com/1994/03/13/magazine/blowback-from-the-afghan-battlefield.html. 访问时间:2020年5月21日。

② Tim Weiner, "Blowback from the Afghan Battlefield", *New York Times*, March 13, 1994. https://www.nytimes.com/1994/03/13/magazine/blowback-from-the-afghan-battlefield.html. 访问时间:2020年5月21日。

富汗的各种激进组织在内战的权力真空中争夺控制权。奥马尔领导的塔利班从中崛起,于1996年建立了一个激进的"真主之国",断绝了与西方的关系,并且支持全世界范围内的宗教极端分子。

在美国圣战教育的大力扶植推广下,作为一种国际暴力现象的圣战,在消失400年之后又重新恢复了活力。1979—1989年的阿富汗战争被认为是当代伊斯兰圣战的转折点,从此开始出现国际性的伊斯兰武装连带与圣战运动。[1] 80年代后期,巴基斯坦总理贝·布托(Benazir Bhutto)意识到伊斯兰圣战组织网络已经变得过于强大,她提醒老布什,"你正在创造一个弗兰肯斯坦"。但这个警告被美国忽视。[2]

直到"9·11"事件,塔利班基地组织劫持飞机冲撞了美国的世贸大厦和五角大楼之后,西方世界才真正惊醒,

---

[1] 张锡模:《圣战与文明:伊斯兰与西方的永恒冲突》,北京:生活·读书·新知三联书店,2016年,第3—4页。

[2] Mark Hosenball, "The Road to September 11", *Newsweek*, October 1, 2001.

开始意识到他们在冷战对抗中一手创造了一个怎样的弗兰肯斯坦,曾经被扶植用来对付共产主义的利器,现在不受控制地将矛头转向了美国。里根时期的助理国务卿理查德·墨菲后来承认这一行为包含的巨大讽刺性,"我们在阿富汗确实制造了一个怪物,一旦苏联解体,它就开始四处寻找其他目标,本·拉登已经确定美国是一切邪恶的源头"。① 一位西方外交官指出,"对所有人来说后果都难以估量",如果没有美国的帮助,这些成千上万的人是不可能接受训练或团结起来的。

美国充分预见到苏联离开后阿富汗会变成一个烂摊子,但从未想到它会成为国际恐怖主义的温床。"9·11"之后,美国将恐怖分子作为头号敌人,再次进入阿富汗进行反恐战争,但完全无力阻止恐怖主义的蔓延。2001年以来,全球圣战的时代正式开启,已有约17万人在7.3万起恐怖袭击中丧生,恐怖分子几乎成为圣战者的代名

---

① Associated Press, "US Next Superpower Foe for Terrorist Leader", August 23, 1998.

词和邪恶的象征,宣扬自由民主的美国与他们用武器、毒品与暴力制造出来的弗兰肯斯坦之间,不得不展开新一轮大博弈。2017年《耶路撒冷邮报》报道,"9·11"恐怖袭击已过去5844天,历经16年、多场战争、3任美国总统,6928名美国士兵丧生、100万人受伤,数百名美国承包商被杀,数万亿美元被消耗,41名犯人被关在关塔那摩。这是"9·11"以来美国付出的代价。①

二、从全球冷战到"全球圣战"

在全球冷战时代——冷战不仅是美苏两个超级大国在军事力量和战略控制上的竞争,还是广大第三世界国家发展进程受到外来干预、是以与殖民主义稍有差别的各种方式存在的对殖民主义的延续——美苏竞相向第三世界社会引入文化、人口和生态上的变革的同时,还以军

---

① Seth J. Frantzman, "5844 days later: Reflection's on 9/11", *The Jerusalem Post*, September 10, 2017.

事实力击溃反抗者,试图达到控制和进步的目的。① 阿富汗战争和越南战争代表了全球冷战在第三世界存在的典型与高潮,美国和苏联分别在越南和阿富汗卷入冲突并逐步深入,达到爆发的顶点,并最终黯然离场。这一过程中存在一种规律性模式,即情报机构在其中发挥了中心作用。如果代理人掌权,美苏的情报机构会帮助其巩固与大国政府的政治、经济甚至军事利益关系。当代理人是反对派时,美苏将提高援助扶其上位。当美苏深信自己在越南和阿富汗的利益至关重要,关乎影响世界发展的能力时,便会走入下一步,直接派兵上战场。这是大国卷入的重要转折点。②

在全球圣战时代——伊斯兰极端主义团体与以美国为代表的西方基督教国家之间的冲突以及由此引发的恐

---

① [挪威]文安立:《全球冷战:美苏对第三世界的干涉与当代世界的形成》,牛可等译,北京:世界图书出版公司,2012年,第408页。
② [以]戴维·阿尔贝尔、[以]兰·埃德利:《西方情报机构与苏联解体:未能撼动世界的十年(1980—1990)》,孙成昊、张蓓译,北京:社会科学文献出版社,2015年,第103页。

怖主义全球蔓延成为主要矛盾。"9·11"事件标志着恐怖主义新旧范式的转换。自"9·11"以来,恐怖袭击的数量、范围和强度都大幅扩展,到2014年增加了5倍,在此之前,大多数恐怖袭击发生在哥伦比亚、秘鲁、北爱尔兰、西班牙和印度,此后多在伊拉克、印度、阿富汗、巴基斯坦、泰国、菲律宾和以色列等地。新型国际恐怖主义以全球圣战为旗帜,通过消除中东地区的国家边界,重新建立起以伊斯兰宗教信仰为纽带的哈里发国家,确立其对全球伊斯兰共同体的权威,以此团结对抗世界其他文明国家,尤其是西方基督教国家。国际恐怖主义以跨国恐怖袭击和全球网络运作为基本模式,通过来回穿越现实与虚拟的界面,得以跨越民族国家边界而游走于全球。[①]

如果美国仅仅制造了一个弗兰肯斯坦,而没有以下因素共同作用,也许并不足以形成从全球冷战到"全球圣

[①] Philip Seib and Dana M. Janbek, *Global Terrorism and New Media: The Post-Al Qaeda Generation*, London: Routledge Taylor, 2011, pp.43-55.

战"的局面。

首先,美国在冷战中的行为无意中为"全球圣战"活动的展开奠定了人财物力和思想的全面基础。伊斯兰之弧和圣战教育的推行共同给国际圣战提供了人员、技术和意识形态支持。中情局在众多隐蔽行动中遗留的毒品网络和地下基金组织为圣战提供了重要资金来源与武器支持。而原本貌合神离的合作伙伴巴基斯坦在冷战后又更进一步成为输出宗教极端主义和反西方的独立角色。

秘密战争中,虽然美国的援助对圣战者战斗力的提升产生了重要影响,但对阿富汗反对派内部政治组织结构进行直接干预则主要依靠巴基斯坦间接进行。对巴基斯坦而言,与美国的合作不啻为做大做强的天赐良机。1983—1987年,每年输送给反苏圣战组织的武器从大约1000吨增加到65000吨,大部分的援助物资都由伊斯兰堡分派,这就意味着齐亚不仅可以挟此自重,还能借机几乎是随心所欲地按照自身利益塑造阿富汗反对派的政治格局。1988年6月美国驻巴基斯坦大使阿尼·拉菲尔

(Arnie Raphel)预言性地指出,对大多数美国人来说,苏联撤军就是胜利。但"对于我们的南亚朋友来说,这只是一场更宏大戏剧中的第一幕"。巴基斯坦寻求超越撤军的目标,即塑造一个伊斯兰的阿富汗,通过一个伊斯兰大联盟来扩大其影响力,开始新一轮的大博弈。拉菲尔大使解释说,美国人过于倾向从苏联撤军的角度来考虑阿富汗问题,而伊斯兰堡和新德里都认为有可能发生重大的战略洗牌,在印巴两国看来"一个强大的伊斯兰联盟从土耳其延伸到巴基斯坦,阿富汗是其中一个正式的积极成员,将与拥有大量穆斯林的印度形成对峙"。①

尽管表面上看美巴一直致力于促进圣战者的团结,但实际上外部的援助与干涉反而导致其统一的可能性降

---

① Svetlana Savranskaya edited, *A New Phase in the Great Game: U.S., Soviets, India, Pakistan vied to Shape a New Afghanistan in Late 1980s*, Briefing Book #658, Published: Feb 1, 2019. https://nsarchive.gwu.edu/briefing-book/afghanistan-russia-programs/2019-02-01/new-phase-great-game-us-soviets-india-pakistan-vied-shape-new-afghanistan-late-1980s. 访问时间:2020年8月18日。

低,不仅是因为外部势力本身各有所谋、并不一心,还因为对外部资源和利益的争夺反而加剧了圣战者内部矛盾。伊斯兰堡的历届政府都致力于促进那些符合巴基斯坦利益的圣战团体的壮大,有意疏远非普什图人团体和与前王室结盟的团体,重点支持伊斯兰主义团体,尤其是最为激进和暴力的希克马蒂亚尔,希望借此增强自身实力和地区影响力。1986年,以希克马蒂亚尔为代表的极端主义者针对温和派在阿富汗境内和难民营中发动了恐怖战。此时,齐亚已经开始相信,苏联会被迫尽早地撤离,而这场争取掌控后共产党时代的阿富汗的战争已经打响,他决心尽可能地把美国排除在局外。伊斯兰党的领导人和其他激进派人士,比如萨亚夫的伊斯兰联盟,也开始告诉他们的追随者应该同时谴责两个巨大的撒旦——美国和俄国。希克马蒂亚尔直言"我们不相信美国人所相信的",即使中情局不断增援他的斗争。[1]

---

[1] [挪威]文安立:《全球冷战:美苏对第三世界的干涉与当代世界的形成》,牛可等译,北京:世界图书出版公司,2012年,第369页。

在美苏撤出之后,三军情报局开始将囤积和截留的大量武器和资金运送到阿富汗以北的乌兹别克斯坦,从那里出发,这些援助进一步输入其他加盟共和国,如塔吉克斯坦、吉尔吉斯斯坦、土库曼斯坦和车臣。不久之后,车臣冲突于1991年爆发,并首次出现了针对公共机构的大规模恐怖袭击行动。同年,南斯拉夫冲突爆发,资金和援助开始流向南斯拉夫,科索沃伊斯兰解放军(Ushtria Clirimtare Kosoves,UCK)获得了这些援助。这些提供给极端主义武装的援助还抵达了南亚和东南亚地区,如马来西亚和印度尼西亚。在这些地方,冷战结束后"圣战"也得以启动。

除了提供重要的武器和资金支持之外,巴基斯坦还沿袭了冷战时期的模式,始终扮演着训练极端主义武装的角色。冷战后几乎所有相关的极端主义个体与团体行动者都曾去过巴基斯坦的训练营。齐亚把阿富汗战争期间流入本国的巨额资金用于支持这种"圣战",以便有利于本国同印度的持久冲突。1947年以来便已成为争夺对象的克什米尔地区在1990年又陷入一场内战中。当时,巴基斯坦首次把圣战者组织投入到与印度的战斗中。① 原本以巴基斯坦的薄弱国力根本无法为圣战提供任何有力的支持,但在苏阿战争期间获得的巨额经济援助和军事援助,改变了巴基斯坦的命运,也改变了圣战者和国际圣战运动的命运。

其次,美国在对外关系中过于追求美国利益至上,完全无视第三世界国家的安全与利益,导致其主导下的国际秩序愈发不公正和不平等,诱发诸多安全问题。美苏之间对抗的结束并不代表他们在第三世界所扶植的代理人之间的对抗也能够戛然而止:干涉对第三世界的民族主义造成了刻意的扭曲与分裂,种下了仇恨与愤怒的种子,反而严重加剧了这些地区的内部争夺,使其成为新的暴力与动荡的策源地。

---

① [德]贝恩德·施特弗尔:《冷战1947—1991:一个极端时代的历史》,孟钟捷译,桂林:漓江出版社,2017年,第382页。

冷战期间，美国的第三世界政策充斥着傲慢、自私、短视和内在矛盾。美国惯于从上帝视角出发，选定某个组织、部落或团体等非国家行为体作为自己的代理人，与苏联支持共产党政权的大量投入相比，秘密支持非国家行为体显而易见的好处是进行游击战争的费用相对较低、性价比极高，而且无须美国军队的直接参与，使得美国能够在不造成伤亡的情况下对抗苏联及其盟友。然而，在追求美国利益最大化的同时，一个无法回避的事实是，美国所宣扬的官方理想与美国对恐怖主义的实际支持之间存在本质矛盾。不仅是在阿富汗，在第三世界的许多地区都是如此。正如格雷格·格兰丁（Greg Grandin）指出的那样，"在尼加拉瓜，美国支持的不是一个反叛乱国家，而是反共产主义的雇佣军，这同样代表了用来为美国政策辩护的理想主义与其对政治恐怖主义的支持之间的脱节……因此，共和党人在外交公共政策辩论领域所信奉的理想主义的必然结果就是政治恐怖。在拉丁美洲最肮脏的战争中,他们对美国使命的信仰为以自由为名的暴行提供了理由"。①

冷战结束后,美国在很多第三世界国家的战略利益收缩,直接导致其对外政策出现严重断裂和缺位。美国大可全身而退,但分裂和争端遗留在第三世界,发酵出更多的战乱,干涉的灾难性后果被遮蔽和忽视。20世纪80年代中期担任中情局高官的理查德·克尔曾出于道德层面的考虑表示对美国干预的反对:"你招募一批人,他们为了你的利益工作,但等到条件发生变化时就抛弃他们,让他们听天由命。比如在老挝就是如此。"冷战历史中这样的悲剧比比皆是,超级大国鼓励斗争中的国家、组织、部落或者其他团体为其利益服务,结果当他们失去利用价值、成为负担时就将其抛弃。不仅仅是库尔德人被伊朗、以色列和美国抛弃,南苏丹的部落、黎巴嫩

---

① Greg Grandin, *Empire's Workshop: Latin America, The United States and the Rise of the New Imperialism*, New York: Henry Holt & Company, 2007, p.89.

的基督徒、南越等同样难逃被抛弃的命运,这张血腥的清单还有很长。① 这些地区的不稳定因素无疑进一步加速了全球圣战时代的到来。其中,黎巴嫩在20世纪80年代成为一种新型战争的培养皿,发展出了足以造成大规模伤亡的炸弹袭击战术。这种冷酷无情的战术后来被本·拉登充分利用。②

当白宫庆祝胜利的时候,长期激烈斗争的遗留问题仍在布满地雷的喀布尔、拥挤的难民营和兴都库什山区饱受战争蹂躏的村庄蔓延。在冷战思维的指引下,卡特和里根为了追求战胜苏联这一最大利益,几乎丧失了底线和原则。他们试图把伊斯兰主义当作共产主义的解药,却从来没有真正尊重和认真对待第三世界的民族主义或伊斯兰主义,必然要为其饮鸩止渴的行为付出代价。

---

① [以]戴维·阿尔贝尔、[以]兰·埃德利:《西方情报机构与苏联解体:未能撼动世界的十年(1980—1990)》,孙成昊、张蓓译,北京:社会科学文献出版社,2015年,第103—104页。
② [美]马克斯·布特:《隐形军队:游击战的历史》,赵国星、张金勇译,北京:社会科学文献出版社,2016年,第646页。

1998年,在《新观察家》杂志对布热津斯基的采访中,当被问及是否对秘密援助圣战者这一决策后悔时,布氏坚持认为秘密行动是个好主意,因为它把苏联人引入了阿富汗陷阱,"从世界历史的角度来看,什么更重要?是塔利班还是苏联帝国的崩溃?是一些激进的穆斯林还是中欧的解放和冷战的结束?"①而且即使是在"9·11"事件之后,卡特和布热津斯基依然坚持认为对阿富汗的秘密战争完全正确合理。布氏大概已经完全忘记了他在20多年前评论苏联行为时的论调:历史表明,目标有限的行为往往也会导致整体的结果。用当前的标准和影响来评判当年的决策固然略有现时主义之嫌,但决策者的态度足以说明其霸权思维之根深蒂固。

再次,在国家安全观念的影响下,美国在对外关系中习惯于主动寻找和制造敌人,并通过战争形式维护自身

---

① Vincent Jauvert, "Les Révélations d'un Ancien Conseiller de Carter: 'Oui, le CIA est entrée en Afghanistan avant les Russes…,'" *Le Nouvel Observateur*, January 15 - 21, 1998.

"国家安全国家"的绝对安全状态。珍珠港事件以来,美国不断确认和强化的一种观念是:干涉主义和全球改革对美国的生存至关重要,因为只有"恶魔"都被消灭干净,美国的绝对安全才能真正得到保障。[1] 从此在美国描述自身形象的自由话语之外,针对敌人形象的邪恶话语也被正式构建起来。

在美国看来,伊朗伊斯兰革命后,政治伊斯兰主义对美国安全的威胁开始逐渐生成。苏联解体之后,伊斯兰激进主义"绿色危险"取代了社会主义"红色危险","国际恐怖主义"取代了"国际共产主义"在美国官方话语体系中被塑造成新的威胁。五角大楼、中情局和其他安全机构的新保守派创立了一个新邪恶轴心概念"不负责任国家",延续了从黄祸、红祸到绿祸的美国自由之敌人体系。为了证明高额国防开支的必要性,并使其得以继续增加,

---

[1] [挪威]文安立:《全球冷战:美苏对第三世界的干涉与当代世界的形成》,牛可等译,北京:世界图书出版公司,2012年,第13页。

美国安全机器极力强调和夸大这一新威胁。① 在西方话语霸权的引导与塑造中,伊斯兰主义被粗暴简单地等同于原教旨主义、激进主义、极端主义、反美主义甚至恐怖主义等极端思潮,伊斯兰群体被严重地污名化、浅薄化、刻板化、标签化、妖魔化,被迫成为被防范和打击的对象。② 美国的这种做法不仅大大加深了西方世界与伊斯兰世界在政治上的对立与分歧,更固化了两者在意识形态层面的仇视与敌对,产生极为负面的影响。

最后,如果说美国的行为主要为全球圣战的形成提供了物质基础、发展契机和外在动力,那么当代伊斯兰复兴浪潮则是其发展的重要内部动因。20 世纪 70 和 80 年代,伊斯兰教重新成为伊斯兰政治中强有力的世界性力量,伊朗的伊斯兰革命是其中的典型代表。伊斯兰复

---

① [巴西]班代拉:《美帝国的形成》(第三版),舒建平译,北京:中国人民大学出版社,2015 年,第 247—248 页。
② [美]J.L.埃斯波西托:《伊斯兰威胁——神话还是现实?》,东方晓等译,北京:社会科学文献出版社,1999 年,第 7 页。

兴遍及全世界,覆盖了从苏丹到印度尼西亚的大部分伊斯兰国家,伊斯兰政府和反对组织的领导人争相诉诸宗教,以寻求政治合法性和动员民众的支持。伊斯兰复兴主义导致伊斯兰教在伊斯兰政治和社会中的形象更加高大。由此,先前在公共事务中似乎日益边缘化的伊斯兰力量在70年代又重新以一种剧烈的方式成为充满活力的社会政治现实。这一趋势席卷了伊斯兰世界的大部分地区,并在世界政治中对西方产生了极大的影响。[①]

也许,伊斯兰的复兴原本可以以更为温和和中庸的形式呈现,但在冷战对抗的紧张气氛、美国的战略性利用以及不公平的国际秩序等众多因素的影响下,矛盾遭到激化,敌对情绪遭到煽动,冲突遭到放大和利用,最终伊斯兰主义中的暴力和激进成分被极大地刺激和挑动,从而使全球安全受到严重威胁。在这一过程中,美国用伊斯兰主义对抗共产主义的做法发挥了关键作用,不仅使

---

① [美]J.L.埃斯波西托:《伊斯兰威胁——神话还是现实?》,东方晓等译,北京:社会科学文献出版社,1999年,第11页。

美国与伊斯兰世界的关系呈现出极为独特的鼓励与抑制交织、合作与敌对并存的复杂状态,同时美国对伊斯兰主义的扶植与伊斯兰的反美主义之间又形成了相互塑造和构建的过程。最终,在以上内外因素的共同作用下,"全球圣战"时代不期而至。

结　语

在罗伯特·盖茨看来,对阿富汗的隐蔽行动计划在当时似乎只是一个微不足道的"小小的开始",甚至连很多中情局情报人员都对此不以为意。① 然而到 1992 年援助彻底终止时,这场秘密战争已持续了十多年,联合了多个国家,并成为美国历史上历时最长、规模最大、成本最高,同时也被认为是最成功的隐蔽行动。而对苏联来

---

① Robert Gates, *From the Shadows: The Ultimate Insider's Story of Five Presidents and How They Won the Cold War*, New York: Simon & Schuster, 2007, p. 145.

说，认为阿富汗战争加速或主导了其崩溃进程的观点被广泛接受和传播，不可否认的是，这场战争的确对苏联经济产生了严重的负面影响，破坏了其外交政策的道德基础，并且大大减少了苏联国际盟友的数量。然而，值得注意的是，苏联失败的原因多种多样，阿富汗战争固然是其面临的诸多陷阱中一个不容忽视的泥潭，却不能称为必然原因。而美国的秘密战争尽管有意制造了这个泥潭，起到了推波助澜的作用，但与苏联的失败也并不构成必然的因果关系。

美苏在阿富汗的这场博弈无论深度、广度还是力度都远远超出了两国决策者的预期，虽然美国最初在阿富汗仅持有限目标，但事实上其政策后果无论对美国还是国际社会都产生了极为深远的影响，美国为其在阿富汗的"成功"付出了巨大的代价。现实远非按照成王败寇的单一逻辑发展，审视美国在这场博弈中的决策动机与利益判断，隐蔽行动计划的制订与实施过程，政策目标的设定、变化及后果，以及其胜利背后潜藏的高昂代价，历史发展的复杂性可见一斑。

一、动机与利益

美国战略家亚历山大·乔治曾指出,国际体系中时常会出现对体系有序运行和稳定构成威胁的"革命国家"或"不法国家",面对这种情况,大国往往有如下选择:一、军事行动、强制施压以及(或者)隐蔽行动。用合法政权取代不法政权。二、长期遏制。旨在使不法国家的意识形态及其内部结构发生变化并接受国际体系的规范和行为方式。三、奖惩兼施战略。旨在引起不法政权的行为和态度的基本变化。①

四月革命之后,阿富汗成为美国眼中的"革命国家",尽管当时由于越南战争和水门事件的影响,美国的隐蔽行动政策和中情局的发展都处于前所未有的低谷之中,

---

① [美]亚历山大·乔治、戈登·克雷格:《武力与治国方略:我们时代的外交问题》,时殷弘、周桂银、石斌译,北京:商务印书馆,2004年,第218—219页。

但在漫长的政策探索之后,卡特政府仍然决定用隐蔽行动来影响阿富汗事态的发展。在伊朗革命之前,促使卡特政府产生这一战略意图的因素主要包括:来自巴基斯坦和伊朗等地区盟国的压力,华盛顿对"自由世界"中消极舆论氛围的感知与判断、对自身利益和信誉的维护、对阿富汗情报工作的逐渐成熟,阿富汗反对派的积极接触以及苏联对阿富汗干涉的日益深入,等等。霍梅尼掌权之后,虽然前述原因仍在不同程度上产生影响,但美国更加明确和强烈的动机在于地区格局的变化以及由此产生的对美国利益的直接威胁。

巴基斯坦和伊朗是阿富汗的邻国,是当时美国的重要地区盟友,也是抗击苏联的"前线国家"。霍梅尼上台之前,伊朗是美国在中东地区最重要的盟友,不仅为美国提供波斯湾的石油,也负责依托地理优势帮助美国监视苏联和获取情报。阿富汗事态的恶化使巴伊两国担心苏联将以阿富汗为跳板,直接威胁本国安全,因此不断要求美国做出安全承诺、提供安全保障。尽管当时美巴关系并不亲密,但美国依然认为自己有责任对其进行安抚。伊朗革命使美国的一个地区战略支柱轰然倒塌,西方的石油利益受到严重威胁,巴基斯坦的重要性开始显现,重构地区秩序和捍卫美国利益的艰巨任务摆在华盛顿面前,这促使美国决定在阿富汗用隐蔽行动对抗苏联。而苏联的入侵又进一步加深了美国干涉的决心,并在这一时期为美国提供了一个绝佳的政策号召点,成为美国力量进入波斯湾地区的完美借口。

历史学家曾总结出莫斯科与华盛顿在冷战期间通用的语言——如果没有警觉之心,敌人便会利用其军事力量施以胁迫。一步退则步步退:同盟国会丧失信心,庇护国会感到被出卖,世界大国平衡会被打破,而至关重要的安全利益也会遭受损害。① 美苏在阿富汗的博弈中同样使用了这套语言。对美国而言,需要维护和捍卫的不只是石油利益、盟友安全,还有信心、承诺与名誉。阿富汗

---

① [美]梅尔文·P.莱弗勒:《人心之争:美国、苏联与冷战》,孙闵欣等译,上海:华东师范大学出版社,2012年,第1页。

不仅是阿富汗,更是1975年以来依靠苏联上台的第七个共产主义政权。华盛顿认为这将被视为美国对共产主义的扩张进行纵容的结果,并将引起四面八方的悲观情绪:国际社会会普遍将之视为苏联的又一胜利和美国的软弱退让;对美国"自由世界"的盟友和依附国而言,这意味着美国无法履行承诺、保卫盟友的安全和利益;甚至对于中国(中美关系刚刚恢复正常化)和印度(当时是苏联的盟友)这类特殊关系国家而言,华盛顿认为这也将意味着一种尴尬与难堪的不利境地。不管这些悲观情绪是否真实存在,影响美国决策的是来自华盛顿内部的判断与感知,因此,尽管阿富汗的战略地位十分有限,但美国作为"自由世界"的领袖,无法做到袖手旁观、独善其身,最终不得不在内外因素的共同作用下越来越深地卷入阿富汗事务。

在追求地区战略利益、享受大国地位的同时,美国不得不承担随之而来的战略负担。自杜鲁门主义把美国的国际角色确定为"自由世界"领袖从而承担起保卫盟友安全的责任之后,如何履行这一责任和兑现承诺以维护美国的国家信誉就成为美国历届政府忧心和焦虑之事。这一焦虑与对苏联扩张和共产主义传播的恐惧相互助推,促使美国决心对任何地方出现的所谓共产主义"扩张"进行遏制,从朝鲜到越南,再到阿富汗,伴随一次次大规模干预而来的是美国的过度扩张,而最终的结果却往往适得其反,美国的信誉不仅没有得到维护,反而受到损害。①

尽管美国在阿富汗的秘密战争在很长时间里被视为一个"成功故事"(success story),极大地促进和捍卫了美国的信誉与利益,但美国只顾眼前、不顾长远的国家利益观念也就此埋下了诸多隐患。在整个秘密战争过程中,遏制苏联自始至终都被美国奉为最高宗旨,战胜共产主义则成为最高利益。为此,美国可谓不惜一切代价、无所不用其极:可以接受巴基斯坦的军人独裁政权并与之

---

① 王立新:《世界领导地位的荣耀和负担:信誉焦虑与冷战时期美国的对外军事干预》,载《中国社会科学》,2016年第2期。

密切合作、默许其发展核武器；可以将其眼中蒙昧反动的伊斯兰叛乱分子构建成为伟大无私的自由战士；可以大力鼓励与其信仰和生活方式都背道而驰的伊斯兰主义的政治化和极端化；可以将毒品作为武器，甚至操纵和组织进行非法活动……在这些事实面前，所谓的人权外交简直自相矛盾、不堪一击。为了达到遏制苏联的目的，美国在秘密战争中几乎不辨是非、没有原则、没有底线、无视长远利益，虽然在短期内维护了美国的信誉与利益，但长远来看，美国的安全与利益受到严重损害，为之付出了极为高昂的代价。

二、计划与实施

四月革命之前，美国无意与苏联争夺其地区门户，在阿富汗的战略目标非常有限，认为"不会也不应该在任何方面承诺保护阿富汗"。在这种有限利益指引下，美国对阿富汗政策的转变经历了一个缓慢的开始。尽管四月革命之后白宫旋即开始探索对阿富汗实施隐蔽行动的可能性,但1979年之前的大部分时间,美国决策者对于介入阿富汗事务都持相当谨慎和保守态度。经过八个多月的评估和试探,中情局终于在1979年1月出炉了第一版隐蔽行动方案。伊朗革命爆发后,白宫明显加快了对阿富汗隐蔽行动政策的讨论与制定,于4月底初步形成了制造泥潭的构想。这一想法的成熟使美国对阿富汗的隐蔽行动实现了从一般向特殊的转变,因为以往隐蔽行动的目的大多为操纵选举、颠覆政府、暗杀领导人,或破坏拆除等预防性直接行动,而在阿富汗,美国的目的则是要提高苏联的军事和政治代价,诱使其出兵。后经多次讨论和修订,华盛顿最终在6月26日形成了"最可行和最理想"的第四版方案。7月3日,卡特签署了两份关于阿富汗隐蔽行动的总统裁决,第一份授权在阿富汗开展宣传战和心理战,向叛乱分子提供总额不超过69.5万美元的现金和非军事形式援助,第二份授权在世界范围内开展宣传战,揭露和批判苏联,为抵抗组织伸张正义。至此,尽管最终的行动计划相当的保守和温和,但美国的对阿政策正式由"防止苏联的过度影响"转变为实施隐蔽行动对抗苏联。

阿明于1979年9月政变上台后,阿富汗局势愈发动荡,苏联干预愈发深入。11月7日,卡特又签署了第三份总统裁决,批准向阿富汗提供现金、采购咨询和通信设备等非致命性物资援助,追加了援助金额,并确定了与巴基斯坦和沙特联合进行援助的路线。这些援助在一定程度上增强了抵抗组织的战斗力,使阿富汗共产主义政权更加难以为继,增加了苏联的援助成本和出兵的可能性。另外,尽管后来的解密档案证明阿明并不是美国间谍,但他上台后推行解冻外交,与美国频繁进行外交接触,极大地增加了莫斯科的疑虑,客观上带给苏联致命一击,使其最终做出出兵决定。

12月24日,苏联入侵阿富汗,面对这一"极其严峻的考验",卡特于四天后签署了第四份总统裁决,加大了秘密援助力度,授权向抵抗组织提供致命性军事装备和必要的培训,援助金额增长到每年至少2000万美元,开始正式向抵抗组织提供苏式武器弹药以增强其战斗力,致力于使苏联付出"尽可能高昂的代价"。此后巴基斯坦作为援助渠道,发挥着越来越重要的作用,同时也迫切要求美国对其安全做出更多承诺。为此,卡特于1980年7月8日签署了第五份总统裁决,授权向巴基斯坦提供致命性军事装备、现金、采购咨询和武器培训。

在以上五份总统裁决的共同规定下,对阿富汗秘密援助的运作机制在卡特时期达到基本完善的状态,有效地阻止了苏联在阿富汗实现速战速决、顺利接管和稳定局面的目的,并将之困于无休止的战乱之中,持续付出高昂的代价。到1981年,苏军仍无法取得优势地位,战争形势转变成血腥的僵局。尽管苏军的作战行动计划周密,但他们始终无法进行有效的占领和控制,因为圣战者的袭击无处不在、生生不息,苏军始终顾此失彼。此后直到1985年,秘密援助一直在这一框架下运行,每年援助金额在8000万美元左右,维持着阿富汗"低水平和持久的叛乱"状态,将苏联困在阿富汗的战争泥潭之中。

尽管 1981 年里根上台后即决心全面加强在第三世界对抗苏联的力度,但在最初被称为"失去的两年"中一直没有制定出切实可行的具体方针和实施原则,之后随着里根主义的逐渐成熟,美国才真正开始了在第三世界对苏联的有力"推回"(Rollback)。1985 年 3 月 27 日,里根签署了国家安全决定指令第 166 号文件,规定美国在阿富汗的最终目标是使苏联全面撤军,赢得战争胜利和阿富汗独立。从此美国的秘密战争全面升级,进入"更多更快更强"阶段,援助金额逐年猛增,毒刺等西方先进武器被送上战场,宗教和意识形态层面的斗争显著增强,战乱还被"祸水北引"入苏联境内。这些举措极大地提高了抵抗组织的作战水平,顺利促成其在战争中的优势地位,使苏联在政治上和军事上都付出了极为高昂的代价。80 年代中期,驻阿富汗苏军达到 9 万—12 万,他们在轮替回国之前往往士气极为低落。苏联在冷战最后十年对第三世界的援助,占全部政府开支的份额约为 2.5%,而阿富汗战争开支占据了其中的一半。在苏联经济不断下滑的情况下，人们对这种劳民伤财的对外开支格外敏感，苏联的继续干涉必将面临灾难性的政治代价。

1985年是苏阿战争的重要转折点，戈尔巴乔夫上台后，开始谋求体面撤军，试图结束阿富汗这个流血的伤口。面对撤军阶段的形势变化，美国的秘密战争却丝毫没有停歇的趋势，华盛顿一面继续用各种手段暗中阻止苏联通过外交途径达到体面撤军的目的，一面继续提高对巴基斯坦和阿富汗的援助。最终，苏军于1989年2月完全撤离阿富汗，美国的秘密战争基本实现预期目标。此后，美苏各自对其阿富汗代理人的援助还在不同程度上继续进行，直到1991年苏联解体后，美国对阿富汗的援助与干涉才戛然而止。

战事的长期不利使阿富汗战争在80年代末越来越成为苏联内部的众矢之的，不仅在民生方面，也在资源方面。策划干涉活动的苏联领导人被视为傻瓜或流氓，对战争及其进行方式的批评也损害了很多人对苏维埃政府的信心。人们认为政府在打不必要的战争，支持不值得信赖的政权,这和经济衰退、切尔诺贝利核灾难、东欧剧变一起在公众心中造成一种政衰事败的印象,共同摧毁了苏维埃政府的合法性。①

三、目标与后果

尽管美国的秘密战争与苏联的失败并不构成必然的因果关系,但不容否认的是,单就结果而言美国的确基本实现了其阿富汗战略的各个目标,而秘密战争作为美国阿富汗战略重要组成部分也顺利实现了不同阶段的目标。

首先,白宫于1979年4月提出了制造泥潭的构想,美国在阿富汗的目标被确立为增加苏联援助和维持阿富汗共产主义政权的政治和军事成本,诱使苏联出兵,主要通过秘密援助叛乱分子造成阿富汗局面的持续紧张等手段进行。九个月之后,苏联政治局在多方因素的共同作

---

① [挪威]文安立:《全球冷战:美苏对第三世界的干涉与当代世界的形成》,牛可等译,北京:世界图书出版公司,2012年,第369、370、414页。

用下做出了出兵决策,步入了战争泥潭,美国的目标得以实现。

其次,苏联出兵之后,卡特政府在阿富汗的目标变得更加复杂。最高目标是建立一个没有任何苏联背景的中立的阿富汗政府。途径是保持施加压力,使苏联撤军,并提出一个可以接受的政治方案。但在卡特时期,最高目标被一致认为难以实现而遭到搁置。最低目标是让苏联长期卷入阿富汗战争,并在政治上和军事上持续付出尽可能高昂的代价。① 主要途径是通过隐蔽行动支援抵抗组织、维持低水平和持久的抵抗运动。事实上,在抵抗组织的斗争下,苏联在阿富汗的确没有做到速战速决、顺利接管,直到1985年一直在战事胶着的状态中挣扎。美国的目标得以实现。

再次,里根政府于1985年升级了美国在阿富汗的战略目标,确定了中期目标和最终目标。最终目标是使苏

---

① *FRUS*,1977-80,Vol. 12,Afghanistan,Document 193.

联撤军并恢复阿富汗的独立地位。中期目标则包括向苏联证明其征服阿富汗的长期战略行不通、拒绝阿富汗成为苏联的基地、推动苏联在第三世界和伊斯兰世界的孤立等等。主要途径一是继续推进隐蔽行动计划,二是通过外交、政治战略向苏联施加压力以及增加国际社会对阿富汗抵抗力量的支持。[①] 里根改变了消耗战的策略,不再满足于使苏联付出"尽可能高昂的代价",而是追求战争胜利和阿富汗独立,将苏联赶出阿富汗,这在卡特时期被视为几乎不可能实现的目标。1985年戈尔巴乔夫上台后,出于多方因素的综合考虑的确开始谋划从阿富汗撤军,尽管当时美苏双方互相并不知情,但美国的目标以某种巧合的方式又一次基本得以实现。

最后,面对撤军阶段的形势变化,里根于1987年再次调整了对阿富汗的战略目标,签署了第270号国家安全决定指令,决定再次提高苏联占领阿富汗的军事和政

---

① https://www.reaganlibrary.gov/sites/default/files/archives/reference/scanned-nsdds/nsdd166.pdf.访问时间:2020年5月15日。

治代价，迫使其达成全面的政治解决方案，使苏军"迅速、全面、不可逆转地"撤出阿富汗，并实现阿富汗的真正自决。1989年苏联全面而狼狈地撤出阿富汗，美国的最终目标基本得以实现。

在阿富汗问题上，为达到对抗和削弱苏联的目的，美国几乎使用了除直接军事干预以外的所有手段：第一，在心理和舆论方面，谴责苏联的入侵是对世界和平的严重威胁，造成了阿富汗人民的深重苦难；指责阿富汗共产主义政权是无神论的傀儡政权；对伊斯兰抵抗组织进行道义支持，将之塑造为正义伟大的自由战士。第二，经济方面，对苏联实行经济制裁和贸易歧视，如进行技术和粮食禁运；削减或停止对阿富汗政府的各种援助，联合其他国家一起增加对阿富汗叛乱组织的援助；解除对巴基斯坦的核制裁，向其提供巨额经济和军事援助。第三，政治方面，搁置与苏联之间的SALT谈判、抵制莫斯科奥运会、设法阻碍苏联撤军方案的达成；拒绝承认阿富汗共产主义政权；大力改善美巴关系。第四，隐蔽行动方面，秘密向伊斯兰抵抗组织提供资金、武器、技术和人道主义援助,开展准军事行动,阻止阿富汗共产主义政权在苏联的帮助下顺利接管;暗中针对阿富汗人民和穆斯林目标群体进行心理战与宣传战,煽动苏联境内的民族分裂,增强伊斯兰世界对苏联的敌对和仇恨;鼓动世界各地的穆斯林支援和参与阿富汗的抗苏战争,广泛开展圣战教育以增强其战斗力。在以上或公开或隐蔽的心理战、宣传战、经济战、政治战、秘密战等手段中,最为持久、有效和产生了最深远影响的无疑是隐蔽行动。

由于阿富汗一向不是美国的"必争之地",美国才会冒着巨大的战略风险用隐蔽行动诱使苏联出兵,而即使阿富汗真的遭受苏联入侵后,也只是美国的一个政策号召点,而非政策重点。这决定了美国在阿富汗的目的不是保护阿富汗的安全或扶植一个亲美政权,而是绝对地服从于反苏反共这一最高目标,防止共产主义势力的进一步扩张。尽管短期来看,美国基本实现了这些既定目标,然而,美国在追求目标过程中的一些做法却产生了意料之外的后果。

阿富汗与美国不仅在地理位置上相距甚远,而且各方面的联系也相当薄弱,美国开展隐蔽行动之初可以调动和利用的资源十分有限,因此合作伙伴的选择成为一个非常重要问题。为了更好地隐藏自身角色,美国希望伊斯兰国家抛头露面、冲锋陷阵,而自己安居幕后、运筹帷幄。在美国布下的棋局中,沙特和巴基斯坦两个伊斯兰国家成为援助的中流砥柱,沙特出钱,巴基斯坦出人、出地、出力,埃及等国出苏式武器。此外,美国还一直致力于拉拢更多国家参与秘密援助,如西欧和一些海湾国家。

在与阿富汗的情报共享和政治联系都十分薄弱的情况下,美国别无选择地决定援助阿富汗共产主义政府的反对派之一——伊斯兰抵抗组织。美国的大量援助使阿富汗伊斯兰主义者实现了跨越式发展,成为一支举足轻重的政治力量。从更广阔的视角观察,当时美国对阿富汗伊斯兰势力的扶植是利用伊斯兰主义对抗共产主义的宏大构想中的一部分,这一构想包括两个方面:一是鼓励苏联南缘国家的伊斯兰化,将"危机之弧"动员成为"伊斯兰之弧",阻止苏联势力向南扩张;二是煽动苏联境内的民族宗教矛盾,鼓励众多穆斯林居民的民族独立意识,加剧苏联的统治危机。为了增强伊斯兰抵抗组织的战斗力,美国还在巴基斯坦和沙特的协助下,建立了分工明确、各有所长的圣战训练营,对圣战者进行了全面的圣战教育,不仅培训战斗技能,而且大力宣扬和灌输圣战思想和宗教极端主义。在这些举措的共同促进下,阿富汗战争成为当代伊斯兰"圣战"的重要转折点——作为一种国际暴力现象的圣战,在消失400年之后又重新恢复了活力。

美国与伊斯兰世界的关系也从此发生了重要转变。继纳粹德国对穆斯林的利用之后,美国在其"伊斯兰之弧"的构建过程中,与巴基斯坦、埃及、沙特、阿富汗等国的穆斯林合作,再次利用伊斯兰主义来对抗共产主义。但这只是美国的权宜之计,伊朗革命之后,西方世界与伊斯兰世界日益敌对,冷战结束以来,美国更是明确将伊斯兰主义提升为西方社会的主要威胁,这种兔死狗烹、始乱终弃的做法,严重损害了美国在伊斯兰世界的形象与声誉,极大地促成了伊斯兰世界对美国的仇视和反美主义的盛行。

70年代末,西南亚、波斯湾的地区秩序发生了翻天覆地的变化,如果说伊朗伊斯兰革命是美国意料之外、被动的变化,那么在阿富汗和巴基斯坦,美国主动地塑造了地缘战略格局。美国对阿富汗的介入使南亚形成了清晰的苏印与美巴两大阵营对立的战略格局,巴基斯坦同苏联在阿富汗问题上的对抗是其主要形式。苏联的继承国俄罗斯对巴基斯坦在秘密战争中充当美国"马前卒"耿耿于怀,甚至认为苏联解体在某种程度上是由于巴基斯坦造成的,这严重阻碍了两国关系的改善。[①] 冷战结束后,美国势力退出南亚,巴基斯坦的战略地位迅速下降,

---

① 林民旺:《南亚的地缘政治博弈及其战略格局的演进》,载《云大地区研究》,2019年第2期。

美国又重新对巴发展核武器进行制裁。但此时的巴基斯坦已不再一穷二白,齐亚政府在秘密战争中截留和囤积了大量资金和武器,其国内极端主义势力借此得到迅速蔓延和扩大,使巴基斯坦在战后成为暴力与恐怖主义的策源地。

作为代理国,阿富汗的国家命运也在美苏的这场大博弈中被彻底改变。战争带来的巨大损失与创伤自不必多言,产生更为深远影响的是战争对阿富汗国内政治力量格局的影响。20世纪70年代,阿富汗的民族主义、共产主义和伊斯兰主义基本上呈现势均力敌、三足鼎立的态势。然而,苏联致力于扶植共产主义的巩固与壮大,美国的秘密援助又在客观上促进了伊斯兰主义的畸形发展,这无疑在很大程度上侵占了民族主义原有的生长空间,导致三种本土力量的发展都不同程度地受到了大国干涉的影响或阻碍。苏联的占领作为一种外来侵略必然导致侵略对象民族主义情绪的高涨和抗争的增强,但在阿富汗,这种原本属于民族主义的角色完全被伊斯兰主义取代,反对无神论异教徒统治与反对霸权干涉的双重任务都由伊斯兰反对派承担,宗教和世俗的双重使命同时也赋予其双重力量。苏联的入侵激怒了骁勇善战的阿富汗人民,抵抗组织的人数和力量都迅速壮大,并从倒戈或战败的政府军处缴获了大量武器(事实上美国档案显示在秘密战争初期这一直是叛军最主要的武器来源)。然而,历史无法假设,如果没有外界的干涉与援助,抵抗运动最终会是怎样的结局,圣战者组织又能否真正走向联合,无人可以知晓。事实是,外界的干涉虽然帮助圣战者取得了胜利,但也加剧了圣战者组织的矛盾与内讧,战后的阿富汗长期处于军阀混战状态,始终没有出现一支可以真正掌控局面的强大政治力量,当然也久久没有迎来和平。

阿富汗的遭遇代表了很多第三世界国家的共同命运。冷战期间东西方两大阵营之间的矛盾长期占据和吸引着全球的资源和注意力,很多国家和地区的民族和宗教冲突被遮蔽或压制,在不同程度上被冷战重塑和改写并在冷战结束后集中爆发。正如英国历史学家理查德·克罗卡特所言,冷战结束后,与其说是民族主义作为世界政治的主导力量东山再起,不如说是暴露了民族国家的脆弱性,更准确地说是暴露了民族国家的要求同其内部种族主义组织要求之间的深刻矛盾。民族主义——作为某种意义上的民族社会与国家之间的稳定因素实际上没有出现就夭折了。民族国家的危机已不限于原共产主义国家和与苏联集团结盟的国家,只不过这些国家表现得尤为突出。对于它的影响,整个国际社会将在未来数年中不得不严肃对待。①

此外,美国的干涉还完全改变了美阿关系的走向。70年代之前,美国在阿富汗几乎没有地缘政治利益,美阿交往集中于经济层面。苏阿战争彻底改变了这种局面,美国从此全面进入阿富汗,并成为影响其命运的最重

---

① [英]理查德·克罗卡特:《五十年战争:世界政治中的美国与苏联(1941—1991)》,王振西、钱俊德译,北京:社会科学文献出版社,2015年,第450页。

要的外部势力。苏联解体后,阿富汗的战略地位下降,美国的关注与援助也急剧减少,对阿政策出现严重断裂和长期缺位,一直到1998年都没有形成明确的对阿政策;塔利班势力得以在长期混战的权力真空中崛起,并将恐怖主义的矛头对准了美国,酿成了"9·11"的悲剧事件。此后美国以反恐之名再次干涉阿富汗,这场新的阿富汗战争自2001年至今已经持续了近20年,使美国付出了高昂的代价,并成为美国历史上时间最长的一场战争。

以上是美国在阿富汗的秘密战争所产生的长期的、间接的、非预期的普遍后果。

那么,目标有限的行为究竟如何导致了普遍的结果?对苏联而言,一个目标原本仅限于稳定邻国阿富汗共产主义政权且打算速战速决的干涉行动却持续了十年之久,并在一定程度上导致了自身的崩溃,其中固然有领导人认知和决策的失误,也受到了阿富汗战斗民族不屈不挠的顽强抵抗,但美国的秘密战争无疑也发挥了关键作用。然而,美国在阿富汗发动秘密战争削弱苏联这一目标有限的行为却又最终导致了全球圣战的普遍结果,究其原因,美国根深蒂固的国家安全观念所发挥的作用不容忽视。在冷战的零和博弈中,美国已不再是一个真正追求有限目标并理性评估代价和收益的民族国家,而是成为由意识形态和僵化思维武装起来的角斗士,简单粗暴地追求在任何时间任何地点遏制共产主义,轻率和短视取代了一个大国应有的战略审慎。而且多年的霸主地位深深筑就了美国的霸权思维,使其似乎根本不在乎潜在的普遍结果,即使这一结果是美国本土遭到攻击和美国人民生命的丧失。

四、胜利与代价

作为美国对外干涉中典型的"成功故事",阿富汗的秘密战争不仅彻底扭转了隐蔽行动的颓势,而且在一定程度上起到了为其"正名"的作用。在冷战及其后的美国对外交往中,与越战综合征(Vietnam Syndrome)这类挥之不去的阴影相比,实际上有更多的"成功故事"在本质上鼓励和引导着美国外交的发展与实践。布热津斯基在杜鲁门主义的引领下,敦促卡特在苏联入侵后采取强硬举措即为一典型案例。这些成功经验让原本就崇尚乐观主义的美国人更加坚信,失败是偶然的,成功是必然的,自由与正义必将战胜邪恶与专制。美国的秘密战争大大增加了苏联在阿富汗的代价并在一定程度上促成了苏联的失败,这样硕大的胜利果实很难不产生巨大的示范和鼓励效应。干涉与战争越来越成为美国习以为常的国家安全观念,美国在阿富汗的成功更加固化和加深了这种观念。冷战后的和平时代,美国依然秉持冷战思维,以世界警察自居,频繁使用武力进行对外干涉。截至20世纪初,冷战期间美国参与和发动的主要战争和其他较大规模军事行动有120余次,平均每年2.8次,而冷战后的对外干涉达到40多次,平均每年4次,不降反增。①

对苏联来说,从阿富汗不光彩的退场成为莫斯科第

---

① 石斌:《美国"黩武主义"探源》,载《外交评论》,2014年第4期。

三世界政策失败的一个全球性象征。苏联的失败并不仅仅在于未能在阿富汗扶植起一个长命的、强壮的左翼政权,更在于其将苏联国内和第三世界对苏联对外政策的支持破坏殆尽。由于苏联共产党合法性中的绝大部分在于其在海外的超级大国角色,所以在阿富汗的失败对其对外政策中的两个核心观念构成了致命的挑战:苏联的军事实力和社会主义的全球性推进。在整个第三世界,苏联在阿富汗的干涉加速了知识分子和政治领导人脱离共产主义、转向其他各种认同的趋势。这些新的认同大多是民族主义的、部族的或宗教的。这场战争在很多伊斯兰国家打开了一道闸门,使其年轻一代纷纷从社会主义转向了政治伊斯兰。① 由此,在美国对伊斯兰主义的利用之外,苏联也为伊斯兰主义的发展提供了重要契机,两者的相似之处在于它们共同缘起于对阿富汗的干涉。

"温和的步骤"逐渐将美国困在了越南,"有限的目

---

① [挪威]文安立:《全球冷战:美苏对第三世界的干涉与当代世界的形成》,牛可等译,北京:世界图书出版公司,2012年,第391—392页。

标"又将苏联困在了阿富汗。正如孔华润所言,"一国一旦获得向世界遥远地区投射力量和干预其他民族事务的能力,那么至少在其领导人因灾难而变得清醒抑或其能力消退之前,这种施展力量的诱惑几乎难以抗拒"。① 冷战期间,美苏都希望将自己所谓的现代化模式移植到第三世界,促进其发展进程,但事实上这种干涉往往不可避免地造成第三世界国家的现代化道路偏离原有轨道,并带来适得其反的效果,更何况美苏在第三世界的最终目的无一不指涉政治的意图和大国自身利益。干涉往往带来革命,革命又带来更多的干涉,这似乎成为很多第三世界国家的一种宿命。

在美苏眼中,他们分别所秉持的意识形态具有放之四海而皆准的救世主性质,他们把两极对立的逻辑强加于世界,将其他国家、运动和意识形态统统弃之不顾。正

---

① Warren I. Cohen, *The New Cambridge History of American Foreign Relations*, Vol. 4, *Challenges to American Primacy*, *1945 to the Present*, New York: Cambridge University Press, 2013, p. 142.

如阿富汗的遭遇那样,冷战时期在霸权倾轧的扭曲空间中生存和成长起来的阿富汗民族主义和伊斯兰主义在和平时代畸形发展,由此孕育出的国际恐怖主义怪胎所带来的安全威胁蔓延全球。冷战意识形态和超级大国的干涉对于许多第三世界国家陷入分裂与内战起到了推波助澜甚至是决定性的作用。对此,大国必须保持清醒,第三世界并非空白之地,在国际社会中没有任何一个国家可以为所欲为而不用付出代价,在暴力与恐怖面前,也没有任何一个国家可以独善其身。

参考文献

一、官方档案与外交文献

U.S. Department of State, *Foreign Relations of the United States* (*FRUS*), 1977-1980, Volume 1, Foundations of Foreign Policy, Washington D.C.: United States Government Printing Office, 2014.

——, 1977-1980, Volume 12, Afghanistan, Washington D.C.: United States Government Printing Office, 2018.

——, 1977 - 1980, Volume 19, South Asia, Washington D. C.: United States Government Printing Office, 2019.

——, 1981 - 1988, Volume 6, Soviet Union, October 1986 - January 1989, Washington D.C.: United States Government Printing Office, 2016.

Digital National Security Archive (*DNSA*), Afghanistan: The Making of U.S. Policy, 1973 - 1990.

——, CIA Covert Operations: From Carter to Obama, 1977 - 2010.

——, Soviet-U.S. Relations: The End of the Cold War, 1985 - 1991.

沈志华主编:《苏联历史档案选编》第30卷、第32卷、第33卷,北京:社会科学文献出版社,2002年。

二、回忆录、日记

Ali, Tariq, *The Duel: Pakistan on the Flight Path*

of American Power, New York: Scribner, 2008.

Braithwaite, Rodric, Afgantsy: The Russians in Afghanistan 1979 - 89, Oxford: Oxford University Press, 2011.

Carter, Jimmy, Keeping Faith: Memoirs of a President, New York: Bantam Books, 1982.

——, White House Diary, New York: Farrar, Straus and Giroux, 2010.

Shultz, George P., Turmoil and Triumph: My Years as Secretary of State, New York: Charles Scribner's Sons, 1993.

Youssaf, Mohammed, and Adkin, Mark, Afghanistan: The Bear Trap. The Defeat of a Superpower, Havertown, PA: Casemate Publishers, 2001.

赛勒斯·万斯:《困难的抉择——美国对外政策的危急年代》,郭靖安等译,北京:中国对外翻译出版公司,1987年。

兹比格涅夫·布热津斯基:《实力与原则:1977—1981年国家安全顾问回忆录》,邱应觉等译,北京:世界知识出版社,1985年。

三、专著、论文

(一)英文

Blum, William. *Killing Hope: U.S. Military and C.I.A. Interventions Since World War Ⅱ*, Monroe, Maine:Common Courage Press, 2008.

Borer, Douglas A. *Superpowers Defeated: Vietnam and Afghanistan Compared*, London: F. Cass, 1999.

Carew, Tom. *Jihad! The Secret War in Afghanistan*, Edinburgh, UK: Mainstream Publishing Company, 2000.

Coll, Steve. *Ghost Wars: The Secret History of the CIA, Afghanistan, and Bin Laden, From the Soviet Invasion to September 11, 2001, New York: The Penguin Press, 2004.

Crile, George. *Charlie Wilson's War: The Extraordinary Story of the Largest Covert Operation in History*, New York: Grove Press, 2003.

Daugherty, William J. *Executive Secrets: Covert Action and the Presidency*, Lexington: University Press of Kentucky, 2004.

Dorronsoro, G. *Revolution Unending: Afghanistan, 1979 to the Present*, New York: Columbia University Press, 2005.

Dreyfuss, Robert. *Devil's Game: How the United States Helped Unleash Fundamentalist*, New York: Metropolitan Books, 2005.

Engdahl, F. William. *A Century of War: Anglo-American Oil Politics and the New World Order*, New York: Pluto Press, 1992.

Gates, Robert M. *From the Shadows: The Ultimate Insider's Story of Five Presidents and How They Won the Cold War*, New York: Simon & Schuster, 2007.

Kaplan, Robert. *Soldiers of God: With the Mujahidin in Afghanistan*, Boston, MA: Houghton Mifflin Company, 1990.

Lohbeck, Kurt. *Holy War, Unholy Victory: Eyewitness to the CIA's Secret War in Afghanistan*, Washington D.C.: Regnery Gateway, 1993.

Prados, John. *Safe for Democracy: The Secret Wars of the CIA*, Chicago, IL: Ivan R. Dee Publisher, 2009.

Rashid, Ahmed. *Taliban: Militant Islam, Oil and Fundamentalism in Central Asia*, New Haven, CT: Yale University Press, 2001.

Riedel, Bruce. *What We Won: America's Secret*

War in Afghanistan 1979 - 89, Washington D. C.: Brookings Institution Press, 2014.

Schroen, Gary. *First In: An Insider's Account of How the CIA Spearheaded the War on Terror in Afghanistan*, New York: Presidio Press, 2005.

Scott, Peter Dale. *The Road to 9/11: Wealth, Empire, and the Future of America*, Berkeley: University of California Press, 2008.

Tomsen, Peter. *The Wars of Afghanistan: Messianic Terrorism, Tribal Conflicts, and the Failures of Great Powers*, New York:Public Affairs Books, 2011.

Wright, Lawrence. *The Looming Tower: Al Qaeda and the Road to 9/11*, New York: Alfred. A. Knopf, 2006.

Hammond, Andrew. "Struggles for freedom: Afghanistan and US foreign policy, 1979 - 2009," PhD thesis, University of Warwick. 2014.

Teitler, Anthony. "US Policy Towards Afghanistan, 1979–2014: A Case Study of Constructivism in International Relations," Doctoral thesis, University College London, 2016.

Linnington, Abigail T. "Unconventional Warfare in U.S. Foreign Policy: U.S. Support of Insurgencies in Afghanistan, Nicaragua, and Iraq from 1979–2001," Tufts University, 2013.

Tadman, Kyle David Richard. "The Making of U.S. Foreign-Policy During the Soviet-Afghanistan War," Western Illinois University, 2012.

(二) 中文

A.利亚霍夫斯基:《阿富汗战争的悲剧》,刘宪平译,北京:社会科学文献出版社,2004年。

爱德华·萨义德:《报道伊斯兰》,上海:上海译文出版社,2009年。

白建才:《"第三种选择"——冷战期间美国对外隐蔽

行动战略研究》,北京:人民出版社,2012年。

班代拉:《美帝国的形成》(第三版),舒建平译,北京:中国人民大学出版社,2015年。

戴维·阿尔贝尔、兰·埃德利:《西方情报机构与苏联解体:未能撼动世界的十年(1980—1990)》,孙成昊、张蓓译,北京:社会科学文献出版社,2015年。

戴维·罗特科普夫:《操纵世界的手:美国国安会内幕》,孙成昊、赵亦周译,北京:商务印书馆,2013年。

德瑞克·李波厄特:《五十年伤痕:美国的冷战历史观与世界》,郭学堂等译,上海:上海三联书店,2012年。

弗拉季斯拉夫·祖博克:《失败的帝国:从斯大林到戈尔巴乔夫》,李晓江译,北京:社会科学文献出版社,2014年。

雷蒙德·加特霍夫:《冷战史:遏制与共存备忘录》,伍牛、王薇译,北京:新华出版社,2003年。

李琼:《苏联、阿富汗、美国:1979—1989年三国四方在阿富汗的博弈研究》,北京:中国社会科学出版社,

2016年。

李晓亮:《阿富汗战争:苏联高层决策研究(1979—1989)》,华东师范大学博士学位论文,2010年。

林民旺:《南亚的地缘政治博弈及其战略格局的演进》,载《云大地区研究》,2019年第2期。

梅尔文·P.莱弗勒:《人心之争:美国、苏联与冷战》,孙闵欣等译,上海:华东师范大学出版社,2012年。

石斌:《美国"黩武主义"探源》,载《外交评论》,2014年第4期。

索尔孟:《伊斯兰制造:寻找现代伊斯兰》,阮若缺译,台北:允晨文化,2007年。

塔米姆·安萨利:《无规则游戏:阿富汗屡被中断的历史》,钟鹰翔译,浙江:浙江人民出版社,2018年。

王立新:《世界领导地位的荣耀和负担:信誉焦虑与冷战时期美国的对外军事干预》,载《中国社会科学》,2016年第2期。

文安立:《全球冷战:美苏对第三世界的干涉与当代

世界的形成》,牛可等译,北京:世界图书出版公司,2012年。

沃尔特·拉费伯尔:《美国、俄国和冷战(修订第10版)》,牛可等译,北京:世界图书出版公司,2014年。

伊恩·约翰逊:《慕尼黑的清真寺》,岳韦译,上海:上海译文出版社,2017年。

约翰·刘易斯·加迪斯:《遏制战略:冷战时期美国国家安全政策评析》,时殷弘译,北京:商务印书馆,2019年。

张树明:《冷战期间美国对阿富汗政策的发展演变》,陕西师范大学硕士学位论文,2003年。

张锡模:《圣战与文明:伊斯兰与西方的永恒冲突》,北京:生活·读书·新知三联书店,2016年。

图书在版编目(CIP)数据

制造泥潭：美国在阿富汗的秘密战争 / 陈晔著.
—南京：南京大学出版社，2020.11(2022.4 重印)
（南大亚太论丛 / 石斌主编. 美国海外隐蔽行动研究系列）
ISBN 978-7-305-23908-3

Ⅰ.①制… Ⅱ.①陈… Ⅲ.①美国对外政策-研究-阿富汗 Ⅳ.①D871.20

中国版本图书馆 CIP 数据核字(2020)第 210328 号

出版发行	南京大学出版社
社　　址	南京市汉口路 22 号　　邮　编 210093
出 版 人	金鑫荣
丛 书 名	南大亚太论丛·美国海外隐蔽行动研究系列
主　　编	石　斌
书　　名	**制造泥潭：美国在阿富汗的秘密战争**
著　者	陈　晔
责任编辑	官欣欣
照　　排	南京紫藤制版印务中心
印　　刷	江苏苏中印刷有限公司
开　　本	787×1092　1/32　印张 15.75　字数 210 千
版　　次	2020 年 11 月第 1 版　2022 年 4 月第 3 次印刷
ISBN	978-7-305-23908-3
定　　价	68.00 元

网址：http://www.njupco.com
官方微博：http://weibo.com/njupco
官方微信号：njupress
销售咨询热线：025-83594756

＊ 版权所有，侵权必究
＊ 凡购买南大版图书，如有印装质量问题，请与所购
　图书销售部门联系调换

"南京大学亚太发展研究中心"简介

"南京大学亚太发展研究中心"是由"南京大学亚太发展研究基金"定向全额资助的一个对大亚太地区进行全方位、多层次、跨学科研究的机构。它致力于承担学术研究、政策咨询、人才培养、社会服务与国际交流等功能。依托亚太发展研究中心设立的"南京大学亚太经济合作组织研究中心"是教育部国别与区域研究备案研究机构。

该中心是国内首家以"发展"为关键词命名的综合性地区研究机构,秉持"立足中国、面向亚太、辐射全球"的开放理念,旨在探讨亚太及全球"政治发展"、"经济发展"与"社会发展"诸领域的重要议题,彰显"和平发展"与"共同发展"的价值取向,弘扬"人类命运共同体"这一崭新的全球价值观。

"中心"定期主办"钟山论坛"(亚太发展年度论坛)、"励学讲堂"等学术论坛,旨在推动国内外学界、政府、企业、社会之间的对话与交流。

"中心"主办的出版物有《南大亚太论丛》、《南大亚太译丛》等系列丛书,《南大亚太评论》、《现代国家治理》、《人文亚太》、《亚太艺术》等学术成果。此外还有《工作论文》、《调研报告》、《工作通讯》等多种非正式刊物。

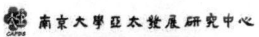

通信地址:江苏省南京市仙林大道163号南京大学仙林校区圣达楼460室南京大学亚太发展研究中心(210023)
电子邮箱:zsforum@nju.edu.cn
电话、传真:025 - 89681655
中心网址:https://www.capds.nju.edu.cn
微信公众号:CAPDNJU

微信号:CAPDNJU

本土关怀暨世界眼光　　科学与人文并举
秉持严谨求实之学风　　学术与思想共生
倡导清新自然之文风　　求真与致用平衡